大学生职业生涯规划与就业探究

王　晓◎著

中国出版集团
中国民主法制出版社
全国百佳图书出版单位

图书在版编目（CIP）数据

大学生职业生涯规划与就业探究 / 王晓著. — 北京: 中国民主法制出版社，2024.6

ISBN 978-7-5162-3696-3

Ⅰ.①大… Ⅱ.①王… Ⅲ.①大学生—职业选择—研究 Ⅳ.①G647.38

中国国家版本馆 CIP 数据核字（2024）第 109822 号

图书出品人：刘海涛
出 版 统 筹：石 松
责 任 编 辑：刘险涛 吴若楠

书 名 / 大学生职业生涯规划与就业探究
作 者 / 王 晓 著

出版 · 发行 / 中国民主法制出版社
地址 / 北京市丰台区右安门外玉林里 7 号（100069）
电话 /（010）63055259（总编室） 63058068 63057714（营销中心）
传真 /（010）63055259
http: // www.npcpub.com
E-mail: mzfz@npcpub.com
经销 / 新华书店
开本 / 16 开 710 毫米 × 1000 毫米
印张 / 12.5 **字数** / 200千字
版本 / 2025 年 2 月第 1 版 2025 年 2 月第 1 次印刷
印刷 / 山东蓝彩天下教育科技有限公司

书号 / ISBN 978-7-5162-3696-3
定价 / 60.00 元

前　言

在现代社会，职业生涯规划不再是一种简单的选择，而是一项需要精心策划和持续调整的复杂任务。大学生们作为社会的新生力量，需要在千变万化的职业大海中找到自己的定位。随着科技的不断创新和产业结构的不断变革，新兴行业和职业层出不穷，传统的职业模式已经不再适用。因此，大学生在职业生涯规划中需要保持敏锐的观察力，不断更新自己的知识结构，提高自身的综合素质。而大学生的就业问题更是一个备受关注的话题。随着经济的发展，就业市场的竞争愈发激烈。大学生们需要在众多竞争者中脱颖而出，争取到心仪的工作岗位。在这个过程中，除了专业知识之外，实践经验、沟通能力、团队协作等综合素质也变得尤为重要。

本书将大学生职业生涯规划和就业问题视为一个密不可分的整体，通过系统性的研究，为大学生提供了全面、深入的指导。首先，通过深入挖掘大学生职业生涯规划的概念、特点和目标，帮助读者全面理解其重要性。其次，通过自我认知和职业认知两个层面的探讨，帮助大学生全面了解自己和职业环境，为未来的规划提供坚实基础。在规划的制定与实施阶段，本书不仅提供了原则和步骤，更强调实际操作与评价的重要性。最后，通过深入研究就业观念、准备和技巧，为大学生的顺利就业提供了实用的建议。

本书关注读者的真实需求，以大学生群体为中心，紧密结合当前社会背景和就业市场特点，提供切实可行的建议。通过与读者的紧密互动，确保内容更贴近大学生的实际情况，更具指导性和可操作性。同时，在理论深度、实践操作、专业性深入方面形成独特的特色，旨在为广大大学生提供一本全面、实用、具有指导性的职业生涯规划与就业指南。

作者在写作过程中，得到了许多专家、学者的帮助和指导，在此表示诚挚的谢意。由于作者水平有限，加之时间仓促，书中所涉及的内容难免有疏漏之处，希望各位读者多提宝贵的意见，以便进一步修改，使之更加完善。

目　录

第一章　大学生职业生涯规划概论

随着社会的发展和经济的不断变化，大学生职业生涯规划逐渐成为人们关注的焦点之一。大学生作为社会的中坚力量，其职业生涯规划对于个体的成长和社会的发展都具有重要意义。本章主要探讨大学生职业生涯规划的特点与目标、大学生职业生涯规划的理论基础、大学生职业生涯规划的重要意义。

第一节　大学生职业生涯规划的特点与目标

一、大学生职业生涯规划的特点

“职业生涯是以心理开发、生理开发、智力开发、技能开发、伦理开发等人的潜能开发为基础，以工作内容的确定和变化，工作业绩的评估，工资待遇、职称、职务的变动为标志，以满足需求为目标的工作经历和内心体验的过程。”①

大学生职业生涯是指大学生根据自身条件和生活学习环境状况，为实现人生职业理想而制定的行动规划，以及采取的实际行动。大学生职业生涯规划，首要的目的是提升自身的社会生存能力和就业竞争力，为未来的职业发展铺平道路。作为高校，应当对学生在职业生涯规划的过程中给予全面的指导，避免不必要的弯路和麻烦。高校要引导学生逐步形成正确的职业观念，让学生进行自我检视、角色尝试、职业探索、休闲活动与兼职工作，鼓励学生走出校园进行职业探索。大学生职业规划具有以下特点：

（一）个性化特点

大学生职业生涯规划的特点在于其明显的个性化。这一特点要求大学生具备独立思维和独特的职业目标，不应随波逐流，而是应该在规划职业生

① 刘宏，钱永胜，张勇．大学生职业生涯规划 [M]. 北京：中国传媒大学出版社，2018：3.

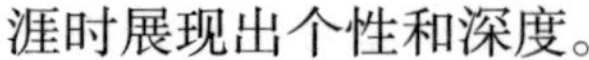

涯时展现出个性和深度。

当前，许多大学生在职业生涯规划中过于注重考取证书，但这种做法并不总能反映出其真正的职业素养和技能水平。拥有职业资格证并不等同于真正掌握相关技能，而且职业资格证书的质量良莠不齐，不同证书的含金量差异较大。花费一定费用和时间取得的证书并不能充分证明一个人的实际能力。

一些经验丰富的人力资源管理专家指出，企业招聘者在面试交流中应更加关注求职者的专业素养和是否与岗位要求匹配，而不是仅仅关注其拥有的证书数量。在面试的过程中，求职者的表达能力、个人素质的表现，以及对问题的回答都会被用来评估其是否适合企业。一旦员工入职，企业更加重视新员工实际的工作能力，而这并不是单凭一张简单的证书就能完全证明的。

因此，大学生在职业生涯规划中应更注重个性化，根据自身兴趣、能力和专业特点选择适合自己的职业道路。

（二）指向性特点

职业生涯规划的指向性表现在通过设定明确的职业目标和确定实现这些目标的路径，引导学生逐步实现其个人发展目标。

首先，明确人生目标是职业生涯规划的基石。个体在职业生涯规划中需要认真思考自己的长远目标，包括职业发展、生活追求等方面。这个过程需要对自身的兴趣、价值观、优势和劣势进行深入的分析，以确保人生目标是真实可行的，并与个体的内在需求相契合。

其次，确定实现路径是职业生涯规划的关键。一旦人生目标确立，就需要制定具体的计划和策略，以实现这些目标。在这一过程中，个体需要考虑自身的实际情况、职业市场的需求和未来发展趋势，以制定出最为合理和切实可行的实现路径。

虽然职业生涯规划是一个逐步渐进的过程，但在明确人生目标和制定实现路径的阶段，其指向性显得尤为关键。只有通过明确的目标和路径，个体才能更有针对性地进行学习、工作和发展，从而逐渐实现个体目标。因此，职业生涯规划中的指向性是确保个体成功实现职业发展的重要保障。

（三）操作性特点

职业生涯规划的操作性特点体现在职业生涯规划的目标是解决大学生

个体能力和职业需求之间的不平等与矛盾，因此在具体的规划上，必须结合大学生个体的不同个性化特点，具备一定的可操作性。

首先，职业生涯规划要考虑到个体的差异。大学生具有各种各样的兴趣、能力和价值观，因此职业生涯规划需要根据个体的特点制定差异化的方案。这包括了解每个大学生的学科优势、职业偏好、职业目标等，以便为其量身定制可操作的规划方案。

其次，可操作性体现在明确的行动方向和时间安排上。职业生涯规划需要为大学生提供明确的目标，并制定相应的行动计划，明确在何时、何地、如何实现这些目标。这不仅有助于提高大学生对未来的预期，还使其能够更有计划地进行学习和职业发展。

职业素质的培养也是职业生涯规划的关键方面。操作性体现在规划中要包含明确的方法和途径，以帮助大学生提升所需的职业素质。这可能涉及到技能培训、实习经验、社会实践等多方面的内容，需要结合大学生的实际情况和目标，提供切实可行的培养方案。

（四）长期性特点

"人们都追求职业生涯的良性发展，这个追求是个体逐步实现其职业生涯目标，并不断制定和实施新目标的过程。"[①] 职业生涯规划的长期性特点强调职业生涯规划不是一次短期性的就业指导，而是涉及到一个人一生的发展，与其职业生涯密切相关，具有强烈的相关性和连续性。因此，大学生在制定职业生涯规划时必须具备长远的目光，切忌只考虑眼下的既得利益。

首先，长期性要求大学生在职业生涯规划中考虑个体的全面发展。这不仅包括职业领域的深度发展，还涉及个体在不同阶段的生活目标、家庭规划、自我提升等方面。职业生涯规划应该被视为一个贯穿一生的过程，以确保在不同阶段都能够实现个体的全面发展。

其次，长期性意味着大学生需要对未来有清晰的规划。他们需要认识到职业生涯的长远性，并考虑到职业市场的变化、个体发展的不同阶段和生活的各个方面。通过在规划中设定明确的短期、中期和长期目标，大学生可以更好地应对未来的挑战和机遇。

长期性还要求大学生在职业生涯规划中注重持续学习和自我提升。职业领域的不断发展和变化要求个体不仅具备初入职场时的技能，还要不断更

① 郭成良，范一媚，刘宝坤．大学生职业生涯规划 [M]. 郑州：河南人民出版社，2019：14.

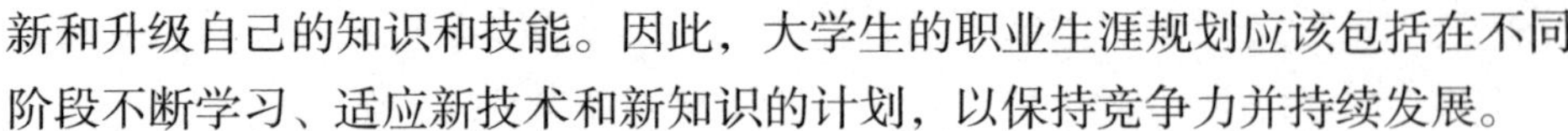

新和升级自己的知识和技能。因此，大学生的职业生涯规划应该包括在不同阶段不断学习、适应新技术和新知识的计划，以保持竞争力并持续发展。

二、大学生职业生涯规划的目标

(一) 职业生涯规划目标的分类

大学生职业生涯规划的目标可划分为短期目标、中期目标和长期目标，各阶段目标的特点如下：

1. 短期目标

短期目标可能是由个人主动选择的，也可能是被外部安排或被动接受的。这些目标未必完全由个人的价值观决定，但却是可以被个人接受的。短期目标具备切合实际和可操作性的特点，即它们有实现的可能且具有明确具体的完成时间。在制定短期目标时，个体对其实现有一定的把握，这有助于保持动力和专注。短期目标的另一个特点是其朝向长期目标，通过实现一系列短期目标来逐步实现更为宏大的职业规划。短期目标的制定需要接受已经发生的事实，对环境和个人能力的客观评估是确保目标实现的关键。

在大学生职业生涯规划中，短期目标的制定是一个重要的步骤，它不仅能够帮助个体更好地适应大学生活和职场挑战，同时也为实现中期和长期目标奠定基础。因此，在规划短期目标时，个体需要谨慎考虑自己的兴趣、能力和职业价值观，同时也要对外部环境的变化作出灵活的调整，以确保目标的实现既有可行性又与个体的长期愿景相契合。通过明晰而实际的短期目标，大学生能够更有序地迈向自己职业生涯的成功。

2. 中期目标

中期目标在大学生职业生涯规划中扮演着连接短期和长期目标的重要角色。这一阶段的目标制定应综合考虑个体的意愿、外界环境和要求，是对个体职业发展方向更为深入的规划。首先，中期目标基本符合个体的价值观，充满信心，并愿意将其公之于众。这意味着中期目标的设定不仅考虑到了职业方向的吸引力，还与个体内在的价值观和信念相契合，使得目标更具有内在动力和可持续性。

另外，中期目标要求切合实际并有所创新。这意味着个体需要对自身的实际情况有清晰的认识，并在此基础上进行创新性的规划，以在职业发展中脱颖而出。能够用明确的语言说明中期目标，这对于沟通和共享规划的信息至关重要。中期目标的设定也需要考虑明确的完成时间，同时要具备一定的灵活性，以适应外部环境的变化。

在中期目标的设定过程中，个体需要对目标实现的可能性进行评估，并善于利用周围的环境资源。具备全局眼光是中期目标规划的重要特点，个体需要考虑自己在整个职业生涯中的定位和发展方向，以确保中期目标与长期目标一致。最后，中期目标的设定还需要考虑改变有可能改变的事情，即在实现目标的过程中，个体需要具备适应变化的能力，并在必要时作出调整，以确保职业生涯规划的连续性和可持续性。通过明晰而具体的中期目标，大学生能够更有针对性地迈向自己职业生涯的进一步发展。

3. 长期目标

长期目标在大学生职业生涯规划中是最为宏伟和长远的规划，它要求个体认真选择，并与社会发展需求相结合。这一层面的目标不仅需要符合个体的内在价值观，还应该为社会作出积极的贡献，体现一种社会责任感。个体需要为自己的选择感到骄傲，这意味着长期目标的设定应该具有一定的深度和意义，而不仅仅是个体个人的发展需求。

长期目标必须具备实现的可能性，同时又要具有一定的挑战性，以激发个体的潜能和动力。能够用明确的语言定性和说明长期目标，这有助于与他人进行有效的沟通和合作。长期目标在设定时需要在一定的时间内实现，这有助于为个体提供明确的方向和计划。对于实现目标充满渴望是长期目标设定的重要心理动力，这种渴望能够推动个体在职业生涯中持续努力，克服各种困难。

个体在长期目标的设定过程中应该立志改造环境，即通过自己的努力和影响力来创造更好的工作和社会环境。长期目标要求具备长远眼光，个体需要考虑未来的发展趋势和自身在这个过程中的定位。目标始终如一，长期坚持不懈是长期目标实现的必备条件，需要在职业生涯中保持一贯的努力和追求。最终，长期目标的设定应该能够为个体创造美好的未来，不仅对个体自身有益，还能为社会和他人带来积极的影响。通过明晰而深刻的长期目标，大学生能够更有远见地规划自己的职业生涯，为个人和社会的可持续发展作出积极的贡献。

(二) 职业生涯规划目标之间的联系

1. 目标组合

目标组合是指个体在职业生涯规划中如何有效地处理不同目标之间的关系。当一个人仅仅看到目标之间的排斥性时，他就可能陷入在不同目标之间做出排他性选择的困境。而当个体能够看到目标之间的因果关系与互补性时，他就能够更加灵活地进行目标的组合，实现多重目标的同时提升整体发展。

在大学生职业生涯规划中，目标组合变得尤为关键。大学生往往面临各种职业选择、个人发展和学术追求等多重目标。如果不能妥善处理这些目标之间的关系，就可能导致迷茫、焦虑和不确定性。因此，目标组合成为实现多元发展的重要策略。

目标组合的核心在于深入思考各目标之间的因果关系和互补性。有些目标可能存在直接的因果关系，通过实现一个目标可以推动另一个目标的达成；而有些目标则可能具有互补性，通过在不同领域获得经验和技能，能够更好地支持整体发展。例如，通过兼顾学术研究和实际工作经验，大学生可以在未来职业生涯中更具竞争力。

2. 目标并进

目标并进，作为一种职业生涯规划策略，强调在实现当前职业生涯目标的同时，同时关注并投入到另一个领域或职业方向的发展。这种战略的核心在于高效利用时间和资源，以期在职业生涯中更为全面、多元地发展。

首先，目标并进的一种表现是同时担任多个职务，这在某些企业中并不罕见。以企业行政总监为例，他们可能会在当前职责范围内兼任人力资源经理和行政经理的职位。这种方式不仅能够更好地协调公司内部的不同职能部门，也能够培养和提高自己的管理技能。通过在不同领域的实践，职业者能够更全面地理解企业运作的方方面面，为未来的晋升和职业发展打下坚实基础。

其次，目标并进还包括追求与当前工作不直接相关但有望为职业生涯增值的领域。例如，一位秘书可能在本职工作的同时，利用业余时间投身新闻专业的硕士课程。这种跨领域学习不仅能够为个人职业生涯带来新的视野和知识，也为未来职业发展提供了更广泛的选择。这样的多元背景不仅能够增加职业者的竞争力，还有助于应对职业市场的变化和挑战。

3. 目标连续

目标连续是一种职业生涯规划的战略，强调在实现一个目标后，紧接着制定并朝着下一个目标迈进，以确保职业生涯的连贯性和持续性发展。该战略认为，短期目标的实现为长期目标的达成提供了必要的支持条件，因此在职业生涯规划中，目标的前后连接关系至关重要。

（1）目标连续强调目标之间的有机衔接。在实现一个目标的同时，职业者应当及时审视自身的职业生涯规划，明确下一个阶段的目标，并采取相应的行动。这种衔接有助于避免职业生涯中的停滞和迷失，确保个体始终朝着事业发展的方向努力。

（2）目标连续认为目标的期限性是相对的，并且随着时间的推移，目标的层级关系会发生变化。例如，长期目标在实现过程中会逐渐细化为中期目标，中期目标又会进一步分解为短期目标，最终形成近期目标。这一过程中，每个阶段的目标都是整体职业生涯规划中的一个关键步骤，缺一不可。

最重要的是，只有在完成好每一个近期目标的基础上，职业者才能实现长期目标。近期目标的完成不仅意味着对个体能力和资源的合理运用，也为下一阶段的目标提供了有力的支持。因此，目标连续的理念在于将职业生涯规划视为一个渐进的、阶段性的过程，通过不断实现和超越短期目标，最终达成长期事业目标。

第二节　大学生职业生涯规划的理论基础

一、职业选择理论

（一）帕森斯特质因素理论

帕森斯特质因素理论又称帕森斯的人职匹配理论，是最早的职业辅导理论，也是用于职业选择与职业指导的经典性理论之一。特质因素理论的核心是人与职业的匹配，其理论前提是每个人都有一系列独特的特质，并且可以客观而有效地进行测量；为了取得成功，不同职业需要配备不同特质的人员；个人特质与工作要求之间配合得越紧密，职业成功的可能性越大。所谓“特质”，就是指个人的人格特征，包括能力倾向、兴趣、价值观和人格等，这些都可以通过心理测量工具来加以评量。所谓“因素”，则是指在工作上

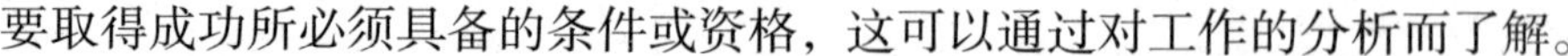

要取得成功所必须具备的条件或资格，这可以通过对工作的分析而了解。

帕森斯特质因素论讲究科学理性，符合逻辑推理的方法，指导方法十分具体，便于学习和操作。特质因素理论也注重职业资料的重要性，强调个人必须对职业有正确的态度与认识，才能做出正确的职业选择，它所提出的对个人提供有关职业资料服务，的确能增进职业指导的功能。该理论的缺陷在于，理论中的静态观点和现代社会的职业变动规律不相吻合，忽视了社会因素对职业设计的影响和制约作用。

特质因素理论的类型

特质因素理论分为以下两种类型：

(1) 因素匹配，又称条件匹配。例如，需要有专门技术和专业知识的职业与掌握该种技能和专业知识的择业者相匹配；或脏、累、苦劳动条件很差的职业，需要有吃苦耐劳、体格健壮的劳动者与之匹配。

(2) 特性匹配，又称特长匹配。例如，具有敏感、易动感情、不守常规、个性强、理想主义等人格特性的人，宜于从事审美性、自我情感表达等艺术创作类型的职业。

(二) 罗伊人格发展理论

安妮·罗伊在20世纪60年代提出人格发展理论，她依据自己所积累的临床心理学经验及对各类杰出人物有关适应、创造、智力等特质的研究结果，综合了精神分析论、人格理论与马斯洛的需要层次论，形成了其人格发展理论。人格发展理论认为，早年经验会增强或削弱个人高层次的需求，进而影响人的生涯发展。她特别强调早期经验对个体以后的择业行为的影响。

人格发展理论中的职业分类

人格发展理论认为，父母对个体早期的教养方式，对其今后的职业选择有很大的影响。人格发展理论把父母对子女管教的态度从“温暖”和“冷漠”两个基本方面，大致划分为以下三种类型：

第一类型“过度保护型”父母，会毫无保留地满足子女的生理需求，却不见得能满足子女对爱与自尊的需求，即使这些需求都能得到满足，子女未必表现出社会认可的行为。所以，在这种氛围下长大的子女，日后会面临一系列的心理与社会适应问题。“过度要求型”的父母，对于子女需求的满足往往附加某些条件，也就是当子女表现出顺从的行为，或表现出父母认可的成就行为时，其生理需求或爱的需求才能得到满足，这种在父母的高标准严要求下长大的孩子会变成完美主义者。他们会为表现得不够完美而焦虑，因而在做职业选择时较为困难。

第二类型“逃避型”父母的教养态度下，无论是受到拒绝或忽视，儿童需求满足的经验都是痛苦的，即不论生理需要还是安全需要的满足都会有所欠缺，更谈不上高级需要的满足。所以，这类儿童日后会害怕和他人相处，宁可在自己的工作岗位上，靠自己的努力满足自己的需求。

第三类型“接纳型”家庭的氛围大体上是温暖的。在温暖、民主气氛下长大的孩子，各类层次的需求不会缺乏，长大之后也能做独立的选择。

二、职业生涯发展理论

(一) 金斯伯格职业发展理论

美国职业指导专家金斯伯格对职业生涯的发展进行过长期研究，对实践产生过广泛影响，提出职业发展的幻想阶段、尝试阶段、现实阶段三个发展阶段，认为职业在个人生活中是一个连续的、长期的发展过程。

金斯伯格的职业发展理论，主要研究的是个人进入职业前的一段时期的职业观的变化及进入职业前的职业选择问题，实际上揭示了初次就业前人们职业意识或职业追求的发展变化过程。职业在个人生活中是一个连续的、长期的发展过程。在职业选择过程中包含着一系列的决定，每一个决定都和童年、青年时期的个人经历、身心发展有关。职业选择的实现也是个人意识与外界条件的折中和调适，个人最终所做的职业选择是寻求个人所喜爱的职业与社会所提供、个人能获得的机会之间的最佳组合。金斯伯格的职业发展理论对职业发展实践活动曾产生过广泛的影响。

1. 幻想阶段

儿童（11 岁之前的儿童时期）对大千世界，特别是对他们所看到或接触到的各类职业工作者，充满了新奇、好玩的感觉。此时期职业需求的特点是：单纯凭自己的兴趣爱好，不考虑自身的条件、能力水平和社会需要与机遇，完全处于幻想之中。

2. 尝试阶段

尝试阶段（11—17 岁的少年时期）是由少年儿童向青年过渡的时期。从此时起，人的心理和生理在迅速成长发育和变化，有独立的意识，价值观念开始形成，知识和能力显著增长和增强，初步懂得社会生产和生活的经验。

在职业需求上呈现出的特点是：有职业兴趣，但不仅限于此，更多地和客观地审视自身各方面的条件和能力；开始注意职业角色的社会地位、社会意义，以及社会对该职业的需要。

职业发展理论把职业生涯的尝试阶段又分成若干个子阶段。尝试期阶段分为兴趣阶段、能力阶段、价值观阶段和综合阶段四个子阶段。

3. 现实阶段

17 岁以后的青年年龄段。即将步入社会劳动，能够客观地把自己的职业愿望或要求，同自己的主观条件、能力，以及社会现实的职业需要紧密联系和协调起来，寻找适合自己的职业角色。此时期所希求的职业不再模糊不清，已有具体的、现实的职业目标，表现出的最大特点是客观性、现实性、讲求实际。

(二) 舒伯的生涯发展理论

舒伯把生涯发展看成一个持续渐进的过程，从童年时代开始一直伴随个人的一生。舒伯的生涯发展理论将生涯的过程分为成长阶段（0—14 岁）、探索阶段（15—24 岁）、建立阶段（25—44 岁）、维持阶段（45—65 岁）和衰退阶段（65 岁以上）五个阶段，而生涯发展的过程在每个阶段都有其独特的职责和角色，以及不同的发展任务，且前一阶段发展任务的完成情况会影响下一阶段的发展。持家者、公民、休闲者、学生、子女、配偶、退休者等角色和工作者的角色都是一个人自我概念的具体表现。所谓“自我概念”，就是指个人对自己的兴趣、能力、价值观及人格特征等方面的认识和主观评价。一个人的自我概念在青春期以前就开始形成，至青春期较为明朗，并于成人期由自我概念转化为生涯概念。工作与生活满意的程度，有赖于个人能否在工作上、职场中，以及生活形态上找到展现自我的机会。

舒伯是生涯辅导理论的大师，其生涯发展论综合了差异心理学、发展心理学、自我心理学以及有关职业行为发展方向的长期研究成果。舒伯本人比较喜欢将其理论命名为“差异—发展—社会—现象的心理学”，他汲取了这四大学术领域中有关生涯发展的精华，建构了一套完整的生涯发展理论。其理论观点是现今生涯辅导重要的理论基础，指导了目前生涯辅导的具体实施，得到了各国生涯辅导界的普遍支持。

（三）施恩的职业锚理论

职业锚理论产生于在职业生涯规划领域具有“教父”级地位的美国麻省理工学院斯隆商学院，是由美国著名的职业指导专家施恩教授领导的专门研究小组，从对该学院毕业生的职业生涯研究中演绎而成的。

职业锚理论认为，职业锚能准确反映个人职业需要及其追求的职业工作环境，能帮助个人找到自己合适的职业种类和领域，认识自己的抱负模式，确定自己的职业成功标准。而所谓职业锚，是自我职业发展的习得定位，即个人进入工作情境后，根据实际工作经验，所感受到的与自己内省的动机、需要、价值观、才干相符合的，能满足自我的一种长期稳定的职业定位。个人职业锚也不是固定不变的，如果不合适，还是可以变化的。

1. 职业锚理论的基本内容

职业锚以员工习得的工作经验为基础，产生于早期职业生涯。员工的工作经验进一步丰富发展了职业锚。1978 年，美国 E.H. 施恩教授提出的职业锚理论包括五种类型：自主独立型职业锚、创业型职业锚、管理型职业锚、技术职能型职业锚、安全稳定型职业锚。后来，人们逐渐发现职业锚的研究价值，越来越多的人加入到了研究的行列。在 20 世纪 90 年代，又发现了三种类型的职业锚，即：挑战型、生活型和服务型职业锚。至此，职业锚增加到八种类型。

2. 职业锚的主要功能

职业锚在员工的工作生命周期及组织的事业发展过程中，发挥着重要的作用。

（1）使组织获得正确的反馈。职业锚是员工经过搜索，所确定的长期职业贡献区或职业定位。这一搜索定位过程，依循着员工的需要、动机和价值观进行。所以，职业锚能清楚地反映出员工的职业追求与抱负。

（2）为员工设置可行有效的职业渠道。职业锚准确地反映了员工职业需要及其所追求的职业工作环境，以及员工的价值观和抱负。透过职业锚，组织可获得员工正确信息的反馈。这样，组织才可能有针对性地对员工职业发展设置可行的、有效的、顺畅的职业渠道。

（3）增长员工的工作经验。职业锚是员工职业工作的定位，不但能使员工在长期从事某项职业中增长工作经验，同时也能不断增强员工职业技能，直接产生提高工作效率或劳动生产率的明显效益。

(4) 为员工做好奠定中后期工作的基础。之所以说职业锚是员工中后期职业工作的基础，是因为职业锚是员工通过积累工作经验后产生的，它反映了该员工的价值观和被发现的才干。

第三节　大学生职业生涯规划的重要意义

一、有利于大学生个人发展

(一) 职业生涯规划促进事业成功

大学生职业生涯规划能够帮助大学生制定切实可行的职业发展计划。通过对自身现状的评估和对职业领域的了解，大学生可以有针对性地规划未来的职业路径。这种计划不仅包括短期和中期的职业目标，还涉及到提升技能、积累经验和发展个人品牌等方面，从而更有利于事业的长期成功。

此外，大学生职业生涯规划有助于提高大学生的职场竞争力。通过明确的规划，大学生可以更有针对性地选择专业课程、参与实习和社会活动，以增加自己在特定领域的专业知识和实践经验。这不仅丰富了个人履历，还提升了在职场上的竞争力，为事业的成功奠定了坚实的基础。

(二) 职业生涯规划有利于寻找人生目标

职业生涯规划有助于大学生明确个人的人生目标，以更加理性的态度认知自身，并深入了解个体的价值观、职业动机以及抱负。“职业生涯发展始终伴随人的成长，需要长期的探索实践，在漫长过程中需要持之以恒的决心和不畏艰难的精神，需要心甘情愿地持续投入、不断追求。”[①] 这有助于适应社会发展的需求，最终实现个体的职业生涯目标。

第一，引导大学生有效规划未来生涯。职业生涯规划能够协助大学生通过结合自身生活经验和对世界、自我的认知，深刻思考当前和未来的发展方向。这种积极的规划过程使大学生更具责任感和使命感，使得个体对自己未来的发展有更为清晰和明确的认识。

第二，激发大学生自觉参与实践与探索。职业生涯规划能够激发大学生积极参与校内和社会范围的职业实践，从而获取真实而有益的职业生涯体

① 李晓波．大学生职业生涯规划 [M]. 镇江：江苏大学出版社，2019：14.

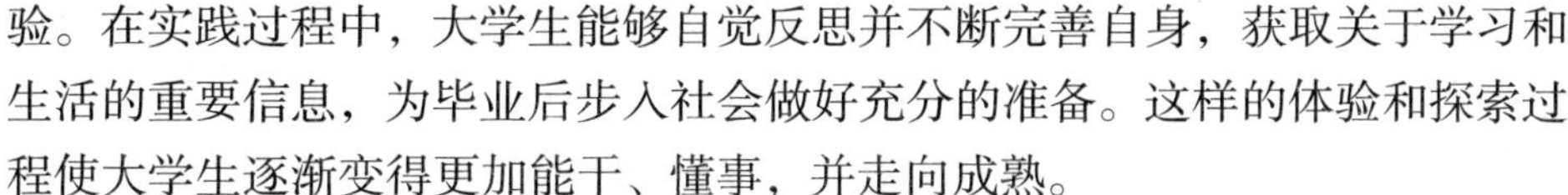

验。在实践过程中，大学生能够自觉反思并不断完善自身，获取关于学习和生活的重要信息，为毕业后步入社会做好充分的准备。这样的体验和探索过程使大学生逐渐变得更加能干、懂事，并走向成熟。

(三) 帮助大学生了解外部世界

职业生涯规划在大学生的教育体系中扮演着至关重要的角色，它为大学生提供了一个全面、系统的机会，使其能够更加深刻地了解外部职业世界。

首先，我国在校大学生中存在相当一部分人在面对未来的职业问题时感到迷茫。这种迷茫源于他们对自己未来职业方向的不确定性，以及对职业市场的了解不足。职业生涯规划通过为大学生提供系统性的职业信息和指导，能够帮助他们摆脱迷茫状态。通过了解各行各业的发展趋势、职业要求以及相关技能，大学生能够更清晰地认识自己的兴趣和优势，有助于明智地选择未来的职业方向。

其次，职业生涯规划激发了大学生对未来的兴趣和热情，使其在学习期间更主动地探索自己的职业道路。通过参与职业规划活动，大学生有机会接触到实际工作中的各种挑战和机遇，从而更好地理解不同职业的本质。这种直观的体验有助于激发大学生对未来职业的兴趣，使他们更有动力地投身于学科学习和实践活动中。这种积极性有助于大学生更早地确定自己的职业目标，为未来的职业生涯打下坚实的基础。

另外，职业生涯规划还促使大学生专注于如何在现有平台上发展自己，合理地规划自己的学业与大学生活。通过设立明确的职业目标和发展计划，大学生能够更有针对性地选择专业课程、参与实习和社会实践，从而提高自己在特定领域的竞争力。职业生涯规划的引导下，大学生能够更好地整合学业与实践，为步入职业社会做好充分准备。

总之，职业生涯规划是大学生了解外部世界的关键一环。通过激发学生对未来的探索，职业生涯规划不仅帮助他们走出职业迷茫，还使他们更深刻地认识自己的兴趣和优势，为未来职业生涯的成功奠定坚实基础。这一过程不仅有助于个体大学生的成长，也为社会培养更具有职业素养的人才提供了重要支持。

(四) 促进大学生的全面发展

职业生涯规划有助于培育大学生积极主动的生活态度，培育大学生自立、自强、自主的精神，有助于鼓励大学生积极进取、努力学习，促进大学生全面发展。

1. 符合大学生人才培养目标

大学生人才培养目标的实现对我国高校而言具有重要而紧迫的意义。我国高校在面对就业压力的同时，积极响应国家的人才培养需求，通过将就业指导课程纳入人才培养工作，切实履行社会责任。其中，大学生职业发展与就业指导课程作为必修课的列入教学计划，不仅是对高校教育体系的优化，更是对学生职业素养的全面提升。该课程的设立不仅涵盖了对大学生职业理想、职业目标、职业定向、职业道德、职业能力的系统教育，更重要的是引导学生进行职业生涯规划。通过深入的教育，学生能够在职业生涯的起步阶段就对自身的职业方向有清晰的认知和规划，从而在未来的发展中能够更好地实现个体的全面发展。

以学生为本的职业生涯规划贯彻了“关心人、培养人、发展人”的原则。通过关注每一位学生的个体差异，课程能够更好地满足不同学生的需求，促使他们由“要我学”逐渐转变为“我要学”，激发出更强烈的学习动力。这种转变不仅有助于提高大学生的综合素质，更有助于使他们在走向社会时能够“赢在起跑线上”。因此，大学生职业发展与就业指导课程的开设是符合我国大学生人才培养目标的重要一环。通过培养学生的职业理念、职业道德和职业能力，这一课程有望为我国高校培养更为全面、适应社会需求的优秀人才奠定坚实基础。

2. 实现大学生的个性化发展

职业生涯规划的理念强调自主探究，为大学生提供了广泛而深入的发展空间，从而有效解决了大学生个性化发展的问题。通过开展各类社会实践活动、参与课外科技活动、积极参与学科竞赛、参加文体活动以及接受技能培训等多元化的途径，大学生得以自我发现、自主选择、自我提高，进而充分开发和发展个性潜能。

通过实践与自我发现，大学生得以以人为本地思考自己的职业生涯，强调个性发展，突显个人特色。这种以人为本、发展个性、突出特色的目标，有助于培养大学生的自我意识和独立思考能力。他们在职业生涯规划的引导下，能够更加主动地选择适合自己发展方向，并以自身的意愿去创造和实现个人发展目标。

3. 完善大学生自身的整体素质

在职业生涯规划的指导下，大学生得以调整知识结构，有目的地弥补实践技能的不足。这种有针对性的学习和发展有助于增强综合素质，使他们更具备应对未来职业挑战的能力。通过主动参与各类活动、勤于动手实践，大学生能够培养和强化实践能力、创新能力，从而在综合素质的发展上取得更为丰硕的成果。

重视实践能力和创新能力的培养，使得大学生在职业生涯规划中注重个体综合素质的开发。这种全面而协调的发展理念，不仅关注身体素质，更强调心理素质、社交素质等多方面的全面发展。通过全面发展，大学生能够更好地适应社会的需求，增强在职业生涯中的竞争力。

二、有助于大学生顺利就业

(一) 提高大学生社会竞争力

1. 适应社会发展的要求

职业生涯规划对于大学生而言，是一个关键的决策过程，其成功与否直接关系到个体未来的职业发展和社会的可持续进步。在这一过程中，适应社会发展的要求显得尤为重要。

2. 挖掘自身潜能

良好的职业生涯规划在很大程度上能够帮助大学生更全面地认知自我，挖掘并发挥个体潜能，使其在职业发展中更具竞争力。

3. 形成核心竞争力

职业生涯规划对于大学生的重要性不仅在于引导个体认清自身潜能，还在于帮助他们形成独特的核心竞争力，以在职业竞争中脱颖而出。

职业生涯规划不仅引导大学生认知自身潜能，更有助于形成明确的职业目标和核心竞争力。通过明确的规划，大学生能够更加有条理地规划未来的学业和职业生涯，为个体的职业成功奠定坚实基础。这种有系统性、有目标性的规划对于大学生的全面发展和职业竞争力的提升具有深远的影响。

(二) 帮助大学生建立科学的择业观

科学的择业观是指求职者依照自己的职业兴趣和期望分析现代职业对求职者的素质要求，使自身条件与职业需求特征相符合的过程。职业生涯

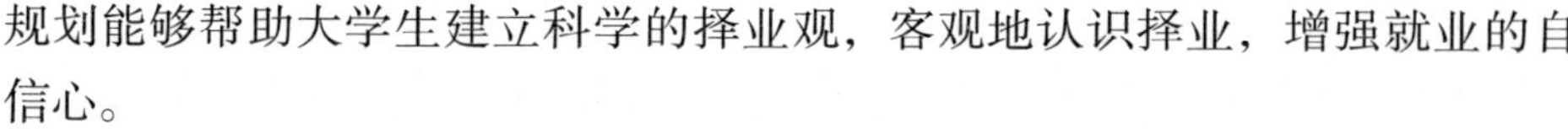

规划能够帮助大学生建立科学的择业观，客观地认识择业，增强就业的自信心。

1. 客观地认识择业

职业生涯规划为大学生提供了客观的视角，帮助他们理性认识择业的重要性。通过系统性的规划过程，大学生能够深入了解自己的兴趣、技能、价值观等方面，从而明确个人发展方向。这种客观认识有助于避免盲目跟随感觉或盲目从众，使大学生能够更加明晰地选择适合自己的职业道路。

2. 增强就业信心

“职业生涯教育有助于培养大学生正确的就业观，为社会主义核心价值体系融入国民教育提供有效的践行平台与载体。”① 有效的职业生涯规划使每个大学生都能建立起对自身的客观、全面的认知。通过了解自己的优势、特长、劣势和不足，大学生能够明确自己的职业适应性。这种自我认知不仅帮助他们摆正自己在职场中的位置，还为他们树立了信心。在面对具体岗位时，大学生能够更加自信地尝试，充分发挥自己的优势，从而提高择业的成功率。

3. 有针对性地发展规划

职业生涯规划不仅让大学生认识自己，还引导他们制定有针对性的发展规划。通过设定明确的职业目标和阶段性计划，大学生能够在求职过程中更有针对性地提升自己的能力和竞争力。这种科学的发展规划有助于大学生更加理智地选择和追求自己的职业目标，避免盲目追求短期利益而忽略了长期发展。

总的来说，职业生涯规划在帮助大学生建立科学的择业观方面发挥着重要作用。通过客观认识择业、增强就业的自信心以及有针对性地发展规划，大学生能够更加明智地选择适合自己的职业道路，为未来的职业生涯奠定坚实的基础。

(三) 降低大学生的就业压力

经过职业生涯规划的大学生能够对职业环境有一定的了解，学会自我调适，避免择业时盲目攀比，利用积极的心理暗示引导正确的就业行为，减少就业障碍，降低就业的压力。

---

① 陈玮瑜，祁禄．职业生涯教育：大学生践行社会主义核心价值观的新路径 [J]. 教育教学论坛，2019(7)：44.

1. 引导大学生自我调适

职业生涯规划能够帮助大学生从就业误区中走出来，打破专业局限，开拓广泛的就业视野；使大学生能够根据社会需求对自身的知识结构和就业意向不断调整与修正，增强从优择业的主动性。在求职过程中遇到挫折时，职业生涯规划使大学生懂得通过自己的努力和主动的心理调适消除不良的心理情绪，学会积极接纳自己，以健康的心理状态面对就业问题，从而实现从容择业、顺利就业。

2. 避免盲目攀比

在大学毕业生中，存在着盲目攀比的现象。当看到自认为能力与自己相当或不如自己的同学找到令人羡慕的职业、获得可观的收入时，有些大学生就难以保持心理平衡，会引发其就业的盲目性和一时冲动，严重妨碍其顺利就业。职业生涯规划推崇正确的价值取向，使大学生学会以平和的心态面对现实，变“盲目攀比”为“合理比较”；学会对自己和他人的行为作出正确判断；学会自我教育，适时调控自己，自觉抵制盲目攀比。

3. 引导积极的心理暗示

职业生涯规划引导大学生用一些更积极的思想和概念来替代过去陈旧的、否定性的思维模式，调整个体的心境、感情、意志乃至专业能力。积极的自我暗示能够形成积极的心态和成功的心理。大学生经常对自己给予肯定，能够让自己鼓起信心和勇气，摆脱自卑，抓住机遇，采取行动，获得成就和幸福。大学生对自己进行积极的心理暗示，是提高“可就业性”的重要保证。

三、指导大学生进行创业

职业生涯规划能让大学生学会如何正确创业，帮助大学生选择创业项目，为创业做好各方面的准备，指导大学生避免创业的一些误区。

(一) 指导创业项目的选择

职业生涯规划能够指导大学生如何分析市场环境，选择适合的创业项目。创业项目是指创业者能够用来实际运作，开办企业，进行生产、经销产品 (包括有形产品或无形服务)，并通过出售给消费者来赚取利润的创业机会。

1. 创业项目一般而言要有良好的市场前景。企业是为解决客户的问题而存在的，没有满意的客户就没有企业的存在，客户的需求是企业存在的基

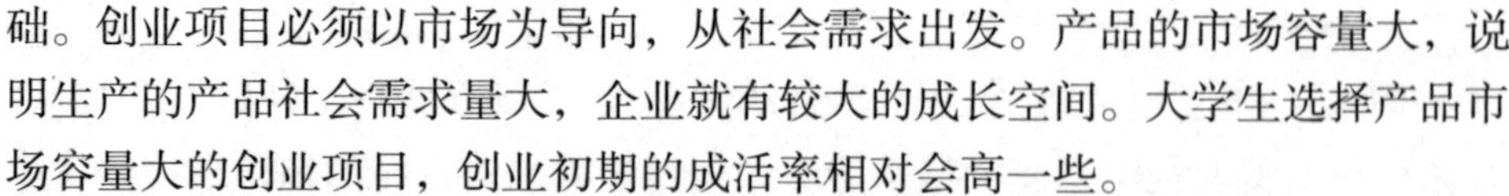

础。创业项目必须以市场为导向，从社会需求出发。产品的市场容量大，说明生产的产品社会需求量大，企业就有较大的成长空间。大学生选择产品市场容量大的创业项目，创业初期的成活率相对会高一些。

2. 创业项目要注意特色化。特色是创业项目生命的内在根基，是企业生存下去、站住脚的基石。大学生只有提供新的、有特色的产品和服务，才能形成自己的竞争优势。大学生在选择创业项目时应充分利用创业者本人拥有的或可以直接控制的资源，这些资源的取得和使用成本往往较低，容易使项目获得标新立异的优势，在市场竞争中占据主动地位。

3. 创业项目一般应资金占用量低。低资金占用量使成本可控，由于投入小，船小好掉头，随时可以转产，损失会比较小。同时，低资金占用量使资金更容易筹集，项目上马快，可赶上创业的好时机。

（二）指导创业的前期准备

创业的前期准备包括了解创业途径，做好心理准备、资金准备和知识准备。

1. 了解创业途径。由于大学生对市场经济的实践比较陌生，因而可以通过参加学校举办的各类创业知识讲座、创业指导，听取工商、税务、银行等部门的专业人士来校的讲解，学习“如何申请营业执照”“如何纳税”“如何申请贷款”等知识，进一步了解创业的途径。

2. 做好创业的心理准备。大学生创业者要有坚定的自信心，始终把成功的可能性建立在自己身上，要有强烈的进取心，让自己敢于挑战，坚定不移，在一般人不敢或不能涉足的地方创造奇迹。

3. 做好创业的资金准备。创业需要有付出才会有收获，许多创业企业因为缺少资金而处于进退两难的尴尬境地。筹集资金可以利用自己的存款或向亲戚朋友借款，也可以获取创业贷款和商业银行贷款，还可以利用合伙入股、风险投资、政策性扶持资金等。

4. 做好创业的知识准备。大学生创业者除了需要具备一定的专业特长外，还应该具有合理的知识结构。例如，掌握管理知识，具有一定的市场洞察力，了解工商注册登记的手续及条件，清楚本行业经营许可的审批流程和条件，了解国家相关的政策和法规。

第二章　大学生职业生涯规划中的自我认知

大学生职业生涯规划作为目前大学生在校期间需要认真对待的一项“软性”任务，看似弹性操作指标，但是其重要性关乎学生未来职业发展动向，与个人成长进步、人生价值实现息息相关，是个人成长的蓝图和导向标。本章主要论述大学生兴趣与人格的认知、大学生价值观与职业能力的认知、大学生时间管理与学习管理。

第一节　大学生兴趣与人格的认知

一、兴趣与职业

（一）兴趣的内涵

兴趣是人们非常熟悉的概念，“爱一行、干一行”说的就是兴趣对于职业的重要作用。在心理学中，所谓兴趣是指人们力求认识某种事物和从事某项活动的心理倾向，是个体对特定的事物、活动及人所产生的积极的、带有倾向性的、选择性的态度和情绪。

兴趣的内涵涵盖了以下方面：

第一，好奇心和渴望。兴趣通常根植于个人内心的好奇心和对特定主题或活动的强烈渴望。这种好奇心激发了人们不断探索、学习和深入了解相关领域的动力。从对新技能的探索到对知识的追寻，兴趣在个人发展中扮演着重要的角色。通过满足好奇心，个人得以拓展自己的视野，提升自身的认知水平，并且不断地发展和成长。因此，兴趣不仅是对某个领域的爱好，更是个人成长和自我实现的重要驱动力。

第二，情感投入和喜爱。兴趣往往与个人的情感投入和喜爱息息相关。当一个人对某个领域或活动产生兴趣时，他们常常会投入其中，付出大量的情感和精力。这种投入并非是出于理性上的认同或兴趣，而更多的是源自内心的激情和喜爱。人们可能会因为对某个主题的热爱而感到兴奋、激动甚至激情澎湃，这种情感投入会驱使他们去探索、学习和深入了解更多相关内容。在追求兴趣的过程中，个人的情感投入和喜爱是他们持之以恒、不懈努力的动力源泉。这种深沉的情感投入使得兴趣不仅是一种客观的认知需求，更是一种情感上的追求和满足。因此，个人的兴趣往往是情感和认知的交织，是内心深处对特定领域或活动的真挚热爱和倾注。

第三，个人偏好和倾向。兴趣反映了个人的偏好和倾向，揭示了他们在特定领域或活动中感到满足和愉悦的方面。每个人的兴趣都是独特而个性化的，反映了他们对某种主题或活动的喜好和倾向。通过展现对特定领域的浓厚兴趣，个人不仅表达了对该领域的偏好，也凸显了他们在其中获得满足和愉悦的方面。

第四，动机和目标。兴趣通常与个人的动机和目标息息相关。人们对某种活动感兴趣是因为它能够满足他们的需求或帮助实现个人目标。个人的动机和目标可以是多样的，可能是为了个人成长、自我实现，或是为了满足某种需求或愿望。当某个活动与个人的动机和目标相契合时，他们往往会更容易产生兴趣并投入其中。因此，兴趣不仅反映了个人的情感和认知层面，也受到个人动机和目标的影响。个人的兴趣往往与他们的动机和目标相辅相成，共同推动着他们向着自己所追求的方向前进。

第五，持久性和持续性。兴趣通常是持久而持续的，人们可能会长期保持对某个领域或活动的兴趣，并且不断投入时间和精力去追求相关的学习和体验。这种持续的投入和追求不仅是对兴趣的一种表达，也是对个人成长和发展的重要推动力。通过不断地深化对兴趣领域的理解和体验，人们能够拓展自己的视野、积累更多的知识和技能，从而在兴趣所涉及的领域中获得更多的成就和满足感。因此，兴趣的持久性和持续性是推动个人不断进步和发展的关键因素之一。

第六，个人发展和成长。兴趣在个人发展和成长中扮演着重要的角色。它不仅是一种爱好或追求，更是促进个人进步和提升的关键因素。通过追求自己感兴趣的领域或活动，人们能够不断地培养技能、增长知识，并拓展自己的视野。这种持续的学习和探索过程，不仅有助于个人在特定领域或活动中取得进步，还能够为其未来的发展奠定坚实的基础。通过兴趣所带来的学习和实践，个人能够不断地提升自己的能力水平，从而更好地适应社会的变化和挑战。通过在兴趣领域中取得的成就和进步，个人还能够获得满足感和成就感，进而增强自信心和自我认同。因此，兴趣不仅是个人发展和成长的动力源泉，也是实现个人价值和目标的重要途径之一。兴趣是人类情感和认知的重要表现之一，它不仅反映了个人对世界的好奇和渴望，还能够促进个人的成长和发展。

(二) 兴趣和职业

兴趣对人的职业有重要的意义。从事感兴趣的事情是愉快的，积极的情绪体验带给个体强烈的主观能动性，推动他们自觉、高效地完成任务，职业兴趣在人的职业活动中起着非常重要的作用，主要表现在以下方面：

第一，职业兴趣影响人的职业定位和职业选择。职业兴趣反映了职业特点和个体特点之间的匹配关系，是人们职业选择的重要依据和指南。理想的职业发展应该是恰当的人从事恰当的工作。个人的职业定位和职业选择要考虑是否与个体的职业兴趣相符，两者最佳的匹配可以为职业的发展提供持续的动力。

第二，职业兴趣能够开发人的能力，激发人的探索欲与创造力。如果一个人所从事的工作与其职业兴趣相吻合，能发挥其全部才能的 80% 左右，能长时间保持高效率的工作并乐此不疲；反之，则最多只能发挥其全部才能的 20%，还很容易导致厌倦和疲劳。职业兴趣能够影响人们在职业活动中的工作绩效。

第三，职业兴趣可以增强人的职业适应性和稳定性。从事感兴趣的工作，个体能够从工作中获得更多的愉悦感、价值感和满足感。因为工作是快乐的，所以人生是快乐的。在这种状态下，人与工作浑然一体，人们从工作中获得乐趣，感受到自我的价值。所以，职业兴趣可以促进人们有效地适应工作，对工作有更为深切的认同，显著提升人们的工作满意感。

兴趣不是与生俱来的，而是以一定的素质为前提，在生活实践过程中逐渐发生和发展起来的。如果一个人缺乏某种职业知识，或者根本不了解这种职业知识，那么就不可能对这种职业真正发生兴趣。因此，一个人只有广泛了解职业知识，参加有关的职业活动，才可能真正发现自己的职业兴趣所在。

综上，大学期间，大学生应该发展广泛的兴趣爱好，有利于提升各方面的能力和综合素质，有利于塑造完善的人格。在此基础上，大学生要了解自己的兴趣取向，了解自己的职业兴趣，在充分把握各项因素和环境特征的基础上，重点培养和发展自己的职业兴趣，为将来的职业选择和职业发展做好准备。

(三) 霍兰德的职业兴趣理论

约翰·亨利·霍兰德于1959年提出了具有广泛社会影响的从业互择理论。“霍兰德职业兴趣理论是一种有效的职业指导方法，它有着科学的理论体系和测评方法，内容涵盖了职业兴趣、人格、职业意图和工作史等方面的知识。”[①] 这一理论根据劳动者的心理素质和择业倾向，实质在于劳动者与职业的相互适应。霍兰德认为，同一类型的劳动和与职业互相结合，便是达到适应状态，劳动者找到适宜的职业岗位，其才能与积极性才会得以很好发挥。

使用霍兰德职业兴趣六边形进行自我探索时的要点。个人需要把自己最重要的选项用五角星标出，另外两个选项则可以用圆点标出；根据这三点在六边形上的分布可以从以下角度去解读自己的职业兴趣探索结果：

1. 横坐标

图2—1中，[②] 向左箭头表示个体对物的兴趣，向右箭头表示对人的兴趣。在六边形中的位置越靠左边，表明个体对物的兴趣越强，是典型的现实型。越靠右边，表明个体对人的兴趣越强，是典型的社会型。可以根据个体人格类型在图2—1中左半边和右半边的相对位置，判断个体对人还是对物更具有倾向性。

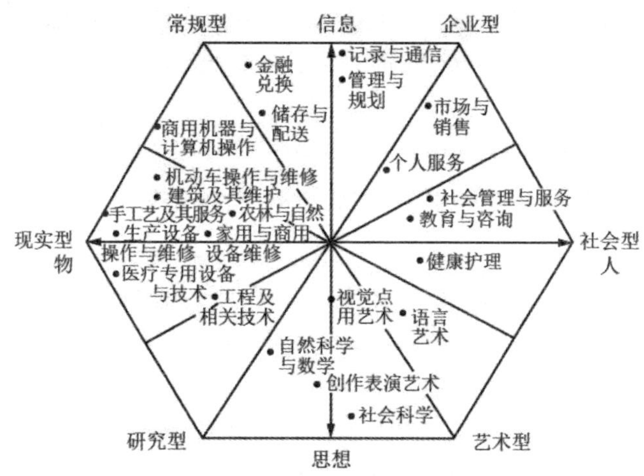

图 2–1　霍兰德职业兴趣六边形

① 郑文忠，林培玲，方舒婷，等. 霍兰德职业兴趣理论及其应用研究 [J]. 兰州教育学院学报，2019，35(12)：165.

② 本节图片引自李金亮，杨芳，周欣. 大学生职业生涯规划 [M]. 长沙：湖南教育出版社，2019：65.

2. 纵坐标

图 2—1 中，向上箭头表示个体喜欢加工处理已有的信息、资料，向下箭头表示个体喜欢独立思考，产生新的思想。在六边形中的位置越靠上，表明个体对信息资料的兴趣越强，比如常规性和企业型。越靠下，表明个体对思想的兴趣越强，比如研究型和艺术型。可以根据个体人格类型在图 2-1 中上半边和下半边的相对位置，判断个体对信息资料还是对思想更具有倾向性。

3. 一致性

在霍兰德理论中的“一致性”是指，六种职业类型之间在心理上一致的程度。六边形中相邻的类型一致性高，譬如，现实型（R）和研究型（I）在某些性质上有共通的地方，表现为不善交际、喜欢做事而不善于与人接触、较男性化等。六边形中相对的类型一致性低，比如，常规型（C）和艺术型（A）的一致性偏低，两者所具有的特点是完全不同的，常规型顺从性大，艺术型独创性强。

4. 区分性

区分性这个维度指标用以解释三个选项的位置分布。如果三个选项都较为接近某一类型，而与其他类型相似甚少，这种情况表示区分性良好；如果单个选项的位置非常分散，没有集中在一个方向上，表示区分性较低。区分性好的结果，可以有效帮助个体认识自己的职业兴趣倾向性；区分性差的结果，解释力度也减弱很多。

5. 个人和职业的适配性

个人和职业的适配性是指个人的特质、技能、价值观以及职业环境之间的匹配程度。这种适配性关系到一个人在特定职业或工作环境中的表现、满意度和成功程度。

1971 年，霍兰德根据其职业人格类型理论编制了自我探索量表（SDS），以评估受测者的职业兴趣。1977 年和 1985 年，霍兰德又对自我探索量表进行了两次修订。1985 年版的自我探索量表包括评价手册和职业分类表两大部分。通过使用评价手册和职业分类表，可以得到受测者在六种类型上的得分。由于个人的职业兴趣往往是多方面的，很少只集中在某一种类型上。因此，霍兰德将三种兴趣的字母代码组合在一起，这就是“霍兰德职业代码”。受测者根据自己的霍兰德职业代码便可以在职业分类中找到与之匹配的职业。

二、人格与职业

(一) 气质与职业

1. 气质的内涵

在心理学中，气质指个人心理活动稳定的动力特征。这些动力特征主要指心理过程的强度、速度、稳定性、指向性等方面的特点。比如，人们常说的冲动与文静、敏感与迟钝、急性子与有耐性等，都是在描述气质特征。简言之，就像每个人的体质不同，体力、速度、耐力都不同一样，心理过程表现出不同的素质特征。这些差异很大程度上源于心理过程的生理基础——神经活动过程的不同，因此，具有很强的独特性和稳定性。

气质是指一个人固有的、与生俱来的个性特征和心理特点，通常包括情感、情绪、态度和行为方式等方面的表现。一个人的气质往往是相对稳定和持久的，虽然受到环境和经历的影响，但在大多数情况下，气质是相对固定的。气质可以通过个人的行为、情绪表达、社交互动等方面展现出来，反映了个人独特的内在特点和处事风格。气质的形成受遗传、环境、教育等多种因素的影响，不同的人可能有不同的气质类型，如外向型、内向型、冒险型、保守型等。气质是一个人内在的、相对稳定的心理特征，它反映了个人的情感、态度和行为方式，是人格的重要组成部分。

2. 气质的类型

(1)“四液说”分类。四体液理论认为人体内有四种性质不同的体液：血液、黄疸、黑疸和黏液。这四种体液以不同的比例混合，就形成了人不同的性质，这也是近代气质概念的来源。后人发展了体液说，形成了流行于今的四种气质类型：多血质、胆汁质、黏液质和抑郁质。四种类型的特点如下：

第一，多血质。感受性低而耐受性强，反应速度快而灵活，外部表现明显。表现为活泼好动、不甘寂寞、善于交际、思维敏捷；易接受新事物，但印象不深；情感易产生也易变化，易外露，但体验不深刻。

多血质的人，适合做社交性、文艺性、多样化、要求反应敏捷且均衡的工作，而不宜从事需要细心钻研的工作。可以从事的职业有演员、歌手、文艺工作者、记者、服务员、公关人员、销售员等。

第二，胆汁质。感受性低而耐受性强，反应速度快但不灵活，外倾性明显。表现为直率热情、精力旺盛、易冲动、脾气急躁；思维敏捷，但准确性差；感情明显外露，但持续时间不长。

胆汁质的人，适合做反应敏捷、动作有力、应急性强、危险性大、难度较高而费力的工作，而不宜从事稳重细致的工作。可以从事的职业有运动员、警察、消防员、节目主持人、演讲者、冒险家等。

第三，黏液质。感受性低而耐受性高，反应性低、情绪兴奋性低，感应速度缓慢而不灵活，有明显的稳定性，可塑性小。表现为安静稳重、沉默寡言；善于克制自己；善于忍耐，不善于空谈；情绪不易外露。

黏液质的人，适应做有条不紊、刻板平静、耐受较高的工作，而不宜从事激烈多变的工作。可从事的职业有外科医生、法官、管理人员、出纳员、播音员、会计、调节员等。

第四，抑郁质。感受性高而耐受性低，严重内倾，情绪兴奋性高，反应速度慢且不灵活。表现为安静，体验方式少，但体验深刻、持久；情绪不易外露，动作迟缓，但准确性高。

抑郁质的人，适合做持久细致的工作，而不适合反应灵敏、需要果断处理的工作。可以从事的职业有技术员、排版工、检察员、登录员、化验员、雕刻工、机要秘书、保管员等。

（2）外向型和内向型。人都有一种来自本能的力量，称为力比多，力比多流动的方向就决定了人的气质类型。力比多倾向于流向外部世界的个体，是外向型；力比多倾向于流向自己内在心理活动的个体，是内向型。外向型的人，关注外部世界，兴趣爱好广泛，爱好社交、乐群、活跃，容易适应环境的变化，还可以进一步分为社交型、行动型、过于自信型、乐天型和感情型。内向型的人，更多地关注主观世界，经常进行自我反省，喜欢独处、沉思，比较沉默、孤僻，较难适应环境的变化，也可以进一步分为孤独型、思考型、丧失自信型、不安型和冷静型。大多数人属于兼有两者特征的中间型，在不同的场合下会表现出不同的倾向性。

（3）场独立性和场依存性。个体可以分为两种气质类型，即场依存性和场独立性。场依存型的人倾向于以外在参照物作为信息加工的依据，他们易受环境或附加物的干扰，常不加批评地接受别人的意见，但是社会敏感性强，爱好社会交往。场独立性的人，更多地利用内在参照作为信息加工的依据，不易受外来事物的干扰，具有独立判断事物、发现问题、解决问题的能力，但是社交能力差、喜欢独处。比如，生活中经常有人总是不能很好地辨别方向，需要借助太阳、阳台等手段识别方向，而另外一类人，即使到了一个新的环境，也能很快辨别出空间方向，这就是场依存性和场独立性的一个表现。场依存性的人更适合从事社会型的工作，适合与人沟通，团队意识和团队合作性强，善于把握人际关系。场独立性的人更适合从事技术类、工程类的工作，有独立分析和解决问题的能力，思考问题深入、辨别力强，适合与物打交道，从事实业。

气质无好坏之分，不同气质的人都可以在各自的领域里取得伟大的成就，只能说某种气质特征可以为一个人从事某类工作提供有利的条件罢了。

（二）性格与职业

1. 性格的内涵

性格是指个体在思维、情感和行为方面的长期稳定的、独特的个性特征。它包括了个体的认知方式、情感表达、社交行为以及应对压力和挑战的方式等方面。性格通常是相对稳定的，但也可以在一定程度上受到环境和经历的影响而发生变化。

性格的内涵主要包括以下方面：

（1）认知特征。性格对个体的认知方式产生重要影响，包括塑造个体的思维模式、逻辑推理能力以及注意力集中程度等方面。不同性格类型的个体可能在认知过程中展现出不同的倾向和特点。例如，外向型的个体可能更倾向于寻求社交刺激，善于处理复杂的社交情境，而内向型的个体则可能更注重独立思考和内省，表现出更为深思熟虑的思维风格。一些性格特征可能影响个体的逻辑推理能力，如冒险型的人可能更愿意接受挑战和冒险，而保守型的人可能更偏向于稳妥和安全。个体的注意力集中程度也可能受到性格的影响，一些性格类型可能更容易分散注意力，而另一些则可能更能够保持专注。因此，性格不仅影响了个体的思维方式和认知风格，还在认知过程中塑造了个体的独特倾向和特点。

（2）情感特征。性格对个体的情感表达和情感调节能力也产生显著影响。某些人可能更倾向于表达积极的情感，如乐观、愉悦和热情，他们倾向于以积极的态度面对生活中的挑战和困难。相反，另一些人可能更倾向于表达消极的情感，如焦虑、沮丧和愤怒，他们可能更容易受到负面情绪的影响，并表现出情绪波动较大的特点。性格也会影响个体的情感调节能力，即个体处理和调节情感的能力。一些性格特征可能使个体更擅长应对挑战和压力，能够保持情绪稳定和乐观的心态，而另一些性格特征可能使个体更容易受到情绪波动的影响，难以有效调节情绪。因此，性格不仅塑造了个体的情感表达方式，也在情感调节能力方面产生了重要影响，从而影响着个体在面对生活中各种情境时的表现和应对方式。

（3）行为特征。性格在个体的行为表现上也扮演着关键角色。不同性格类型的人可能展现出不同的行为倾向和方式。例如，外向型个体可能更倾向于追求社交活动和冒险体验，他们喜欢与他人互动、参加各种活动，寻求刺激和新奇感。这些人通常具有活跃、开放的性格特点，愿意尝试新的事物并与他人分享经历。相反，内向型个体可能更倾向于独处和深思熟虑，他们更喜欢安静的环境，倾向于独立思考和反省。这些人通常更善于沉思、理性思考，并享受独处的时光。性格还可能影响个体在面对挑战和压力时的行为方式。一些性格特征可能使个体更勇敢、果断，愿意接受挑战并寻求解决问题的途径，而另一些性格特征可能使个体更谨慎、保守，更倾向于回避风险。因此，性格不仅在个体的情感和认知方面产生影响，也在行为表现上展现出独有的特征，塑造了个体的行为倾向和方式。

（4）应对压力的方式。个体的性格也对其应对压力和挑战的方式产生重要影响。某些性格类型的人可能更倾向于积极主动地应对挑战，他们可能会采取积极的行动和策略，寻求解决问题的方法，并努力克服困难。这些人通常具有坚韧、自信的性格特点，能够在面对困境时保持乐观和勇敢。相反，另一些性格类型的人可能更倾向于回避或消极应对挑战，他们可能会感到不安或无助，选择逃避或回避问题，以减轻压力和焦虑。这些人可能缺乏应对挑战的勇气和决心，可能会选择逃避或沉溺于消极情绪中。因此，个体的性格特点在应对压力和挑战时发挥着关键作用，不同的性格类型可能会采取不同的应对策略和方式。理解自己的性格特点，有助于个体更有效地应对生活中的各种挑战和困难，提高应对压力的能力和抗逆力。

总的来说，性格是个体长期形成的、相对稳定的个性特征，它在个体的思维、情感和行为方面都有所体现，对个体的行为和生活方式有着重要影响。

2. 性格的类型

（1）以心理机能优势分类。英国的培因和法国的李波特根据理智、情绪、意志三种心理机能在人的性格中所占优势不同，将人的性格分为理智型、情绪型、意志型。

第一，理智型的人通常以理智来评价周围发生的一切，并以理智支配和控制自己的行动，处世冷静，他们总是按照最优化的原则去做事情，在情感因素面前，更加注重实效。

第二，情绪型的人通常用情绪来评估一切，重视人际关系，他们感情丰富、言谈举止易受情绪左右，容易感情用事，不能三思而后行。

第三，意志型的人通常行动目标明确，主动、积极、果敢、坚定、有较强的自制力，能够战胜困难和挫折，坚定地实现目标。

除了这三种典型的类型外，在生活中大多数人是混合型。比如理智—意志型的人更容易达到目标、取得成功。

(2) 迈尔斯—布里格斯类型指标（MBTI）性格分类。MBTI 是目前国际上最普遍使用的人格类型测试。MBTI 人格类型理论始于著名心理学家荣格，基于荣格关于人格中知觉、判断和态度的观点，后经美国心理学家布里格斯和迈尔斯母女深入研究而发展成型的，现已广泛应用于职业发展、职业咨询、团队建设、婚姻教育等方面。

人们认识和处理任何事物，一般都经历注意指向、获取信息、加工和决策、行动四个过程。MBTI 理论认为在这四个维度上，针对每个维度人群中都可能有两种相对的表现。

第一，注意指向的维度：外倾（E）和内倾（I）。外倾，注意力和能量主要指向外部的人和事，习惯于外界活动，喜欢与人打交道；内倾，注意力和能量主要集中于内心主观世界，喜欢独处、内省，孤僻、安静。

第二，获取信息的维度：感觉（S）和直觉（N）。感觉，倾向于通过自己的五官获取环境的现实和信息，获取信息的方式是具体的、精确的、实际的，着眼于现在；直觉，倾向于通过抽象、想象等超越感官知识的方式获取信息，偏好抽象的、意义的、未来的处理方式，注重事物价值和含义。

第三，加工和决策的维度：思维（T）和情感（F）。思维，倾向于遵循逻辑和推理来作决定，理性的、公平公正的，有一套既定的行为准则；情感，倾向于通过自己的价值判断来作决定，主观的、感情化的，因时因地制宜地决定。

第四，行动的维度：判断（J）和知觉（P）。判断，倾向于通过思维和情感去组织、计划和调控自己的生活，偏好所接触的事情都能条理分明、秩序井然，希望凡事都在掌握之中；知觉，倾向于用感觉和知觉的方式作决定，态度总是灵活机动的、开放的，希望事情能保持弹性开放、任其自然发生，不受制于既定的轨道。

四个维度上八种态度的不同表现，组合出十六种人格特质，见表2—1。[①] 每种人格类型有自己的优点和缺陷，体现了对人、职业和生活的态度和取向，代表一种行为和态度的偏好。每种类型都对应了可能的职业兴趣和工作环境的偏好，而且它能够从人格分析的角度解释为什么人们喜欢这样的工作。因此，MBTI 可以很好地帮助人们认识自己，从而更好地把握自己的职业倾向。

表 2–1　MBTI 十六种人格类型

守护者 SJ		技艺者 SP		理论者 NJ		理想家 NF	
需求安全稳定		需求感官刺激		需求理性知识		需求自我认定	
ESTJ	督导者	ESTP	促进者	ENTJ	指挥官	ENFJ	教师
ESTJ	视察者	ESTP	工艺者	ENTJ	策划者	ENFJ	咨商师
ESTJ	提供者	ESTP	表演者	ENTJ	发明家	ENFJ	得胜者
ESTJ	保护者	ESTP	创作者	ENTJ	建筑师	ENFJ	治疗师

（3）特质论。特质论的心理学家们认为性格是由很多特质组成的，人们在各个特质上量的差异形成了不同的性格。性格包括两种特质：①个人特质，为个体所独有，代表个人的行为倾向；②共同特质，是同一文化形态下人们所具有的一般共同特征。心理学家卡特尔采用因素分析法，将性格的众多因素分为表面特质和根源特质。表面特质反映一个人外在的行为表现，是直接与环境接触、常随环境变化而变化的，不是特质的本质。根源特质是一个人整体人格的根本特征，每一种表面特质都来源于一种或多种根源特质，而一种根源特质也能影响多种表面特质。十六种根源特质分别是乐群性、聪慧性、稳定性、支配性、怀疑性、兴奋性、有恒性、敢为性、敏感性、幻想性、世故性、忧虑性、实验性、独立性、自律性、紧张性。根据这十六种根源特质，设计了卡特尔十六种人格因素问卷，成为应用十分广泛的人格测试问卷。可以通过这份问卷，了解自身在十六种根源特质上的分布状况，从而加深对自我性格特点的认识。

① 本节表格引自李金亮，杨芳，周欣．大学生职业生涯规划 [M]. 长沙：湖南教育出版社，2019：73.

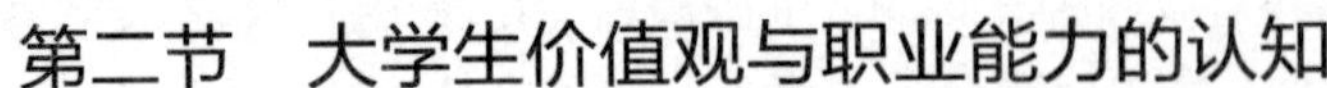

第二节　大学生价值观与职业能力的认知

一、能力与职业能力

能力是职业发展中最现实的方面，是一个人能否进入职业的先决条件，是一个人能否胜任职业工作的主观条件。无论从事什么职业都要有一定的能力。每个人在自己的一生中都要从事各种各样的职业活动，必须具备多种能力与之适应。大学生正处于能力提升期，应该根据自己的能力倾向和特点加强学习，努力提升自己的能力。

（一）能力分类与职业相关的能力

能力是人依靠自我的智力和知识、技能等去认识和改造世界所表现出来的身心能量，是顺利完成某一活动所必需的心理条件，是直接影响活动效率，并使活动顺利完成的个性心理特征。从一个人从事的活动中就能看出其是否具有某种能力，以及其能力达到了什么水平。能力对人一生的职业道路的选择、事业的发展具有重要作用。目前，西方心理学家普遍把能力看作一种对环境、对社会的适应力。我国学者则把能力看作顺利完成某种活动所必须具备的心理特征。

1. 能力的分类

能力实际上是由多种因素组成的复杂的心理结构。其主要分类如下：

（1）一般能力和特殊能力。一般能力是完成各种活动都必须具备的基本能力，包括观察力、记忆力、思维力和想象力，是个体认识世界的基础，因此又被称为认识能力；特殊能力是指个体在某种职业活动中表现出来的职业能力。职业能力是指顺利完成某种职业活动必须具备的心理特征，如数学能力、音乐能力、机械操作能力、绘画能力等。职业能力是完成某些特定职业活动必须具备的能力，是个体了解自己能否胜任某种职业的依据，与职业选择有直接的联系。心理学家认为，每一种特殊能力都是由制约职业活动质量的几种心理品质组成的。例如，飞行能力包括注意分配、手足动作协调、生物反馈、空间定向、知觉广度和图形辨认等心理品质。用人单位在招聘人员时，往往通过考察各种与职业活动有关的心理品质来预测求职者是否适合从事该职业。

（2）再造能力和创造能力。再造能力也称模仿能力是指能使个体迅速掌

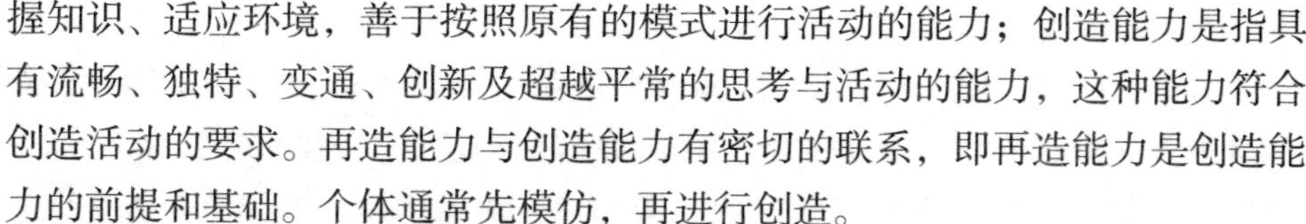

握知识、适应环境，善于按照原有的模式进行活动的能力；创造能力是指具有流畅、独特、变通、创新及超越平常的思考与活动的能力，这种能力符合创造活动的要求。再造能力与创造能力有密切的联系，即再造能力是创造能力的前提和基础。个体通常先模仿，再进行创造。

（3）认知能力、操作能力和社交能力。

第一，认知能力是指人脑加工、存储和提取信息的能力，即智力，如观察力、记忆力、想象力等。个体认识客观世界、获得各种知识，主要依赖于认知能力。

第二，操作能力是指个体利用自己的肢体完成各项活动的能力，如劳动能力、艺术表演能力、体育运动能力、实验操作能力等。操作能力是在操作技能的基础上发展起来的。操作能力与认知能力不能截然分开，不通过认知能力积累一定的知识和经验，就不会有操作能力的形成和发展；反之，操作能力不发展，认知能力也不可能得到很好的发展。

第三，社交能力是个体在社会交往活动中表现出来的能力，如组织管理能力、语言感染力、判断决策能力、调解纠纷的能力、处理意外事故的能力等。这种能力对促进人际交往和信息沟通有重要作用。

2. 与职业相关的能力

一般认为，与职业选择、职业发展相关的能力可以分为以下层次：

（1）一般能力，如语言理解能力、判断推理能力、数量关系把握能力等，它可以反映一个人是否具有职业发展潜力。一般能力几乎影响所有职业活动的效能。

（2）管理能力和人际交往能力，这两类能力对许多职业活动有重要的影响，它们的高低在一定程度上决定了人们职业选择的范围。

（3）专门能力和技能，如处理法律事务的能力、电工操作技能等，它们只对某类特定的职业活动有影响。

（二）职业能力的形成与培养

“随着经济不断发展，我国教育事业也不断地深化改革，对大学生的职业能力也有了更高的要求。”[①]

① 徐丽．经济新常态下大学生职业能力教育与社会主义核心价值观的融合初探 [J]. 今日财富，2020(01)：218.

1. 知识的学习

知识的学习是职业能力形成和发展的第一个阶段，在这个阶段中，新信息进入短时记忆，与来自长时记忆的原有知识建立一定的联系。个体通过类属、归纳及并列等内在同化过程获得知识，并且运用记忆规律促进知识的保持，用所学知识解决同类或类似课题，做到知识迁移。

2. 技能的学习

技能是指个体在特定目标的指引下，通过练习而逐渐熟练掌握地运用已有知识经验的程序。技能的学习以程序性知识的掌握为前提，一般通过感性认识（看或听）、模仿（学习）、练习、反馈等过程，由不会到会，再到熟练，从而达到自动化的定型。

3. 教育与学习

接受良好的教育是个体培养职业能力的基石。个体可以通过学校教育、培训课程以及在线学习等多种方式获取必要的知识、技能和经验，为未来的职业发展奠定坚实基础。在学校教育中，个体可以系统地学习各种学科知识，培养批判性思维和解决问题的能力。而参加培训课程和在线学习，则可以帮助个体获取特定领域的实用技能和行业经验，提升自身的竞争力。这些教育和学习方式不仅为个体提供了丰富的知识和技能，也培养了其自主学习和持续进步的态度。因此，良好的教育不仅为个体打下了职业发展的基础，也为其未来在职场中取得成功提供了强大支持。

4. 态度的培养

个体对职业的不同态度决定着个体不同的认识和情感，会影响个体在职业中的不同表现。态度不是先天就有的，而是社会性学习的结果。在家庭、社会和学校等不同环境中，大学生应通过他人的社会示范、指示或忠告，将社会的要求内化为自己的态度，并能在一定条件下产生迁移和改变。

5. 实践与经验积累

实践是个体培养职业能力的关键。通过参与实习、实践项目、兼职工作或志愿者活动等方式，个体得以将学到的知识和技能应用到实际工作中，并积累丰富的工作经验。这些实践机会不仅让个体在真实的工作环境中学习和成长，还提供了与职业相关的宝贵经验和见识。通过实践，个体可以更深入地了解自己的兴趣和职业偏好，发现自身的优势和不足，并逐步提升职业能力。此外，实践还能够拓展个体的人际关系网络，增强沟通能力和团队合作精神，为未来的职业发展打下坚实基础。因此，个体应当积极参与各种实践

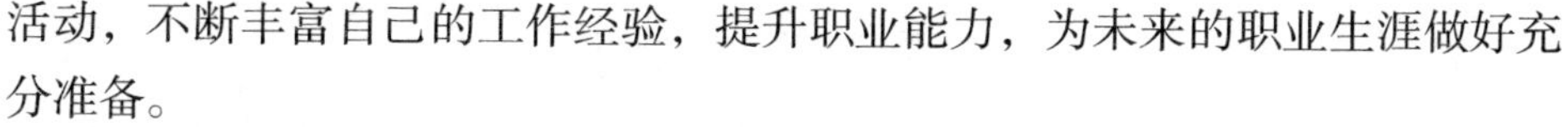

活动，不断丰富自己的工作经验，提升职业能力，为未来的职业生涯做好充分准备。

6. 反馈与改进

接受反馈并及时调整和改进是培养职业能力的重要环节。个体应当善于从他人和自身的经验中汲取教训，不断总结经验、发现问题，并采取有效措施进行改进。通过接受他人的建议和评价，个体可以了解自己的优点和不足，发现工作中存在的问题并及时进行调整。同时，个体也应当反思自己的工作表现，及时发现和解决存在的问题，不断提高工作效率和质量。在面对挑战和困难时，个体应当保持开放的心态，勇于面对问题并寻求解决方案，以不断提升自己的职业能力和竞争力。因此，个体应当将接受反馈和改进作为培养职业能力的重要环节，不断完善自己，提高工作表现，为个人职业发展打下坚实基础。

（三）提高技能的途径

1. 课内学习

课内学习为大学生培养专业技能创造了良好的条件。大学生要充分利用学校的各种资源，积极培养自身的专业技能，为成就未来的事业打下坚实的基础。

（1）主动参与课堂教学。大学生应主动参与课堂中的讨论、练习（包括口头的和书面的）、实际操作（模仿性的和创造性的）等活动，深刻感受知识的“内在美”，逐步养成良好的习惯，不断提升自己的专业能力。

（2）广泛参加“第二课堂”。大学生应积极参加各种“第二课堂”，如学术讨论、读书报告、朗诵、演讲、写作、书法等活动，并在此基础上，根据自己的爱好和特长，积极参与各种社团活动，充分发挥自身的主动性、独立性和创造性，有意识地从未来的事业和工作需要出发培养和锻炼自己。

2. 课外培养

对于大学生来说，要将技能的提高放到实践活动中，从实际工作对知识或环境的需求等方面去获得相应的知识与能力。当今，互联网的进一步发展，为学习者提供了非常广阔的学习平台，课外活动可培养大学生发现问题和运用专业知识解决问题的能力。掌握了学习课本以外知识的方法与途径，具备了分析和解决问题的能力，通过课外实践活动的锤炼，技能就会得到提升。大学生提高技能的课外途径主要有以下方法：

（1）积极争取和充分利用各种实习机会，选择与职业目标相对应的行业及岗位实习。

（2）积极参加社会实践活动，参加专业技能大赛、教师的科研项目等活动。

（3）参加职业技能培训。

二、职业价值观探索

（一）职业价值观与职业发展

1. 职业价值观

职业价值观是指个体在职业生涯中所持有的关于工作、职业和生活的核心信念和原则。职业价值观的内容主要包括以下方面：

（1）职业选择。个体的职业价值观会影响其对不同职业的偏好和选择。

（2）职业满足度。个体的职业价值观与其职业满意度密切相关。当个体所从事的工作与其价值观相契合时，他们往往会感到更加满足和有成就感，因此更愿意全身投入并积极地参与工作。

（3）职业道德和行为准则。个体的职业价值观对其在工作中的行为和决策有着重要影响。

（4）职业发展路径。个体的职业价值观会影响其对职业发展的期望和目标。有的人可能更注重在职业发展中实现个人成长和发展，因此他们可能更愿意接受挑战、追求新的机会，并不断扩展自己的能力和经验，以实现个人价值观的提升。

2. 职业发展

职业发展是个体在职业生涯中不断积累经验、提升技能、实现目标的过程。实现职业发展的关键要素如下：

（1）设定清晰的目标。明确职业生涯的长期和短期目标对于个体更好地规划和实现职业发展路径至关重要。设定明确的目标有助于个体更好地了解自己的职业方向和期望，从而有针对性地选择适合自己的发展道路。短期目标可以帮助个体分阶段地实现长期目标，使其职业发展更具可操作性和实效性。通过明确目标，个体能够更清晰地制定行动计划和策略，有计划地投入时间和精力，从而更有效地推动职业发展。

（2）不断学习和成长。持续学习是个体职业发展的基石。个体应该持续

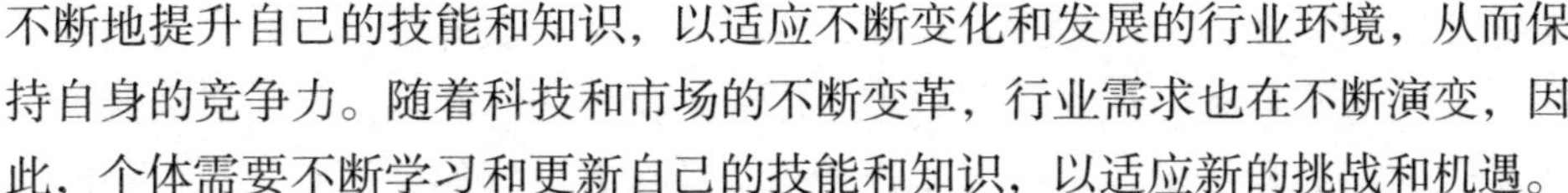

不断地提升自己的技能和知识，以适应不断变化和发展的行业环境，从而保持自身的竞争力。随着科技和市场的不断变革，行业需求也在不断演变，因此，个体需要不断学习和更新自己的技能和知识，以适应新的挑战和机遇。

（3）拓展人际关系网络。建立广泛的人际关系网络对于个体职业发展至关重要。这样的网络可以帮助个体获取来自不同领域的信息、资源和机会，为其职业发展提供宝贵的支持和机遇。

（4）勇于接受挑战。接受挑战对于个体在工作中的成长和进步至关重要。面对挑战，个体不仅能够展现出自己的能力和潜力，还能够通过克服困难和解决问题，不断拓展自己的能力和经验。通过接受挑战，个体可以更加全面地发展自己的技能和能力，增强自身的竞争力和适应能力，为个人的职业发展奠定坚实的基础。因此，个体应该勇于面对挑战，积极主动地迎接各种挑战，不断挑战自己的极限，从而实现个人在工作中的持续成长和进步。

（5）保持积极的态度和心态。保持积极的心态和态度对于个体实现职业发展至关重要。乐观的心态可以帮助个体更好地应对职业生涯中的挑战和困难，保持积极向上的工作状态，从而更容易克服困难，实现个人的职业目标。同时，自信的态度也能够增强个体的自信心和自信心，使其更有勇气和信心去追求自己的职业梦想和目标。

（二）树立正确的职业价值观

“大学生职业价值观的形成从进入大学开始，经历了由专业到职业、由学习到实习、由学生到职工、由学校到职场（社会）的逐步适应与转变，在自身体验与亲朋好友、老师同学、社会和网络职业文化价值观等诸多因素的影响下，心理上发生了环境浸润、典型示范、兴趣或责任驱动、意义感受、价值比较及选择、行为反馈等机制。”① 每种职业都有其特性，不同的人对职业特性有不同的评价和取向。职业价值观决定了人们的职业期望，影响着人们对职业方向和职业目标的选择。

1. 职业价值观的影响因素

职业价值观会受到社会、学校、家庭等外部因素的影响，也会受到个人的健康、性别、兴趣、性格和能力等内部因素的影响。

（1）社会因素。在大数据创新的时代背景下，社会的政治、经济、文化

① 齐永芹．大学生职业价值观的形成过程与发生机制 [J]. 高校辅导员学刊，2023，15（03）：75.

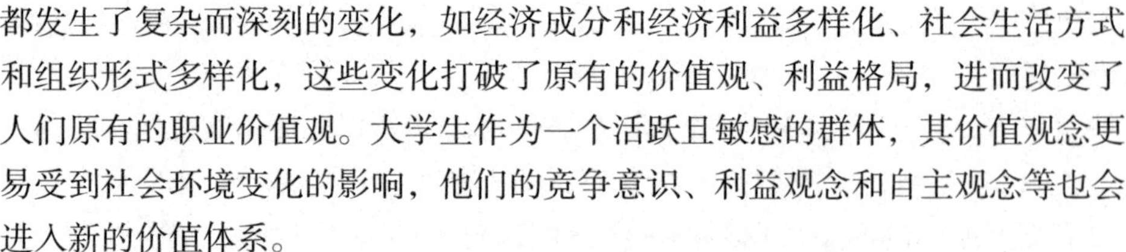
都发生了复杂而深刻的变化，如经济成分和经济利益多样化、社会生活方式和组织形式多样化，这些变化打破了原有的价值观、利益格局，进而改变了人们原有的职业价值观。大学生作为一个活跃且敏感的群体，其价值观念更易受到社会环境变化的影响，他们的竞争意识、利益观念和自主观念等也会进入新的价值体系。

（2）学校教育因素。学校教育是使人社会化的主要途径和手段，尤其是以培养高等技术应用性专门人才为根本任务的专业教育。学生在掌握了基本的专业知识和技能的同时，能够大致了解本专业的研究现状和行业发展趋势，并在此基础上展开职业设想，进行职业选择和职业评价；双师型教师是对专业课教师的一种特殊要求，他们既具有较高的文化和专业理论水平，又有熟练的实践操作技能，对学生的职业价值观有着直接的影响；学校的德育工作对学生职业价值观的建立有重要的导向作用。

（3）家庭环境因素。家庭是人们的第一所学校，是影响大学生职业价值观最初级的场所。家庭成员，尤其是父母的社会背景、经济状况、爱好特长、宗教信仰、个性特征及人生观、价值观等都会对大学生日后职业方面的观念、态度与行为产生潜移默化的影响。

（4）个人因素。内因是事物发展变化的根据，外因是事物发展变化的条件，外因通过内因起作用。大学生职业价值观的形成除受上述因素影响外，还与其个人因素有关。个人因素包括健康、性别、兴趣、性格、能力等。

2. 正确对待职业价值观的方式

（1）处理好职业价值观与个人兴趣的关系。职业价值观和个人兴趣是人们在择业时需要考虑的最重要的因素。在选择职业时，一定要考虑它是否与自己的兴趣相符合。一个人如果从事自己不喜欢的工作，那么他将很难在职业上有所成就；如果选择了自己喜欢的工作，则可以充分调动潜能，获得动力。从事自己擅长的工作，会事半功倍。

（2）处理好职业价值观的排序与取舍问题。人们通常不能理性对待职业选择。既然是选择，就要付出代价，只有舍，才能得。所以，要对职业价值观进行排序，找出自己认为最重要、一般重要和不重要的方面，并提醒自己做任何事情都不要想着一定会有回报，否则就会患得患失，更谈不上职业生涯的成功和对社会的贡献了。

（3）处理好职业价值观与名利的关系。有些大学毕业生在求职时，最看重的是功名。一般来说这是没有问题的，但有些人自己所拥有的知识、能力和经验不符合社会标准却仍要求名利，这样就容易被社会上的不法分子利用，甚至误入歧途。特别是面对严峻的就业形势时，更应理性地降低对金钱的期望值，把眼光放得长远一些，应尽可能地将自我成长和自我实现作为在求职时的首要价值观。

(4) 处理好职业价值观与社会的关系。人不能离开社会而独立存在，个人只有在工作中为社会做贡献才能实现自己的职业价值。例如，让一个富于科学创造力、不善言辞的学者去从事普通的教师工作，可能会使国家损失一项重大发明，而社会上不过是多了一个也许并不出色的教师。因此，在考虑职业价值观时要兼顾和平衡国家、社会需要和个人需要。

第三节　大学生时间管理与学习管理

一、时间管理

(一) 时间的本质

目前，最广泛被接受的关于时间的物理理论是阿尔伯特·爱因斯坦的相对论。在相对论中，时间与空间一起组成四维时空，构成宇宙的基本结构。

就今天的物理理论来说，时间是连续的、不间断的，也没有量子特性。但一些至今还没有被证实的，试图将相对论与量子力学结合起来的理论，如量子重力理论、弦理论、M 理论，预言时间是间断的、有量子特性的。一些理论猜测普朗克时间可能是时间的最小单位。

从人类诞生开始，人们就知道时间是不可逆的，人从出生、成长、衰老至死亡，没有反过来的。玻璃瓶掉到地上摔破，没有破瓶子从地上跳起来合整的。从经典力学的角度来看，时间的不可逆性是无法解释的。两个粒子弹性相撞的过程顺过来、反过去没有实质上的区别。时间的不可逆性只有在统计力学和热力学的观点下才可被理论地解释。

综上所述，时间的本质概括为：时间是物质运动的顺序性和持续性，其特点是一维性，是一种特殊的物质。人们不能创造时间，人们能做的，只能是正确认识时间并有效地利用它。

时间有 4 个独特性质，即它的本质属性。

第一，供给毫无弹性。时间的供给量是固定不变的，在任何情况下都不会增加，也不会减少，每天都是 24 小时，所以人们无法开源。

第二，无法蓄积。时间不像人力、财力、物力和技术那样能被积蓄储藏。不论愿不愿意，人们都必须消费时间，所以人们无法节流。

第三，无法取代。任何一项活动都有赖于时间的堆砌，换言之，时间是任何活动所不可缺少的基本资源。因此，时间是无法取代的。

第四，无法失而复得。时间一旦丧失，则会永远丧失。花费了金钱，尚可赚回，但倘若挥霍了时间，任何人都无力挽回。

(二) 时间的分类

1. 休闲时间

休闲时间包括休息、睡眠及体育活动。人生就像马拉松比赛一样，不要一开始就猛冲，浪费甚至透支了体力。要懂得放松，要养成一种良好的睡眠、休闲以及运动的习惯，才能把个人的身体状况调整到最佳状态。

2. 家庭时间

家庭是休息最佳的避风港，只有家人与自己没有所谓的利害关系。要跟家人真心地相处，不要到了需要时才回家；不要等到失去时才懂得去珍惜亲情。

3. 个人时间

个人时间是用来修身养性、充实自我的，是完全属于个人独自享受的时间。个人时间就是自己跟自己约会的时间。每个人不论是求学还是工作，甚至在家中，都有一种不允许被侵犯的个人时间，利用这些时间人们可以充实自己。

4. 工作或学习时间

用在工作或学习的时间称为工作或学习时间，它是为了谋生以及充实生活。学习是谋生前的准备，或者是工作时的进修，也是为了充实生活。工作并不是生命的全部，活到老、学到老的终身学习时代已经来临。学习的重要性与日俱增，每个人都必须抽出一部分时间来学习知识或者熟悉新事物。

5. 思考时间

思考时间就是思考过去、现在和未来的时间。思考时间可着重用在计划自己未来的发展，也可用在反省以前自己所做的事情是否正确、是不是值得等。思考如何改进、如何调整、如何让自己变得更好，而不必特别为了什么目的思考，可以天马行空地去想象，可以胡思乱想。如果发现了一些好的

想法或者是一些好的理念，就应该立刻把它记下来。

（三）时间管理的内涵

“大学阶段是一个人成长和发展的关键时期，大学生时间管理与大学生学习、生活、工作的状态息息相关。”[①] 时间管理是指有效地规划、安排和利用时间的能力。它涵盖了识别目标、设定优先级、制定计划、执行任务以及评估和调整的过程。时间管理的内涵包括以下方面：

1. 目标的明确

时间管理是基于明确个人或组织的目标和任务而展开的。这些目标可能包括长期、中期或短期目标，而时间管理的核心任务是将这些目标转化为具体可行的计划。时间管理始于目标的明确，并通过有效的计划将这些目标转化为实际行动，从而使个体或组织能够更加高效地利用时间，实现预期的目标和成果。

2. 优先级确定

时间管理的关键在于个体或组织能够清晰地区分事务的重要性和紧急性，并根据这些区分确定任务的优先级。通过这种方式，可以确保重要的任务得到充分关注，而不会被琐碎的事情所耽搁。重要性指的是任务对于个体或组织长远目标的重要程度，紧急性则是指任务需要在短时间内完成的程度。根据这两个因素，个体或组织可以将任务划分为四个不同的类别：重要且紧急、重要但不紧急、紧急但不重要、不重要也不紧急。通过明确任务的优先级，个体或组织可以更好地分配时间和资源，将重点放在对实现长远目标至关重要的任务上，从而提高工作效率和成果。因此，时间管理的关键在于正确地区分和确定任务的优先级，以确保重要任务得到优先处理，而不会被琐碎的事务所阻碍。

3. 计划制定

时间管理的核心在于建立有效的计划。这一计划涵盖了多个方面，包括确定任务所需的时间、安排任务的顺序以及分配必要的资源。建立有效的计划有助于个体或组织更好地掌控时间，提高工作效率，减少资源浪费和冗余。此外，通过合理规划，还可以及时发现和解决潜在的问题和障碍，提前做好准备，确保任务的顺利完成。因此，建立有效的计划是时间管理的关键环节，是提高个体或组织工作效率和成果的重要手段。

---

① 野苏民．解决大学生时间管理方面问题的意义与价值 [J]. 农家参谋，2019(21)：295.

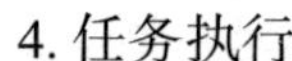

4. 任务执行

时间管理不仅是计划的制定，还包括对计划的有效执行。这需要个体或组织保持专注、高效和自律。通过专注、高效和自律，个体或组织能够更好地掌控时间，确保任务按时完成，并提高工作效率和质量。此外，专注、高效和自律还有助于个体或组织更好地应对工作中的挑战和压力，保持稳定的工作状态和心态。因此，时间管理不仅涉及计划的制定，还包括对计划的有效执行，而专注、高效和自律是实现这一目标的关键因素。

5. 评估和调整

时间管理不仅限于任务的执行，还包括对计划的评估和必要时的调整。个体需要不断检查自身的进度，评估目标的实现情况，并根据情况对计划进行调整。这有助于识别潜在的改进点，并及时采取措施加以解决。如果发现计划与实际执行情况存在差异，个体需要灵活调整计划，重新安排任务的顺序或分配更多的资源，以确保任务的顺利完成。这种灵活性和反馈机制有助于个体更好地应对挑战，提高工作效率，并最终实现个人或组织的目标。

6. 技能培养

时间管理也包括培养一系列关键技能，如时间分配、优先级管理、任务规划、自我组织和应对压力等。这些技能是实现有效时间管理的基础，能够帮助个体更好地掌控时间，提高工作效率。这些技能是通过训练和实践不断提高的，个体可以通过参加培训课程、阅读相关书籍、与他人交流经验等方式来提升这些技能。因此，时间管理不仅涉及实际的工作安排，还包括培养和提高一系列关键技能，以更好地应对工作和生活中的挑战。

(四) 时间管理的方法与技巧

时间管理是自我管理中一项十分重要的内容，大凡业绩卓著的人都是具有高效时间管理的人。通过有效时间管理的方法和技巧，合理安排自己的工作、学习与生活，最大限度地发挥时间的效力，对提高工作或学习绩效，实践自己的人生目标有所帮助。成功者与失败者的差别不在于他们拥有时间的多少，而在于他们如何掌控时间。

1. 时间管理的基本原则

（1）明确目标。有目标才有方向，目标是前进的推动力，能够淋漓尽致地激发人的潜能。明确的目标对于构建成功人生至关重要。

第一，目标刺激人们奋勇向上。

第二，目标的设定。在选择或制订目标时应考虑两个方面：①目标要符合自己的价值观；②了解自己目前的状况。

第三，制订具体目标遵循“SMART”原则。一个目标应该具备5个特征才可以说是完整的，即具体的（Specific）、可衡量的（Meas-urable）、可达到的（Attainable）、相关的（Relevant）、基于时间的（Time-based）。

（2）有计划、有组织地进行工作。所谓有计划、有组织地进行工作，就是把目标正确地分解成工作计划，通过采取适当的步骤和方法，最终达成有效的结果。

第一，制订计划的好处。制订计划的好处主要包括：①可以更好地实现工作及生活目标；②节约时间；③对所有项目、工作以及活动一目了然；④获得阶段性的胜利以及把所完成的任务“一笔勾销”，享受成功的喜悦；⑤减少忙碌与压力，可以更好地安排每天的工作进程；⑥增强信心，提高自我约束力；⑦提高计划制订者的条理性和逻辑性。

第二，制订计划。制订计划主要包括：①确立目标；②探寻完成目标的各种途径；③选定最佳的完成方式；④将最佳途径转化成月、周、日的工作事项；⑤编排月、周、日的工作次序并加以执行；⑥定期检查目标的现实性以及完成目标的最佳途径的可行性。

（3）计划与行动。成功地将一个计划付诸实践，比在家空想出一千个好主意要有价值得多。

（4）分清工作的轻重缓急。

第一，事情“缓急轻重”测试。主要包括：①先做喜欢做的事，再做不喜欢做的事；②先做熟悉的事，再做不熟悉的事；③先做容易做的事，再做难做的事；④先做只需花费少量时间即可做好的事，再做需要花费大量时间才能做好的事；⑤先处理资料齐全的事，再处理资料不全的事；⑥先做已排定时间的事，再做未排定时间的事；⑦先做经过筹划的事，再做未经筹划的事；⑧先做别人的事，再做自己的事；⑨先做紧迫的事，再做不紧要的事；⑩先做有趣的事，再做枯燥的事。

第二，“第二象限组织法”。处理事情优先次序的判断依据是事情的“重要程度”。所谓“重要程度”，即指对实现目标的贡献大小。虽然有以上的理由，也不应全面否定按事情“缓急程度”办事的习惯，只是需要强调的是，在考虑行事的先后顺序时，应先考虑事情的“轻重”，再考虑事情的“缓急”——也就是通常采用的“第二象限组织法”。

以下面的时间管理的方法来探讨“急事”与“要事”的关系，如图 2—2 所示。①

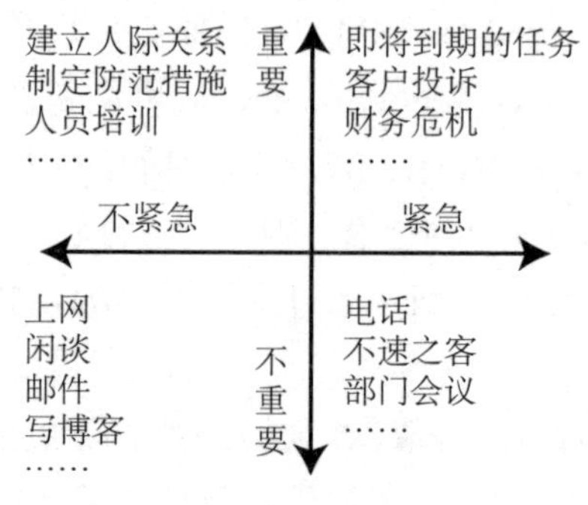

图 2–2 四象限图

第一象限：重要又紧急的事。诸如即将到期的任务、客户投诉、财务危机等。这是考验经验、判断力的时刻，需要尽全力解决。因此，偏重于第一象限的事务，容易产生压力，使自己筋疲力尽，忙于收拾残局。

第二象限：重要但不紧急的事。主要是与生活品质有关，包括建立人际关系、制订防范措施、人员培训等。荒废这个领域将使第一象限日益扩大，使人们陷入更大的压力，在危机中疲于应付。反之，多投入一些时间在这个领域，有利于提高实践能力，缩小第一象限的范围。做好事先的规划、准备与预防措施，很多急事将无从产生。这个领域的事情不会对人们造成催促力量，因此必须主动去做，这是发挥个人领导力的领域。因此，偏重第二象限能使自己有远见、有理想，注重纪律、自制，减少危机。

第三象限：不紧急也不重要的事。简言之就是浪费生命，所以根本不值得花半点时间在这个象限。但往往在第一、四象限来回奔走，忙得焦头烂额，不得不在第三象限去疗养一番再出发。这部分倒不见得都是休闲活动，因为真正有创造意义的休闲活动是很有价值的。然而像阅读令人上瘾的无聊小说、观看毫无内容的电视节目、办公室聊天等，这样的休息不但不是为了走更长的路，反而是对身心的毁损，刚开始时也许有滋有味，到后来你就会发现其实是很空虚的。

第四象限：紧急但不重要的事。表面看似第一象限，因为迫切的呼声会让人们产生“这件事很重要”的错觉，但实际上就算重要也是对别人而言。

① 本节图片引自张美华等 . 大学生就业指导 [M]. 重庆：重庆大学出版社，2020：54.

电话、不速之客、部门会议都属于这一类。人们花很多时间在这个里面打转，自以为是在第一象限，其实不过是在满足别人的期望与标准。偏重第四象限容易造成短视近利，疲于危机处理。

高效能组织的优先矩阵安排应该是：第一象限（紧急、重要）占20%—30%；第二象限（重要、不紧急）占50%—60%；第三象限（不重要、不紧急）占1%—5%；第四象限（紧急、不重要）占15%—20%。在划分第一和第四象限时要特别小心，紧急的事很容易被误认为重要的事。其实二者的区别就在于这件事是否有助于完成某个重要的目标，如果答案是否定的，便应归入第四象限。

（5）与别人的时间取得协作。任何人类的组织，不论大小，都有其周而复始的节奏性、周期性。而作为社会或是团体组织中的一员，要与周边部门或人发生必然的联系。在这种情况下，人们需要互相尊重对方的时间安排，也就是说要与别人的时间取得协调。

（6）制订规则、遵守纪律。在成长的过程中，常被各种纪律所束缚，“没有规矩、不成方圆”，因为有纪律，才有秩序。在时间管理中，同样强调纪律与规则。制订规则、遵守纪律的核心主要体现在以下方面：

第一，在进行工作的时候，一定要念念不忘这个工作应于何时截止。

第二，即使外部没有规定截止的日期，自己也要树立一个何时完成的目标。

第三，由于不得已的原因而不能按期完成时，一定要提前和相关部门取得联系，将影响控制在最小范围内。

（7）寻找平衡。平衡学习、工作和生活。对于学习的时间分配，可用下列原则：

第一，划清界限、言出必行。对学习目标做出承诺后，务必要践行，但同时也希望在其他时间安排上能得到理解。

第二，忙中偷闲。不要一投入工作就忽视了家人，有时10分钟的体贴比10小时的陪伴还更受用。

第三，闲中偷忙。学会利用碎片时间。

第四，注重有质量的时间。时间不是每一分钟都是一样的，有时需要全神贯注，有时坐在旁边上网就可以了。

2. 时间管理的方法及技巧

（1）设定目标。明确的目标对于构建成功人生至关重要。制订目标不是一件容易的事。一个有效的目标必须具备以下特性：

第一，具体性。有效目标不能大而空，应具有阶段性和可操作性。因此，可以将大目标分解为一个个阶段性目标，再制订出高效的日程计划，以此督促自己朝既定目标迈进。如果想成为一名“优秀的教师”，那么需要将这一目标分解为一个个具体的行动，并制订细致可行的每日任务指标，如每天上课、备课、授课时间，学习研究时间等。

第二，可衡量性。任何目标都应该有可以用来衡量该目标完成情况的标准，包括衡量阶段性成果的控制点和衡量最后绩效的指标。

第三，可达性。无法企及的目标只能是白日做梦，而太轻易达到的目标则没有挑战性。成功的目标设定应该既有挑战性，又不超出自己的能力所及，经过一番努力最终可以达成。

第四，任何目标都应该考虑时间的限定。

(2) 有效规划每天的时间。要做到有效规划每天的时间，可以采用以下的方法：

第一，在适当的时间段做适当的工作和事情。有些工作需要全神贯注地投入，不能丝毫分心，例如写作或初学一种技术；有些工作无须太多的注意力就可完成，甚至在同一时期可以同时进行两种以上的工作，例如清洗碗盘、哼歌、跑步等；有些工作最初常要全神贯注，但熟练后无须太多的注意力，譬如弹琴。这是因为意识通常仅能专注在一件事上，所以需要脑力的工作一次只能做一项，而潜意识则可以同时处理多种事情，这些事情必须是熟练的。

第二，把工作的特性和时间的特性有机地结合起来。有些时段容易受到干扰，适合无须全心全意的工作，甚至可以安排两件事情同时进行，比如一边接听电话，一边将档案归类；一边煮饭，一边听新闻。有些时段不受干扰，则可以安排思考性的工作。

但不要把日程安排得太满。意外情况随时都有可能发生而占用时间，若日程太满就会穷于应付。因此，建议每天至少要为自己安排 1 小时的空闲时间，让工作和生活更加从容。

(3) 合理安排零星时间。了解时间是如何花掉的。挑一个星期，每天记录每 30 分钟做的事情，然后做一个分类（例如：读书、准备考试、和朋友聊天、社团活动等）和统计，看看自己在什么方面花了太多的时间。凡事想要进步，必须先理解现状。每天结束后，把一整天做的事记下来，每 15 分钟

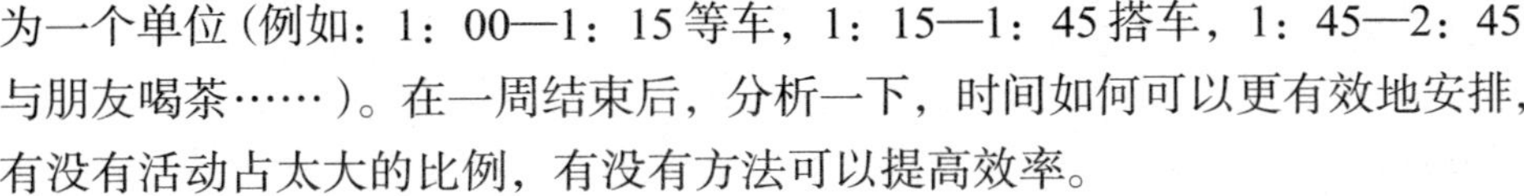

为一个单位（例如：1：00—1：15等车，1：15—1：45搭车，1：45—2：45与朋友喝茶……）。在一周结束后，分析一下，时间如何可以更有效地安排，有没有活动占太大的比例，有没有方法可以提高效率。

（4）拟订计划。每天在睡觉之前，拟订第二天的计划，包括明天应该完成的任务、可能遇到的状况以及应对策略等。计划作得越周详，完成工作就越容易、越快；若事先不花时间制订计划，那么在工作中，就需花更多的时间来处理未曾预想到的突发事件。计划不可安排得太过紧张，需要预留时间做弹性安排，因为即使再周详的计划都会有疏忽的地方，而且随时可能有突发事件需要处理。

（5）养成快速的节奏感、高效的执行力。今日事今日毕。习惯拖延时间是很多人在时间管理中经常会遇到的问题。“等会儿再做”“明天再说”这种“明日复明日”的拖延循环会彻底粉碎制订好的全盘工作计划，并且对自信心产生极大的动摇。

“今日事今日毕”体现的是一种强有力的执行力，这种执行力将按照自己设计好的轨道走向成功的彼岸。同样的时间，同样的工作，不同的人会有不同的工作绩效。原因就在于效率不一，而效率往往取决于节奏。因此，养成快速的节奏感、提高工作效率，能使自己从繁重的学习、工作中早点解脱出来。

（6）善用先进的手段。科技的进步，给人类带来了许多可以节省时间与精力的工具。计算机、网络、传真机等都是现代人的好帮手，计算机的效率高出人类好几倍，一部传真机可以缩短信息传达的时间，因此，只要确定这件工具对你的工作有益，就应该投资。记事本的功能不亚于任何利器，有时在脑海中突然浮现出来的一些想法，任其消逝是很可惜的，要学会随手记录，以后再翻阅时可能会获得很好的灵感。除此之外，随手记下该做的事情，不但可以备忘，也能减轻大脑工作的负荷。

（7）养成有条理的习惯。一般公司职员每年要把6周的时间浪费在寻找乱堆乱放的东西上面。这意味着，每年因不整洁和无条理的习惯，就要损失近20%的时间。因此，要节约时间，就应该养成有条理的习惯，减少用于翻找物品的时间。有条理不是要求花费大量时间把所有物件摆放得整整齐齐，而是把同类文件或者物品归类，在需要的时候可以很快找到。

（8）需找准自己的生理节奏。每个人都有两种黄金时间。内部黄金时间是一个人精神最集中、工作最有效率的时候。内部黄金时间因人而异，在通

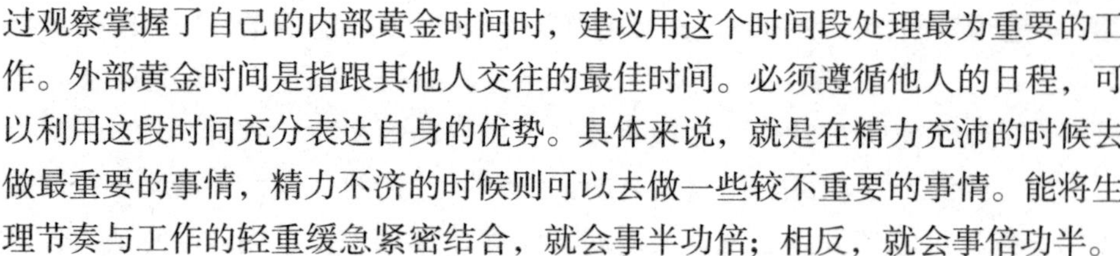

过观察掌握了自己的内部黄金时间时，建议用这个时间段处理最为重要的工作。外部黄金时间是指跟其他人交往的最佳时间。必须遵循他人的日程，可以利用这段时间充分表达自身的优势。具体来说，就是在精力充沛的时候去做最重要的事情，精力不济的时候则可以去做一些较不重要的事情。能将生理节奏与工作的轻重缓急紧密结合，就会事半功倍；相反，就会事倍功半。

(9) 学会说“不”。有时拒绝是保障自己行使优先次序的最有效手段，勉强接受他人的请托而扰乱自己的安排，是不合理的。如果有的请托由他人承担可能比自己更合适，不妨向请托者提出适时的建议。

(10) 接受不完美。不要再追求所谓的完美主义了。这种思维方式对己对人都是不必要的苛求。每个人都有自己的缺点，也都会时不时地犯些小错，一个人如果能够集中精力把所有重要的事都做好就已经很不容易了。对那些无关紧要的细枝末节睁一只眼闭一只眼，省下来的时间与精力关注自己生活的重心，既省心又省力。

(11) 接受懒惰。获得成功的第一步就是高效利用时间，而提高效率的方法则是把生命中的每分每秒都安排得富有意义，即便是在双休日或是假期也要始终过得积极主动。真正的成功人士是最懂得享受时光的。不想参加那些无聊又吵闹的派对，不想陪同事逛街，不想陪客户打高尔夫球，那就不去。如果喜欢躺在家里的沙发上听最喜爱的古典音乐，那就尽管拿出整晚的时间尽情享受属于自己的音乐旅程；如果更喜爱大自然，那就去找一片安静的绿草地，尽情享受一下午后阳光的温暖。真正懂得慵懒的意义的人才能更轻松地找到生活的平衡点，而且，放松与享乐也是创造力与灵感的最佳源泉。

二、学习管理

大学是校园生活与社会生活的过渡时期，是学生时代到成人社会的衔接期，是未来人生重要的起点。经过四年大学生涯的历练，有的同学成为精英人才，有的却荒废了四年时间毫无所知。拥有优秀的智力，身处同样的环境，接受同样的教育，产生如此大的差距，究其根源在于不同的学习管理。不同的学习管理是导致一样的大学不一样的人生的重要原因。

(一) 学习管理的定义

学习是从阅读、听讲、研究、实践中获得知识或技能。学习定义有不同的层次，广义的学习是指知识和技能的获得与形成，以及智力因素和非智力因素的发展与培养；狭义的学习专指知识和技能的获得。在大学所指的学习比较倾向于知识和技能的获得与形成，以及智力因素和非智力因素（主要通过思想道德素质、人文素养、智力水平、心理素质和身体素质表现出来）的发展与培养。

在大学，强调学习专业知识和提升综合能力（智力因素和非智力因素）都十分重要，而综合能力的获得要求大学生学会学习管理，即有计划地安排好大学的学习生活。

一般意义上来说，学习管理就是在现有的知识储备量的基础上，使用有效的方法，开发学生的学习潜质，发现其自身的特长所在，使其在学习中选择机会。其实质就是让学生有架构自己知识结构的能力。针对大学生而言，学习管理强调的是大学生自主安排学习的过程，它是指大学生自主地对与其事业（职业）目标相关的学习所进行的安排、筹划并付诸行动以实现学习目标（提升综合素质适应社会需求）的过程。具体来讲，是指大学生通过对自身特点（性格特点、能力特点）和社会未来需要的深入分析和正确认识，确定自己的事业（职业）目标，进而确定学习目标，然后结合自己的实际情况（经济条件、工作生活现状、家庭情况等）制订学习计划，在实施学习计划的过程中进行自我约束、自我管理与调控以完成自己的学习目标。换言之，就是大学生通过解决学什么、怎么学、什么时候学等问题，以确保自身顺利完成学业，为成功实现就业或开辟事业打好基础。

（二）学习管理的内容

随着新时代的到来，社会发展不再仅需要掌握单一技能的高精尖人才，而是更需要综合素质高、知识面宽、基础雄厚、具有人格魅力的高精尖复合型人才，以应对新的挑战。这种趋势在社会职业变迁中的体现比较显著，专业对口的岗位越来越少，职业变动的可能性越来越大，行业特征也不像过去那么鲜明，岗位所需的知识和技能更新加速，复合程度提高。这些特征将使用人单位对大学生的综合素质和人格魅力的要求空前提高。因此，学生要顺应时代变化制订自己的学习计划，通过自主的学习管理来提高自己的综合素质，从而实现自己的价值。

大学之所以称为“大”学，是因为其大，宽容、博大而精深。在大学里面除了学习知识、掌握技术技能、积累实践经验外，更重要的是，学会做

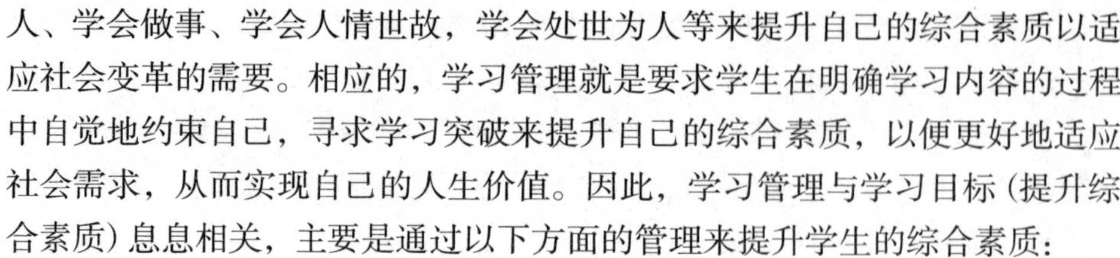

人、学会做事、学会人情世故，学会处世为人等来提升自己的综合素质以适应社会变革的需要。相应的，学习管理就是要求学生在明确学习内容的过程中自觉地约束自己，寻求学习突破来提升自己的综合素质，以便更好地适应社会需求，从而实现自己的人生价值。因此，学习管理与学习目标（提升综合素质）息息相关，主要是通过以下方面的管理来提升学生的综合素质：

1. 身体素质

身体素质简称体质，是生命质量的基础。从体育锻炼的角度讲，具体包括力量、速度、耐力、柔韧、灵敏这五个方面。正所谓“身体是革命的本钱”，没有好的身体，学习无从谈起。因此，当代大学生应将如何增强身体素质纳入学习管理中，选择合适的锻炼项目，注重体质的内外修养，“早睡早起、避免邪淫、控制情绪”，树立“健康第一”和“终身体育”的思想观念，把合理膳食、体育锻炼作为自身发展的一部分。

2. 心理素质

心理素质包括人的认识能力、情绪和情感品质、意志品质、气质和性格等个性品质诸方面。心理是人的生理结构特别是大脑结构的特殊机能，是对客观现实的反映。心理素质的高低反映心理健康的程度，心理素质好的人心理就健康，心理素质较差的人在心理健康方面就存在一定的问题。在整体素质中，心理素质处于基础、核心地位，而且越来越成为人们身心健康、事业成败、生活幸福的决定因素，是一个人取得人生成功的关键。因此，良好的心理素质也是大学生学习管理的重要方面。

3. 思想道德素质

思想道德素质主要包括政治观、世界观、人生观、价值观、道德观等内容。其中，诚信是大学生思想道德素质的根本。

（1）政治观。思想政治素质最根本的核心就是爱国主义、集体主义和社会主义思想。对祖国的热爱会变成大学生一种渴望祖国繁荣昌盛的动机，继而产生巨大的热情，为追求真理而不辞辛劳地攀登，从而形成无畏的创业精神。集体主义使大学生将自己的成才目标与社会发展、时代需要紧密相连，继而形成一种促进自己不断创新和实践的动力。学习管理要求学生在学习过程中树立正确的政治观，在大是大非面前保持清醒的头脑。

（2）世界观。世界观是指人对整个世界的根本看法。它建立于一个人对自然、人生、社会和精神的、科学的、系统的、丰富的认识基础上，由于人们社会地位不同，观察问题的角度不同，因此会形成不同的世界观。学习管理要求大学生在学习中自觉树立马克思主义的世界观，即辩证唯物主义世界观。

(3) 人生观。人生观是指关于人生目的、态度、价值和理想的根本态度和看法，包括对人生价值、人生目的和人生意义的基本看法和态度，是世界观的重要组成部分。人生观主要回答人为什么活着，人生的意义、价值、目的、理想、信念、追求等问题。人生观的基本内容包括幸福观、苦乐观、荣辱观、生死观、友谊观、道德观、审美观、公私观、恋爱观等。学习管理要求大学生在学习中自觉树立正确的人生观，把自己锻炼成一个高尚的人，纯粹的人，脱离低级趣味的人，一个有益于他人的人。

(4) 价值观。价值观是指一个人对周围的客观事物（包括人、事、物）的意义、重要性的总评价和总看法。价值观取决于人生观和世界观。一个人的价值观是从出生开始，在家庭和社会影响下逐渐形成的。价值观不仅影响个人行为，还影响着群体的行为和整个组织的行为。

(5) 道德观。道德是以意识形态为基础的人们在共同生活中形成的行为准则和规范。道德增值，则人人自爱，社会和睦；道德贬值，则良知泯灭，必生祸乱。当代大学生在学习中要自觉树立崇高的思想道德，因为“无德不能怀远”，无德便不能真正具有良好的文化修养，无德便不可能有高度的纪律观念。

(6) 诚信。面对诱惑，不怦然心动，不为其所惑，虽平淡如云，质朴如流水，却能让人领略到一种山高海深，这是一种闪光的品格。

因此，学习管理要求学生在学习过程中树立正确的世界观、人生观、价值观，做社会主义核心价值观、荣辱观的践行者，从我做起，从身边做起，从小事做起，诚实做人，诚信做事，以身作则，遵纪守法，修身养性，陶冶情操，不断学习与思考，使高尚成为一种修为，一种习惯。

4. 智力水平

智力是人们在认识客观事物的过程中所形成的认识方面的稳定的心理特点的综合，它包括观察力、注意力、记忆力、想象力和思维能力，其中思维能力是智力的核心。人们普遍认识到智力是一个人的学业、事业成功的最基本前提，智力开发、思维水平提高在现代人才培养中处于核心地位。

现代社会知识化、信息化速度日益加快，使得整个社会出现了“知识崇拜”“人才崇拜”的潮流，而较高的智力水平，是形成高知识人才的最有利条件。智力不是先天的，而是靠人们后天的努力完成的，这就需要人们善于思考、善于学习、善于总结，时刻锻炼自我。

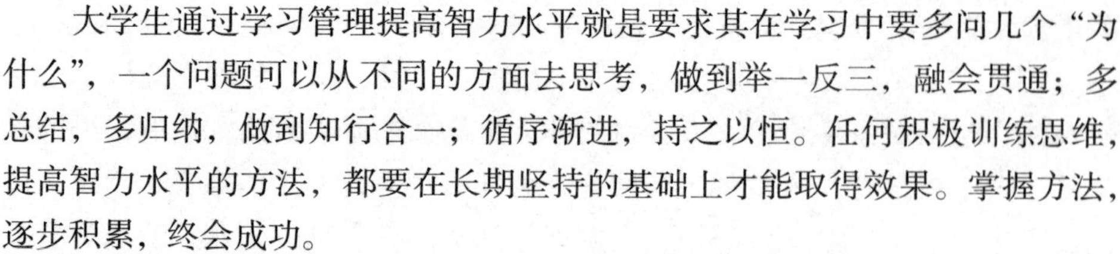

大学生通过学习管理提高智力水平就是要求其在学习中要多问几个“为什么”，一个问题可以从不同的方面去思考，做到举一反三，融会贯通；多总结，多归纳，做到知行合一；循序渐进，持之以恒。任何积极训练思维，提高智力水平的方法，都要在长期坚持的基础上才能取得效果。掌握方法，逐步积累，终会成功。

5. 人文素养

人文素养是指一个人成其为人和发展为人才的内在素质和修养。发展人文素养的核心就是“学会做人”——做一个有良知的人，一个有智慧的人，一个有修养的人。它是一种内在文化美德的自然体现，自然是不需要他人来提醒的。因此，现代化生产要求学生不仅要学好专业知识、技能，而且还要懂得学习和吸收人类社会的优秀文化成果，加强人格修养、理想信念、价值观念以及文明礼仪等方面的综合素质。大学生通过学习应具有正确鉴别社会事物的知识结构能力、良好的文明行为习惯、团结合作意识、对环境变化的适应性和社会生活的协调能力，提高审美鉴赏的能力、人际交往的能力，并能正确处理人与自然、人与社会、人与人之间的关系，以及人生的理性情感、意志等方面问题的能力。这些都是大学生适应现代化生活所必需的基本素质和能力，大学生在学习的过程中应有意识地通过规划管理自己的学习来获得这些能力。

作为21世纪的大学生，既要有科学素养，又应有人文精神；既要有专业知识，又应有健全人格。大学生应高度重视人文素养的培养，将人文素养的培养纳入自己学习的计划中，在学习管理过程中将自己放入人文环境中去陶冶情操，接受人文教育，提升人文素养。

（三）学习管理的意义

学习管理的目的是促使大学生有效地学习，并通过自主自觉学习来获得知识和技能，以及提高智力和非智力水平。它对于大学生来讲有重要的现实意义。

1. 为自我健康的发展奠定基础

通常情况下，人的职业生涯发展划分为职业准备与选择、职业生涯早期、职业生涯中期、职业生涯后期四个阶段。大学时期正处在职业准备与选择阶段，因此，学习管理是做好职业生涯设计的前提和基础。从社会发展和用人单位对人才的要求来看，他们更钟情于综合素质高、专业能力强的复合型人才，也越发强调员工的主动性与创造性才干，更加喜欢对事业发展有规划和有准备的人。

那些从入校开始就有明确发展目标，制订了周密的、科学的学习管理计划，并坚持不懈地实现学习目标的学生，在就业市场上往往成为用人单位争抢的对象。这部分学生也可以在这样的氛围中有更多的选择机会，找到理想的工作，为整个职业生涯发展打下坚实的基础。反过来，大学中也有这样一部分学生，在校期间，没有明确的学习目标，没有自主地进行学习管理，到头来，不仅得不到用人单位的青睐，有的甚至根本完不成学业，被大学无情淘汰。由此可见，从入校开始就明确学业发展方向，制订学习管理计划并为之奋斗，奠定大学生一生的良好发展基础，是何等重要。

因此，在学生入学时，有必要制订学习计划，做好学习管理，为自己健康发展开好头、起好步。这既是对自己的现在负责，也是对自己的将来负责，为自己将来能够真正承担起个人、家庭、社会的责任奠定第一步。

2. 有助于发掘自我，实现自我价值

一份有效的学习计划再加上恰当的学习管理，能够引导大学生认识自身的个性特质、现有的和潜在的资源优势，帮助他们重新认识自身的价值并使其持续增值；引导他们对自己的综合优势与劣势进行对比分析；引导他们树立明确的学业发展目标与未来职业理想；引导他们评估个人目标与现状的差距；引导他们学会如何运用科学有效的方法、采取切实可行的步骤和措施来管理学习，不断增强自己的学业竞争力，实现自己的学习目标与理想。

一个人成功的职业生涯是以一份良好的学习管理计划为前提和基础的。因此，大学生应该是自己人生、事业、学习的规划者，更是学习的管理者和实践者，为自我设计蓝图，为实现自我价值做好准备、创造机会。没有学习管理计划，大学生也可能毕业，但有了有效的学习管理计划，获得成功将更快，实现的价值也更大。

3. 激励自我，提升自己

大学是迈进社会的过渡阶段，制订良好的学习管理计划可以为今后步入社会打下基础，同时，大学也是一个理想的学习、生活环境。许多学生进入大学后，没有了升学的压力，有了更多属于自己的时间和空间。大学学习是能动性和开放性的结合，不像高中那么枯燥、封闭。大学的学习有更强的目的性，可以选择自己想学的去学，可以根据自身的学习情况学习，有针对性地学习专业知识。没有压力的学习固然令人身心愉快，但没有压力，就难

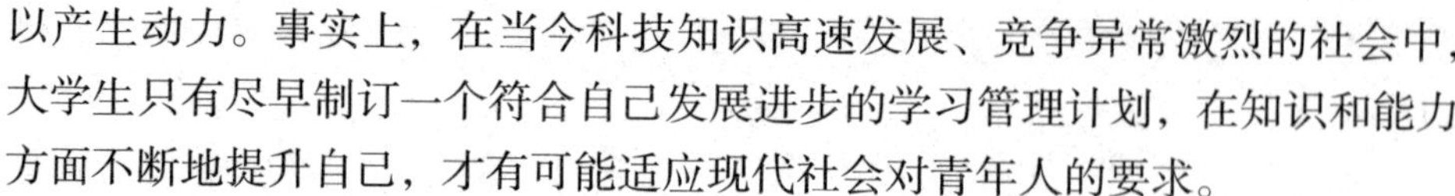

以产生动力。事实上，在当今科技知识高速发展、竞争异常激烈的社会中，大学生只有尽早制订一个符合自己发展进步的学习管理计划，在知识和能力方面不断地提升自己，才有可能适应现代社会对青年人的要求。

4. 夯实专业知识

大学不是高中，更不是培训班，而是让学生能够独立思考，将来有能力适应不同职业的教育和成长平台。在大学学习期间，在夯实专业知识的基础上，最重要的还是要学会独立思考和看待问题的方法，进而能够独立解决。所以，一份合理而有效的学习管理计划，能够在学习和思考的方向上起着重要的导航作用，促进大学生在学习的过程中学会思考，使其将来能够更好更快地适应社会。

（四）学习习惯的养成

大学教育是学校教育的最高层次，就受教育者的学习生涯来说，是一生中最后一次系统性地接受教育的机会，是从在学校教育中学习走向在社会工作环境中学习的过渡阶段。大学学习与中学学习有着很大的不同，表现在大学的学习依赖性减小，主动性增加，强调主动学习、全面学习、创新学习，培养终身学习的意识和能力。

就大学教育的内容来说，传授的是基础知识和专业知识，是一种专业性的教育，知识的深度和广度比中学扩展很多；就教学形式和学习方法来说，大学的教学往往是提纲挈领式的，教师在课堂上只讲难点、疑点、重点，其余部分就要由同学自己去攻读、理解、掌握，大部分时间是留给学生自学的。因此，自学能力是学生必须掌握的基本能力，尤其是大一新生，从入校开始，就必须清醒地认识到这一点，更应该注重培养自己这方面的能力。

大学的学习不能再像中学那样完全依赖教师的计划和安排，学生不能只单纯地接受课堂上的教学内容，被动地学习，必须充分发挥主观能动性，发挥自己在学习中的潜力，自主安排学习计划和学习内容，自主选择学习方法。这种充分体现自主学习性的方式，将贯穿大学学习的全过程，反映在大学生活的各个方面，并影响大学生的一生。因此，大学生在管理自己的学习过程中要适应这种变化，养成良好的学习习惯，并采取有效的途径、方法去管理自己的学习。

1. 学习习惯

行动养成习惯，习惯铸就性格，性格成就命运，换言之，一个人的行为习惯长时间地影响着自己的性格甚至一生的命运。习惯是一种长期形成的思维方式和处世态度，它是由一再重复的思想行为形成的，具有很强的惯性，一经形成，就难以改变，因而对人的影响重大而久远。一般来说，习惯可以在有目的、有计划的训练中形成，也可以在无意识的状态中自发形成。但良好的习惯总是在有意识的训练中形成，很难在无意识中形成，而不良习惯却往往在不自觉中自发形成。因此，培养好习惯不是一件轻而易举的事。从这个意义上讲，培养好习惯需要不懈的努力。

(1) 培养好习惯，应注重把握四大原则。

第一，明确好习惯的内涵和意义。只有搞清楚什么是好习惯，理解好习惯对做人做事的重要影响，并把它与不良习惯区分开来，才会有培养好习惯、克服坏习惯的强烈愿望，也才能找到培养良好习惯的正确途径。

第二，对自身的不良习惯进行排序分析。克服一个坏习惯，培养一个好习惯，往往是一件很难的事。因此，应首先对自己的不良习惯加以罗列，写出“不良习惯一览表”，明确哪些不良习惯是最制约进步、成长的，因而是最应该、最急需克服的，从而分清主次，理智、有序地克服坏习惯。

第三，制订计划，逐一实施。人的习惯是多种多样的，包括工作方面的习惯，也包括学习、健康、感情、与人相处、思维方式或行为方式等方面的习惯。因此，要对准备培养的良好习惯做统筹安排，列出计划，并对其逐一实施，循序渐进，由易到难，由近及远。

第四，抓好开头，严格自律。好的开端是成功的一半。开始时要宁少勿多、宁简勿繁。先找一个做起来较有兴趣、易见成效、易受自己和周围人关注激励的习惯开始，下大功夫，坚持到底。这样做容易成功，还可以激发兴趣，为下一步活动打好基础。要特别注重第一个月，一个好习惯的养成需要21天，90天的重复会形成稳定的习惯。一个观念如果被验证21次以上，它就会形成你的信念。

(2) 培养好习惯的方法很多，也往往因人、因环境条件而异，但以下方法对人们有较大帮助：

第一，明确目标法。当前要培养的好习惯具体是什么，应有一个明确清晰的目标，这样才能有的放矢，事半功倍。与之相对的坏习惯是什么，也应有一个清醒的认识；如果坏习惯已具有，就应对症下药，加以克服，以扫清培养好习惯的障碍。

第二，潜意识输入法。把要培养的习惯“输入”头脑，了然于心，强化信念，潜意识就会不时提醒自己去完成。这是一个费力不多而很见成效的方法。

第三，视觉刺激法。把要培养的习惯制成卡片或画成图形，然后牢记于心，再贴于墙头、门上或桌上等醒目易见之处，以刺激视觉，强化效果。

第四，行动强化法。对要培养的习惯，应不断实践，反复练习，坚持到底；要反复对自己说“我做得到！”“我要去做！”以不断给自己加油打气。如果能连续行动21天，好习惯在身上就不难形成。

第五，他人协助法。把要培养好习惯的计划向亲朋好友宣布或许诺，并请其协助或监督，也会有不错的效果。

第六，综合训练法。好习惯的培养，需要个人有良好的素质条件。因此，要注重提高自己的思想道德素养、文化科技素养、心理健康素养、科学思维素养，为良好习惯的形成创造良好的条件。

2. 大学生需要培养的习惯

（1）培养积极思维的好习惯。现实中，各种活动往往都是在被动地应付各种需求，因而被迫进行思考。其实，养成良好的习惯，需要改变被动思考的习惯，养成积极主动的思维习惯。作为大学生，尤其应养成积极思维的好习惯。在实现目标的过程中，面对具体的学习或工作任务时，你的大脑里永远不要有“不可能”“完不成”的想法，应积极思考“我怎样才能做到。”用积极的思考和有效的方法来完成你的任务。

（2）培养强身健体的好习惯。健康是福。健康是“革命”的本钱，是成功的保证。拥有健康就拥有一切。但保持健康，需要坚持科学生活、强身健体的好习惯。锻炼身体的重要性已经越来越多地为人们所认识，但很多人只停留在思想上重视、行动上乏力的阶段。大学生虽然处于年轻力壮的黄金时期，但同样需要爱惜和强健自己的身体。坚持体育锻炼，培养一至两项体育爱好，如跑步、打球等；养成良好的作息习惯，早睡早起；养成良好的卫生习惯，勤洗衣服勤洗澡，注重个人卫生；有良好的饮食习惯，不抽烟酗酒，不暴饮暴食，吃健康食品等，这些都有利于保证人们有足够的精力去学习科学、享受生活。

（3）培养善于读书的好习惯。关于读书的重要性，古往今来的很多名言警句足以说明。每一个成功者都有着良好的学习习惯。世界500强企业的

CEO每周都要翻阅大约30份杂志或图书资讯。作为大学生，更不应懈怠自己，如果你每天读书15分钟，你就可能在一月之内读完一本书，一年之后读完12本书，10年之后读完120本书。想想看，每天只需要抽出15分钟时间，你就可以轻松地读完120本书，这是多么轻松而有意义的事。

3. 大学生学习习惯的养成

学习习惯是在学习过程中经过反复练习形成并发展，成为一种个体需要的自动学习行为方式。养成良好的学习习惯，有利于激发学生学习的积极性和主动性；有利于形成学习策略，提高学习效率；有利于培养自主学习能力；有利于培养学生的创新精神和创造能力，使学生终身受益。大学生要管理好自己的学习，就必须调整心态，适应大学生活的变化，养成良好的学习习惯。大学生良好学习习惯主要体现在自主学习、创新学习、全面学习、学以致用、知行合一的学习实践中，同样，良好的学习习惯也是在自主学习、创新学习、全面学习、学以致用、知行合一的学习实践中逐渐养成的。

（1）自主学习。在当代信息社会中，由于知识、信息量的不断增长，每个人都需要不断地学习、学习、再学习，同时必须有效地学习，在吸收前人优秀的学习方法，关注以知识积累为主的传统学习模式的同时，培养学习者学习的独立自主性。自主学习正是这样一种能满足时代要求的学习形式。

大学给予了学生更多的自由支配时间和更多的自主权。学生们必须对此有一个清醒的认识，明确这种“自由”不是用来打游戏的，而是利用充分的时间和空间在知识的海洋中遨游，不断地充实自己、完善自己、实现自我。对大学生来说，树立自主学习的意识非常重要。大学生应通过自觉确定学习目标、自我钻研学习内容、自我选择学习方法、自我监控学习过程、自我评价学习效果来实现自主学习，并持之以恒地坚持下去，使自主学习成为一种习惯。

（2）创新学习。创新学习是将学习过程看作一种探索活动，一种创造性的劳动过程。创新学习不仅重视对基本知识、基本方法的掌握，更注重对所学知识的批判意识、综合意识的发展。创新学习是在继承前人知识的基础上，对知识进行发展、开拓、创新，注重知识的发展性理解。创新学习以掌握前人知识为起点，以应用并且发展知识为目标，注重知识的发展性，在提高应用能力的基础上培养创新的能力和技巧，讲究“推陈出新”。创新学习要求大学生在学习管理过程中要有探索未知的激情和冲动，敢于对陈规旧习进行质疑和批判，重视实践，善于总结，并将这些作为一种学习习惯坚持下去，这样才能做到创新学习。

(3) 全面学习。从就业市场反馈的信息分析，用人单位对人才的要求正日益提高，因此培养综合素质高、实践能力强的复合型人才已成为高校新的工作目标，也是学生们努力的方向。这就要求大学生在管理自己学习的过程中要有全面学习的观念。不仅要通过学习掌握一定的专业知识，还要努力参加各类实践，使自己的能力和素质都得到提高，以得到全面发展。

为了适应全面学习的需要，培养提高学生的综合素质，很多高校都调整了课程计划，增设了大量选修课，这无疑为大学生全面学习提供了条件，但是要取得真正的效果，还需要同学们树立全面学习的观念，同时在行动上也要努力实践。随着知识经济时代的到来，世界的科技与文化，如自然科学、人文科学、社会科学等方面都呈现出高度融合的趋势。因此，大学生要树立并强化全面学习的观念，在全面学习的过程中养成良好的学习习惯，才能以博才取胜，适应新世纪的发展需要。

(4) 终身学习。当今时代是知识经济时代，知识激增，信息的内容和载体多样化，知识老化的周期越来越短，因此仅凭在校所学的知识，也许可以应对一时，但不可能支撑一生。因此，每一个人都无一例外地要树立终身学习的理念，并努力实践终身学习。

作为新世纪的大学生，为适应新世纪的公民和新型科技人才的需要，应调整好心态，自觉建立终身学习观，并在大学学习阶段，养成良好的学习习惯，做好终身学习的准备，为终身学习打下坚实的基础。

(5) 学以致用，知行合一。大学是运用知识创造知识之处，也是面向社会、走向社会之所。因此，一个合格的大学生在大学阶段应做好两件事，即学会学习、学会做人。经过长时间的摸索，以及与老师、同学的交流，大致可以概括为学以致用，知行合一。

学以致用，知行合一既是学习的目的，又是学习的一种习惯。学以致用，知行合一，重点应该还是在“行”和“用”上面。只有用，真正地运用，才是学习的最终目的。因此，当代大学生在学习管理过程中，要在“学以致用”的指导下形成比较正确的学习目的与良好的学习习惯，不为学习而学习，更不为考试而学习。同时要加强自己的道德文化修养，培养高尚的情操，树立牢固的团队精神与集体意识用来指导、规范自己的言行，做到“知行合一”。

第三章　大学生职业生涯规划中的职业认知

大学生职业生涯规划中的职业认知是一个系统而复杂的过程，需要个体全面、深入地了解自己、职业领域和职业市场。通过不断地自我反思、实践和学习，大学生可以建立起清晰的职业认知，为未来的职业发展奠定坚实的基础。本章探讨职业与职业环境的认知、职业信息的获取与分析、职业适应与职业成长。

第一节　职业与职业环境的认知

一、职业的认知

"职业是劳动者参与社会分工，利用知识和技能，为社会创造物质财富和精神财富，获取合理报酬，并满足精神需求的一种社会劳动岗位。它是个体与社会相互联系的阶梯或媒介，既是劳动者的生活保障，又是人生的一种精神寄托。"①

（一）职业的分类

所谓职业分类，是采用一定的标准和方法，依据一定的分类原则，对从业人员所从事的各种专门化的社会职业所进行的全面、系统地划分与归类。

职业分类是一项基于特定标准和方法的系统性任务，其目的在于根据一系列明确定义的分类原则，对社会中从事各种专门化职业的从业人员进行全面、系统的划分与归类。这一过程旨在更好地理解和组织社会中的职业结构，使其更具可管理性和可解释性。

首先，职业分类依赖于一定的标准和方法，这些标准可能包括教育背景、技能要求、工作职责等方面的要素。通过对这些要素进行分析和综合考量，可以确立一套科学合理的分类体系，有助于明确不同职业之间的关系和

① 许勤，周焕月．大学生职业生涯规划与发展 [M]. 西安：西安交通大学出版社，2017：2.

区别。

其次，职业分类依据一定的分类原则进行操作。这些原则可能涉及到职业的性质、行业归属、技能水平等方面的特征，以确保分类体系的合理性和实用性。通过明确定义的原则，可以建立一个清晰而有序的职业分类框架，为从业人员提供明确的职业方向和发展路径。

职业分类的目标之一是对社会职业进行全面、系统地划分与归类。这意味着不仅需要考虑单个职业的特性，还需要考虑不同职业之间的关联和相互影响。通过系统性的划分，我们能够更好地理解社会中各种职业的分布和结构，为政府、企业以及个体提供有效的决策和规划依据。

总之，职业分类是一项旨在通过科学的标准和明确定义的分类原则，对社会中的专门化职业进行系统的划分与归类的重要任务，它为我们深入了解社会职业结构、指导个体职业发展提供了基础和框架。在现代社会，随着经济、科技的发展，职业分类的研究和实践将继续为社会的可持续发展和个体的职业成功作出贡献。

（二）行业的分类

行业分类，又称为行业划分，是一种基于人类生产活动产生的先后顺序进行的系统性方法。该方法旨在对各种生产和经济活动进行有序、详细的组织，以便更好地理解和管理不同行业的特征和发展趋势。行业分类的核心目标是通过将经济活动划分为不同的类别，促进对特定产业的深入研究、监测和规划，为政府、企业和研究机构提供有效的决策依据。这一分类体系通常基于生产活动的本质和性质，将相似的产业组织在一起，以便更好地了解它们的共同特征和相互关系。行业分类在国家统计、宏观经济研究、企业管理以及财务报告等领域都起着关键作用，为不同利益相关方提供了一个共同的框架，用于描述和分析经济结构。

行业分类体系的建立往往涉及到多个层次的细分，从宏观层面到微观层面，以确保对各个产业的全面覆盖。通常，行业分类会根据生产的物品或提供的服务、使用的技术、市场需求等因素进行细致划分。这有助于不同行业之间的比较和对比，为决策者提供更准确的信息，以制定更有针对性的政策和战略。

总体而言，行业分类是一种重要的组织和分析工具，有助于深入理解经济结构、推动产业升级和促进可持续发展。通过对各个行业的详细分类，我们能够更好地把握经济的脉搏，为未来的发展趋势提供科学依据，推动社会经济的健康发展。

二、职业环境的认知

近年来，社会的快速变化，科技的高速发展，市场竞争的加剧，对个人的发展都产生了很大的影响。在这种情况下，大学生如果能够很好地利用外部环境，就有助于事业的成功。

(一) 社会环境

了解环境首先应该从大的环境入手，即首先从社会环境入手。社会环境主要包括社会的政治环境、经济环境和就业环境三个方面。

1. 政治环境

当前，大学生的职业环境受到了社会政治环境的深刻影响。随着社会的发展变化，政治风险、政策环境等多种因素对大学生的职业选择、就业机会、职业发展等方面产生了重要影响。

(1) 政治风险是影响大学生职业环境的一个关键因素。在我国，政府对于社会经济发展有着严格的管控，政府宏观政策、国情变化等都会对大学生的就业机会造成影响。随着外部经济条件、社会环境和就业市场的演变，用人单位对人才的需求也产生了变化。对于大学生来讲，不同的人才需求产生不同的职位机会，对应着职业选择方向和职业发展方向。

(2) 政策环境也对大学生职业环境产生了深刻的影响。近年来，我国在教育、就业等方面实行了多项政策，打造了一系列鼓励大学生创业，提升大学生就业阳光化的措施。政府对于大学生创新创业的支持，不仅鼓励了大学生从事创业，更为大学生的就业提供了更多的选择。同时，政府推出响应式的就业政策，也为大学生提供了更多的职位机会，在创业和就业方面提供了大量的资源。

(3) 大学生职业环境受到的社会价值观影响也越来越显著。近几年来，全社会强调体现社会责任和价值观，从而促进了世界级企业如谷歌、苹果等的发展。在现代职场中，个人的职业拓展与社会价值观、社会道德水平息息相关。此时，大学生呈现出对职业环境中社会价值稳定的需求，期待职场积极培养自身社会责任感，同时又回馈社会。

社会政治环境是大学生职业环境分析中的重要组成部分，其对于大学

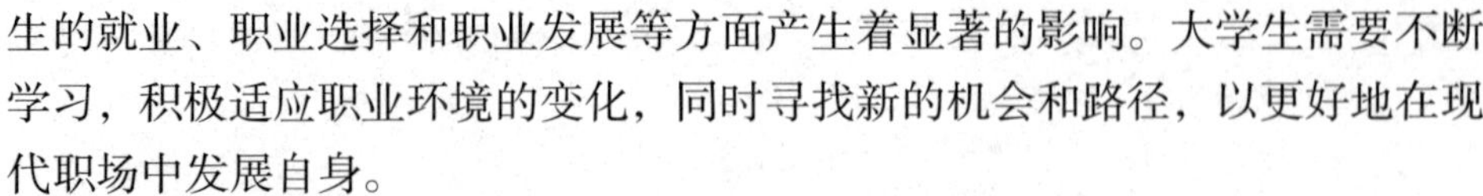

生的就业、职业选择和职业发展等方面产生着显著的影响。大学生需要不断学习，积极适应职业环境的变化，同时寻找新的机会和路径，以更好地在现代职场中发展自身。

2. 经济环境

社会经济环境是指一个社会的经济发展水平、经济政策、劳动力市场、行业发展、科技发展等方面的综合体现，它对于大学生就业和职业规划有着至关重要的作用。

（1）社会经济环境的发展水平是直接影响着大学生就业和职业规划的因素之一。目前，随着我国经济的快速发展，国内高科技、服务业、文化创意产业等也得到了快速发展。这些新兴产业的出现不仅给大学生创造了更多的就业机会，同时也带来了更广阔的职业前景，使得大学生有更多的选择和更好展示自己的机会。

（2）经济政策也是影响大学生就业和职业规划的重要因素之一。政府的经济政策必将会对就业和职业发展产生不同程度的影响。例如，近年来政府针对"双一流"建设实施的相关政策，着力于打造"高水平大学和一流学科"，在进一步优化我国高等教育结构、加强高水平院校建设、推动高等教育内涵发展等方面都起到了积极的作用，为大学生更好地职业发展创造了良好的条件。

（3）劳动力市场也对大学生就业和职业规划产生重要的影响。随着经济发展的变化以及就业市场的不断调整，劳动力市场对专业人才需求的变化、薪酬制度、职业技能要求等方面都发生了非常大的变化。对于刚毕业的大学生而言，他们需要具备高素质高技能和多领域能力，方能在市场中取得较好的职业发展和保持更好的竞争优势。

（4）科技创新领域的发展也非常重要。随着科技的快速发展，许多新兴行业不断涌现。例如，人工智能、大数据、云计算等。大学生需要具备深入了解这些前沿技术的能力，提高创新意识和科技造诣，以不断提升在科技创新领域的竞争力和优势。

社会经济环境是影响大学生就业和职业规划的重要因素之一。大学生需要认真研究社会经济环境的变化，积极学习并适应市场的需求变化，提高自身素质和竞争力，以便更好地适应经济社会发展的要求。

3. 就业环境

随着全球化的不断深入和经济的快速发展，社会职业环境也发生了巨大的变化。

（1）就业形势。随着社会经济的迅速发展，就业形势在不断地发生变化。在以前，毕业生找到一份合适的工作相对容易，但如今，随着竞争的加剧和就业机会的减少，毕业生面临的就业压力越来越大。在当前的经济形势下，不同学科、不同专业的毕业生就业情况也不尽相同。

（2）就业市场。就业市场是影响毕业生就业的最关键因素之一。不同地区和行业的就业市场存在很大差异。一些行业和地区的就业市场非常繁荣，而另一些则比较困难。毕业生应当根据市场形势，合理选择就业地点和行业。

（3）人才需求。随着社会经济的不断发展和技术的不断进步，不同专业的人才需求也日益增多。一些新兴行业和领域也有了越来越多的就业机会。因此，学生在选择专业时应该充分考虑就业市场的需求，尽可能选择未来前景较好的专业，以增加自己的就业竞争力。

（4）就业竞争。就业竞争是决定毕业生就业的关键因素之一。在现在的就业市场中，职位竞争激烈，不同层次和不同专业的求职者都会争夺同一个职位。因此，毕业生应该不断提高自己的竞争力，在校园内外积极参加相关实践活动，提升自己的综合素质和能力。

总体来说，对于大学生而言，就业环境是十分重要的。在当前的就业形势下，毕业生要充分了解就业市场和行业的发展趋势，了解自己的专业优势和不足，积极寻找就业机会，提升自我竞争力，以求在竞争激烈的市场中立于不败之地。

（二）学校环境

大学生在制订个人职业规划的过程中，必须对学校环境有清晰的认知。学校环境是指在校学生所处的校园文化、教育资源、教学环境等方面的情况。对于大学生而言，学校环境对于他们的职业规划有着深远的影响。

第一，学校文化是大学生职业规划的重要因素之一。不同的学校文化会影响学生的学习态度和职业目标。比如一些大学强调实践教育，鼓励学生积极参与并组织实践活动，这种学校文化下的学生往往更加注重实际操作和能力培养，有利于拓宽职业发展道路。另一些高校则注重学术研究和理论培养，这种学校文化下的学生往往更加注重理论知识和专业素养，有利于从事有关学术研究和教育工作。

第二，教育资源也是大学生职业规划中的关键因素。不同学校的教育资源包括师资力量、教学设施、实验实践平台等都受到限制。一些大学拥有强大的师资力量和众多的学科实验室，能够为学生提供更多的学科培训和实践机会。这对于大学生职业规划的制定来说是具有重要价值的。

第三，教学环境也是大学生职业规划中一个重要因素。关于教学环境的因素有很多，如教学质量、课程设置、课堂气氛等各个方面。一个良好的教育环境可以帮助学生培养自己的学习兴趣和职业素养，从而使得他们对自己的未来发展方向有清晰的认知和明确的规划。

学校环境对于大学生职业规划来说是一个不可忽视的元素。要制订好自己的职业规划，必须从大学生的学校环境出发，认真分析、评估和规划自己的职业道路。同时，不断扩展自己的知识面和学科背景，积极了解各种职业相关信息，完善自身的职业技能和能力，为未来的职业道路打下坚实的基础。

（三）家庭环境

家庭在大学生成长过程中扮演着非常重要的角色，家庭中的许多因素都会对大学生职业发展决策产生关键性影响。个人职业发展规划的确立，总是同自身的成长经历和家庭环境相关。个人在成长的过程中，会根据自己的成长经历和受教育的情况不断修正、调整，并最终确立职业理想和职业规划。家庭环境作为大学生就业重要的外部环境，它从整体和个体两个层面影响着大学生就业和职业发展。

1. 家庭环境的类型

家庭环境有软环境、硬环境、内环境和外环境4部分，他们对于一个人的一生有至关重要的影响作用。家庭环境对一个人的成长和发展的影响是多方面的，从个人的行为模式到人际关系、学业和职业前景都有很大的影响。其影响主要来自家庭的软环境和硬环境，其中软环境主要包括家庭教育方式、家庭结构和家庭价值观等方面，而硬环境则主要包括家庭资源和家庭文化水平等方面。

（1）软环境。家庭教育方式和家庭结构常常是影响个人品德和人际关系的主要因素。一个稳定、和睦、有良好家风的家庭，往往可以培养出一个品德高尚、自信乐观、有亲和力的个体。相反，一个矛盾、纷争不断的家庭，可能会培养出一个性格孤僻、习惯性抑郁的个体。因此，家长要注重引导和关注孩子发展，用爱和宽容来对待孩子，同时也要注重自身的言行规范，为

孩子树立正确的榜样。

（2）硬环境。家庭资源和家庭文化水平则在很大程度上决定了个人的学业成就和就业前景。在家庭资源有限的情况下，孩子可能没法接受到良好的教育资源，缺乏适当的培训和训练，这可能会影响到其未来的职业发展。相比之下，具有优越资源的家庭，孩子更容易获得更好的教育和培训机会，从而获得更好的工作和职业发展。所以，家长应该尽力提供更多的教育和资源支持，为孩子的未来打下更好的基础。

（3）内环境。除此之外，家庭内环境中的人和事也会对个人的心理健康和情感发展产生重要影响。一个温馨、和谐、开放的家庭，能够培养出一个乐观、自信、情感上健康的个体。而一个缺乏温暖、压抑和紧张的家庭，则可能会培养出一个内向、消极、情感上不稳定的个体。因此，家长也要注重与孩子的沟通和交流，关注孩子的情感变化和身体健康等方面，让孩子感受到家人的温暖和关爱。

（4）外环境。外环境也会对个人的成长产生影响，周围的环境和人际关系、活动场所等因素，都会对个人的社交能力和适应性等方面产生影响。一个能够鼓励孩子多接触不同社会群体和场所的家庭，可以帮助孩子更好地适应未来的社会环境。相反，一个过于保护孩子的家庭，可能会让孩子缺乏接触和探索外部世界的机会，影响其社交能力和学习能力。因此，家长应该引导孩子多尝试新的领域和场所，增加社交机会，扩展孩子的知识和视野。

2. 家庭环境的重要性

人在不同的环境中成长将会受到环境的影响，形成不同的性格、人生价值观、世界观及人生态度。鼓励中成长的人学会自信，赞扬中成长的人学会自赏，公平中成长的人学会正直，支持中成长的人学会信任，赞同中成长的人学会自爱，友爱中成长的人学会关爱，可以说人的成长很大程度上取决于周围环境的影响。人早期大约有 2/3 的时间要在家庭中度过，而且完全依赖于家庭成员，所以家庭环境将为人一生成长的方向起着至关重要的作用。家庭环境影响是多层次、多侧面的。

（1）良好的家庭情绪氛围是良好心理素质形成的前提。家庭的情绪氛围是指家庭中占优势的一般态度和感受，它是通过语言和人际氛围构成的。这种氛围直接影响着家庭中每个家庭成员的心理，尤其对子女个性品格的形成影响深远。如有的家庭，成员之间和谐、融洽，尽管有时发生意见，但在原则问题上是团结一致的，这样不但使子女学会了对人的互助、互爱、合作、谅解，使孩子的思维意志、能力等得到和谐发展，而且从中获得安全感，形成乐于接受教育的自觉性。

建立良好的家庭心理氛围，是子女良好心理素质形成和发展的前提条件。要大力提倡家庭美德，正确处理家庭成员的相互关系，形成良好规范；要以理服人，以情感人，以样教人；要和睦相处，尊老爱幼，语言文明，努力构建家庭的融洽气氛，充分体现家庭是生活之港湾，才有助于子女心理素质的形成。

(2) 父母良好的教养态度是良好心理素质形成的关键。父母是子女的第一任老师，是他们学习的榜样，父母的教养态度和教育方法直接影响子女的行为和心理。不同类型的家庭的不同教养态度对儿童个性品格、心理素质的形成的影响是不同的。年轻的父母是家庭教育的主心骨、顶梁柱，是子女言行举止的示范者、待人接物的指导者、子女成长的责任人，因此有责任去构建良好的家庭环境，掌握正确的教养态度和方法，使家庭呈现民主、和谐、平等的融洽气氛，才能培养子女讲责任、讲民主、讲勤奋、讲进步，不骄不躁、自尊自强的好品格。

良好的家庭环境是家庭教育成功的基本条件。家庭环境是子女良好心理素质和健康成长的土壤。因此，当前开展素质教育，优化家庭教育最关键的问题是必须大力提高家长的自身素质，提高家长的责任，认识培养子女健康心理的重要性，并努力克服家庭结构变化等带来的障碍，为子女的成长创设一个良好的家庭环境。

第二节 职业信息的获取与分析

“职业是一个人为了不断取得个人收入而连续从事的、具有市场价值的特殊活动，这种活动决定着从业者的社会地位。可见充分了解职业信息是非常关键的。”①

一、大学生职业信息的获取

获取职业信息是高校毕业生求职择业前的一项重要任务。职业信息越

① 文军，刘琼，李立．大学生职业生涯与发展规划 [M]. 成都：电子科技大学出版社，2019：43.

广泛，择业的视野就越宽阔；职业信息质量越高，择业的范围与把握性就越大。必须利用各种渠道、各种方法，广泛、全面地获取与择业有关的各种信息，为就业做好充分的准备。

（一）职业信息的获取方向

1. 学校毕业生就业指导部门

学校毕业生就业指导部门是学校设立的专门从事毕业生就业工作的机构，是毕业生获取求职信息的主要渠道。毕业生就业指导部门与毕业生所涉及的各级主管部门和有关用人单位保持着长期、广泛而密切的联系，并且经过多年的工作实践及常年合作联系，已形成了稳定的关系。在每年毕业生就业阶段，学校毕业生就业指导部门会有针对性地向各用人单位发布毕业生资源信息函，并以电话联系和参加各种信息交流活动等方式征集大量的职业信息。

同时，学校毕业生就业指导部门一般在每年的10月至次年的5月专门组织各种形式的毕业生就业招聘会，在毕业生和用人单位之间架起一座信息桥梁，从而使毕业生获得许多职业信息。这些信息数量大，针对性、准确性、可靠性都较强。同时，学校还会将获取的职业信息及时加以整理，定期向毕业生发布，使学校毕业生就业指导中心成为毕业生求职择业最主要的信息来源。

2. 媒体与网络

电视、广播、刊物、网站、手机 App 等新媒体经常会发布一些招聘信息和广告，为求职提供较为集中的招聘信息，这种途径最大的特点是受众面广、传播速度快、形式活泼多样和信息传递量大。

网络是兴起的新的沟通传播方式，目前，教育部、人事部门、高等学校毕业生就业指导中心、各高校都在网上开辟了专门网站，设有“就业政策”“就业指导”“人才数据库”“人才站点导航”“信息服务”“推荐网址”等栏目，毕业生可由此方便快捷地获知职业信息。

3. 各类人才市场

在确保每年毕业生就业工作的有效推进方面，各级各类人才市场持续不断地组织多场大中型的招聘会，而高校也不遗余力地策划并实施各种形式的双选会或校园专场招聘会。这一系列的活动旨在为毕业生与用人单位构建一个双向选择的平台，为双方提供充足的机会，以实现最佳的匹配关系。在这一背景下，毕业生有责任十分重视并充分利用这些机会，以便更全面地了

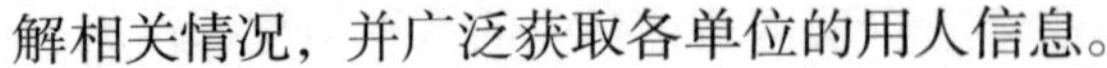

解相关情况，并广泛获取各单位的用人信息。

4. 学校教师与校友

许多教师与校外研究所、企业、公司合作开发科研项目，有广泛的人脉，学生可以通过教师获得用人信息，不断补充自己的信息库。教师提供的职业信息具有重要参考价值。教师能更多地考虑毕业生的就业意向与职业的匹配，结合毕业生的学业成绩、在校表现及其资质、能力、特长，针对不同学生提供不同的职业信息，比较可靠，针对性强。

校友是职业信息的重要提供者。毕业生可以多找一些“师哥”“师姐”，通过他们了解更多的职业信息。校友提供的职业信息的最大特点是比较接近本校的实际情况，尤其是本专业的毕业生在人才市场上的供求状况及其在具体行业中的实际工作、发展状况。特别是近年毕业的校友对职业信息的获取、比较、选择和处理有比较丰富的经验，他们提供的信息更具有参考价值。

5. 社会实践活动与社会关系

在毕业生的职业发展过程中，实习和社会实践扮演着至关重要的角色。通过参与实习，毕业生不仅能够将学到的理论知识应用于实际工作中，更能够让用人单位充分了解他们的专业技能、工作表现和团队协作能力。实习经验提供了一个展示自身优势的平台，有助于建立积极的职业形象，为日后的求职奠定基础。同时，通过实习，毕业生也能够清楚地了解用人单位的需求信息，从而更有针对性地准备自己，提高成功求职的可能性。

此外，社会关系在毕业生获取职业信息方面也起到了重要的作用。学生可以通过自身及家庭的社会关系渠道，获取各行各业的职业信息。家长、亲友作为个人社会关系的一部分，通常具有丰富的工作经验和行业了解，能够分享他们对职业领域的见解和经验。他们所提供的职业信息源自个人社会关系或所在的就业单位，具有较高的真实性和可靠性，为毕业生提供了宝贵的参考资料。

家长、亲友可能不仅仅是信息的提供者，还可能成为有力的推荐人。通过社会关系建立起的人际网络，毕业生可以更容易地获得推荐信、内部推荐以及面试机会，从而在竞争激烈的求职市场中脱颖而出。

在总体上，实习和社会关系作为毕业生获取职业信息的重要途径，不仅有助于用人单位全面了解毕业生的优势，也为毕业生提供了更深入地了解用人单位需求的机会。通过充分利用这些渠道，毕业生能够更好地抓住求职机遇，实现更加成功的职业发展。

(二) 职业信息的获取要点

第一，广泛与重点相结合。当今社会科学技术迅猛发展，边缘学科、交叉学科不断出现，知识的渗透性更加明显。社会行业也由过去的专项性向综合性发展。所以在获取信息时不要仅仅局限于专业对口单位，对非对口单位的需求信息也要注意获取。但是在广泛获取的基础上，要确保重点，要全面了解专业对口单位的需求，因为这种单位对符合专业特点的人才需求量更大。

第二，纵向与横向相结合。市场经济的发展，要求地域之间加快人、财、物的流动和流通，取长补短，相互促进，形成合理完善的人才机制。所以在获取人才信息时，一方面，要获取本省、地（市）的人才需求；另一方面，也要注意获取不同地区、不同领域的人才需求信息。

第三，动态与静态相结合。社会各行业对人才的需求具有一定的连续性和稳定性，因此需要及时准确地获取当年的需求信息，以实现静态的信息把握。然而，社会各行业在竞争中不断变化，受经济发展和市场调节的影响较大。为此，必须同时关注、掌握并预测社会各行业在一个时期内对各类人才的动态需求信息，以增强就业指导的预见性和主动性。只有在动态和静态相结合的基础上，才能更好地应对市场的变化，为人才提供更加精准的职业指导和服务。

第四，注重用人单位对毕业生招聘条件的信息获取。总的来看，社会上急需德才兼备的人才。如今，现代化的社会环境对大学生提出了新的、更高的要求，从政治素质、知识、实际工作能力，到身体状况，都要适应时代的发展，需要毕业生不仅要有远大的理想，还要有丰富的专业知识，较强的竞争意识，勇于开拓和脚踏实地的苦干精神。

二、大学生职业信息的分析

(一) 职业信息的筛选

当收集到一定的职业信息后，毕业生就要结合自身的情况，依据国家有关政策、法规和社会常识对它们进行去伪存真、去粗取精的筛选，以及有目的、有针对性地排列、整理和分析。

很多用人单位在进行宣传的时候，通常只提自己的优势而掩饰自己的

劣势，因此，毕业生在进行情况分析的时候要做到充分了解，心中有数，不要被表象所迷惑，失去准确的判断。

1. 甄别

甄别是信息处理的第一步，它涉及对信息可靠性的确认。在处理不确定的信息时，务必通过多种渠道向了解情况的知情人士进行证实，以消除信息的不确定性。此外，对信息的内容进行甄别，特别关注是否存在缺失或不清楚的细节。如果发现自己想知道的关键信息缺失，应立即采取实际考察、询问、了解实情等手段来填补这些空白。

2. 归类

经过甄别的信息通常仍然繁杂，因此需要对其进行分类，即归类。这可以根据职业信息的不同属性，例如行业、公司规模、职位类别等，有目的地进行分类整理。这样的分类不仅可以防止信息遗漏，还有助于后续的检索查阅工作，提高信息利用的效率。

3. 挖掘

挖掘是信息筛选中的关键环节。很多有价值的信息并不总是显而易见的，需要经过深入的挖掘才能发现。例如，在评估一个单位的发展状况时，仅凭表面信息可能难以作出准确的判断。毕业生需要站在较高的角度，从长远的角度审视职业和单位的趋势。同时，要留意信息的细枝末节，通过深入挖掘揭示信息的内涵和价值。这包括对单位现状、发展前景、员工发展空间等方面进行全面的考量。

在总体上，职业信息的筛选过程是一项综合性的工作，需要综合运用甄别、归类和挖掘等手段，确保所获得的信息是准确、全面、有深度的。这样的筛选过程将有助于个体在求职过程中更加明晰地了解职业机会，提高职业规划的针对性和有效性。

（二）职业信息的评价

信息的来源渠道不同，内容必然有实有虚，这就要求毕业生对每一条获得的职业信息进行评价。

1. 真实性

由于信息的来源渠道不同、传递方式不同，大量信息扑面而来，就会造成信息的真实程度不一。在当前人才市场尚不十分健全的情况下，假信息或不很准确的信息层出不穷，造成有的毕业生求职失败，贻误了求职的最佳

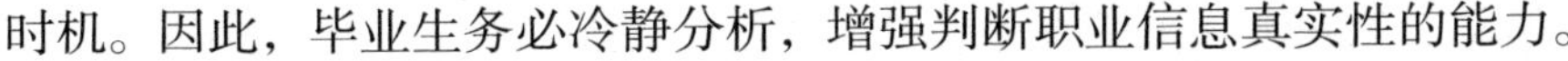

时机。因此，毕业生务必冷静分析，增强判断职业信息真实性的能力。

2. 准确性

职业信息必须能够真实、全面、准确地反映用人单位的意图，不能含糊其词、模棱两可，否则容易造成误导，产生错觉。即使再简单的职业信息也要认真琢磨，仔细体会，对于一些不是十分清楚的职业信息要及时与信息的提供方取得联系或请教别人，获得准确信息。

3. 有效性

职业信息的有效性是一个相对的概念，指信息对于使用者而言是否有用，有用的即有效，无用的即无效。也就是说，某一个职业信息，别人看来很有价值，可能是一个很好的机会，但是对求职者本人或许一文不值，这并不是信息本身的问题。同样的信息造成不同反应的原因是不同求职者评价信息的标准不同，每条信息都有其特有的针对性。

随着社会分工进一步细化，用人单位所要求人才的层次、专业、性别、能力等方面千差万别，职业信息本身必须能够说明它所适用的对象，以及该对象所应具备的具体条件；否则就会让每个人产生自己都适合、能胜任的错觉。因此，应该注意职业信息的有效性，不能盲目追求热门职业。适合自己的信息一定要予以重视，不适合自己的也要果断地摒弃，减少求职择业的盲目性。

4. 时效性

信息的一个很重要的特性就是时效性，即信息都有时间要求，在一定时间内是有效的，过了某个时间就失去了意义和作用。因此，在收集、整理和处理职业信息时一定要注意信息的有效时间，争取及早对信息做出应有的反应。

5. 可变更性

对于某些招聘信息所传递的专业、性别、学历要求等，乍看上去并不符合个人的应聘条件，因而就此却步。但实际上这只是用人单位最初的设想，随着形势的变化，最初的计划会有所调整，因而毕业生要结合用人单位的情况和岗位的核心特征进行分析，考虑一下该信息的可变更性有多大。

（三）职业信息的利用

1. 鉴别职业信息利用的适合性

一旦职业信息被确认为真实有效，接下来就是要鉴别信息的适合性。

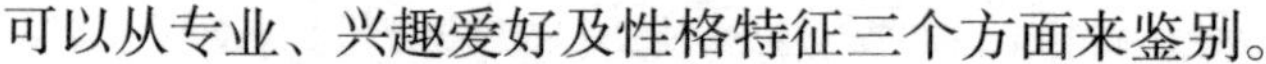

可以从专业、兴趣爱好及性格特征三个方面来鉴别。

（1）专业的适合性。确保个体的专业背景与所应聘职位相符，不仅有助于减少适应期，更能够使个体更有效地运用专业技能。这种专业对口不仅避免了个人专业资源的浪费，还降低了用人单位在培训上的成本投入。因此，在评估职业信息时，应当充分考虑个体的专业与所应聘职位的契合度。

（2）兴趣爱好的适合性。个体对所从事工作的兴趣不仅能够激发其投入工作的热情，还有助于维护身心健康。在专业特长与兴趣爱好存在冲突的情况下，个体需要谨慎权衡，做出明智的选择。确保工作既能够满足个体的兴趣爱好，又能够与其专业背景相协调，是确保职业信息适合性的重要考量。

（3）性格特征的适合性。不同的工作岗位对于性格特征有着不同的要求，例如，从事科研工作需要严谨、诚实、谦逊的性格，而从事社交工作则更适合活泼开朗的性格。因此，在综合考虑专业和兴趣爱好的同时，也要确保个体的性格特征与所应聘职位的要求相吻合。

2. 职业信息的利用原则

（1）发挥优势和学以致用的原则。即处理职业信息时，要尽量做到专业对口，发挥所长，学以致用，这样可以发挥优势，避免人才资源的浪费。如果说，实际的招聘条件不许可，那就可以选择相近专业的招聘职位。

（2）面对现实、理论联系实际原则。在使用职业信息时，要事先对自己有一个全面的认识和正确的自我评价，无论个人的愿望如何美好，在实际操作时都要面对现实。检查自己是否具有必备的条件。有些行业在学历、能力、年龄、性别等各方面都有一定的限制，事先应查核自己的条件是否符合。

（3）在政策范围内择业的原则。使用职业信息时，要把个人意愿和国家需要结合起来，并根据社会需要与自己的能力、愿望做出职业选择，这是使个人的择业愿望具有客观可行性的保证。

（4）辩证分析原则。即用辩证唯物主义方法论来分析信息，用历史的、发展的、变化的眼光来研究、处理信息的实际利用价值。

（5）综合比较原则。即把所有的信息放在一起从各方面比较各自的利弊，寻找符合自己条件的职业。

（6）善于开拓原则。即将那些价值潜在的信息，深入思考，加以引证，充分利用。信息的价值会用则有，不会用则无。

（7）早做抉择原则。信息有很强的时效性，及时用之是财富，过期不用

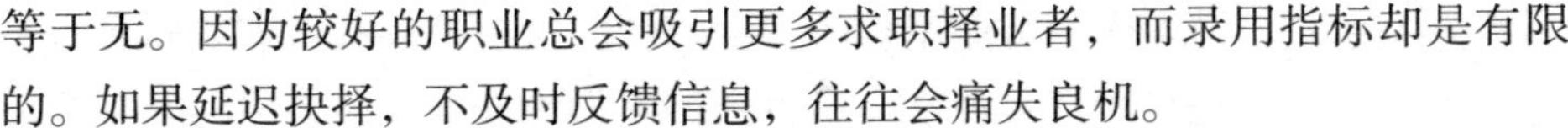

等于无。因为较好的职业总会吸引更多求职择业者，而录用指标却是有限的。如果延迟抉择，不及时反馈信息，往往会痛失良机。

(8) 学习原则。善于总结，寻找不足。根据相关岗位的要求，并结合自身现有的能力，在求职中发现自己的不足。因此，求职者应该善于总结，调整自己的知识结构，锻炼自己还欠缺的能力，弥补不足。

(9) 舍得原则。部分信息对自己也许没用，但对别人也许就有着很大的价值，遇到这种情况，应该乐于输出这些信息，不要紧抓不放。在输出信息的同时，既帮助了别人，也许同时减少了自己的一个竞争对手。

在使用职业信息时，一定要头脑清醒，不可随波逐流，人云亦云，不可偏听偏信，不能一味地追求高“理想”，而应该做到面对现实情况，实事求是，客观地评估自我，做出正确的选择。

第三节　职业适应与职业成长

一、大学生的职业适应

(一) 职业适应的任务

职业适应是指个人所从事的职业与自己的兴趣、能力、需求、愿望等条件相互配合的状态。职业适应能力是指能够顺应职业环境的变化，在自身职业发展中面对职业现实和解决职业问题所需具备的多方面的能力。大学生要适应职业岗位就是要努力胜任工作、融入企业文化、适应现代职业文化和处理好人际关系。

1. 胜任工作

胜任工作是指员工按照要求较好地完成劳动合同中约定的工作任务并达到一定的工作量，熟练地掌握开展工作的技巧，并在工作上取得卓越的成效。对于刚步入工作岗位的大学毕业生，很难直接将书本上学到的知识应用到复杂的现实工作中去，而企业对员工的实际操作技能要求很高，从而使大学毕业生要一下子达到工作岗位的要求就显得比较困难。

大学毕业生要注意系统地学习新的职业技能和职业行为，搜集并获取与工作和企业相关的信息，对新的工作建立全面的认知。大学生要了解企业的组织架构设置、各部门的人员安排、自身的岗位职责、在工作中需要协调的各方关系，以及工作中可能用到的各种资源。这些信息都可以从同事、主管、领导、书面材料和日常观察等渠道获得。作为新员工，要想在陌生的环境中迅速开始工作，必然会遇到诸如工作安排不合理、问题考虑不周全等各种各样的困难和挫折。大学毕业生应通过细心地观察、模仿及向周围经验丰富的老员工请教，减少早期焦虑症，提高工作技能和工作效率，显示新员工的工作能力和个人才华。

2. 融入企业文化

每家企业都有自己特色的文化观念和历史发展背景。成功的企业都非常重视企业文化的建设。企业文化体现在企业特色、企业的社会声誉、企业的市场竞争、企业的内部竞争等方面。

新入职员工应了解企业的价值观、企业的组织结构和管理规范，在自己的岗位职责范围内将企业文化与管理规范内化为职业行为准则，使自己的职业行为与企业的发展保持一致。参与企业培训是员工了解企业、适应企业文化的一条很好的途径。

3. 适应现代职业文化

每种职业的产生都要求有相应的职业文化与之相匹配。职业文化是长期从事一定职业的人在职业活动中逐步形成的，它是以职业人为主体，以社会职业为基本内容，以追求职业主体正确的职业理念、职业行为、职业道德、职业责任、职业纪律为出发点和归宿而构建的文化体系。

职业文化具有显著的历史传承性，受到整个社会文化环境的影响；又能产生一定的社会效应，影响着其他的文化生活。不同的职业岗位对员工的职业文化素养的要求存在着一定的差别。例如，管理性质的岗位和服务性质的岗位对职业文化素养的要求相对较高，而生产性岗位对职业文化素养的要求相对较低。管理性质的岗位对职业文化素养的要求强调沟通协调能力、爱岗敬业、团队意识和吃苦耐劳，服务性质的岗位对职业文化素养的要求主要是沟通协调能力、个人气质好和吃苦耐劳，生产性质的岗位对职业文化素养的要求主要是爱岗敬业、吃苦耐劳、品行端正、工作严谨和积极进取。

每种职业都有自身独特的职业文化信念和追求，使从业人员形成了共同的职业习惯，遵从相应的职业行为准则。适应现代职业文化，在职业岗位上形成自身的竞争力，可以大大缩短毕业生适应职场的时间，实现准职业人到职业人的顺利转变。

4. 处理好人际关系

人际关系是个体在人际交往过程中由于相互认识、相互体验而形成的心理相容或心理冲突的主观状况，表现为感情亲疏等特征。人际交往的处理是工作中的一项重要内容。一个人无论在哪一个单位或部门工作，都要注意处理好与同事的关系，因为它直接影响着这个人的工作状态和工作效果，是形成特定组织心理氛围的重要因素。例如，一名新员工在进入一家企业以后，工作得心应手，工资一路攀升；但他与同事之间有隔阂，上司虽然承认他的工作能力，但是并不赏识和重用他。因此，新员工如何给上司留下良好的印象，与同事保持良好的人际关系，是一件非常重要的事情。

作为职场新人，在工作中要谦逊，要尽快适应职业领域中的人际关系。在处理人际关系时，最重要的是学会尊重别人，能够敏感地觉察并理解他人的感受和需要。新员工可以与企业里的老员工或自己的直接上司经常沟通，他们的意见将具有重要的指导意义。

（二）职业适应的内容

1. 心理适应

（1）在新工作岗位上的心理适应。大学生步入新的工作岗位后，往往陷入怀旧的心理，将自己仍然视为学生，习惯性地以学生的方式观察和分析问题。这种倾向导致在工作中，他们常常表现得被动，只是听从上司的安排和指挥，缺乏独立工作的观念。

在面对新的工作环境时，绝大多数毕业生都会思考一系列问题，如是否能够得到同事的认可和领导的重视，自己的工作在企业中扮演着怎样的重要角色，企业对自己的具体期望是什么，是否具备胜任工作、独立判断和创造价值的能力，以及在企业中是否能够不断学习和发展。这些疑虑使得大学生在新的工作环境中面对复杂的人际关系和沉重的工作压力，需要进行良好的自我调适，以更好地适应工作的需要。

在这个过程中，大学生需要摆脱过去学生的身份，转变为职场新手，树立独立工作的观念。他们应该主动思考和解决问题，不仅仅是被动地听从上司的安排。同时，对于新环境中可能遇到的复杂人际关系和工作压力，毕业生需要具备良好的自我调适能力，以更好地应对职场挑战。这种转变不仅有助于提升个人职业素养，也能更好地适应企业的发展需求。

（2）面对职业预期与现实差距的心态调整。对于入职不久的新人来说，他们对新的工作岗位充满着各种各样的期望。但是，这些期望一般都不理想，往往与现实情况存在着较大的差距。当入职前形成的心理预期没能得到很好的满足时，就会产生一种失落心理，影响自己的工作抱负和对职业发展前景的看法，动摇自己长期从事本职业的信心。

大学毕业生可以通过改变认知、改善人际交往、学会自我放松及掌握一些情绪调节技巧等使自己保持乐观向上的心理状态，轻松愉快地工作和生活；同时，在生活中学会扮演多种角色，一个人能够扮演的角色数量越多，就越能适应社会环境的变化。

2. 能力适应

目前，大学毕业生在工作岗位上并不能将所学到的知识转化为岗位上的实际能力。我国的大学毕业生从入职到在岗位上完全自由施展自我才能的周期为一年左右。大学毕业生只有将已有的知识结构与适应社会需要的各种能力整合起来，使自己的职业能力具有更广的适应性，才能在职场竞争中处于优势地位。

当前的经济形势错综复杂，市场竞争非常激烈，用人单位对毕业生的技能要求也越来越高，希望毕业生能尽快适应工作岗位的要求。职业能力的形成依赖于职业知识的习得，而职业知识具有一定的社会性，个人正是通过参与社会活动来形成自己的职业认识和职业经验的。对于富有挑战性的工作，大学毕业生应主动申请，在完成工作任务中提升自我、展示自我。能力的提升不仅是一种目的，更是一种成长的方式。

3. 环境适应

环境适应是职场新人不可忽视的重要方面，因为在这个过程中常常涌现各种问题，直接影响到他们的职业生涯和工作表现。这些问题主要表现为浮躁焦虑、自由散漫、呆板、眼高手低、好逸恶劳等现象，若得不到有效纠正和处理，将导致毕业生频繁跳槽、工作热情低落以及工作质量下降等不良后果。

在职场中，有效的环境适应不仅能够帮助新人更好地融入企业，还能够培养员工对企业的归属感。这种归属感的建立取决于员工与企业之间的关系程度。随着环境的不断变化，人们所处的环境包括自然、地理和社会环境，要求员工随之而变，不断适应新的情境，以实现更好的个人发展。

目前，大多数大学生的心理状态相对健康，他们能够积极调整自己的行为和态度，迅速适应现实工作环境，保持乐观平和的心态面对职场中的各

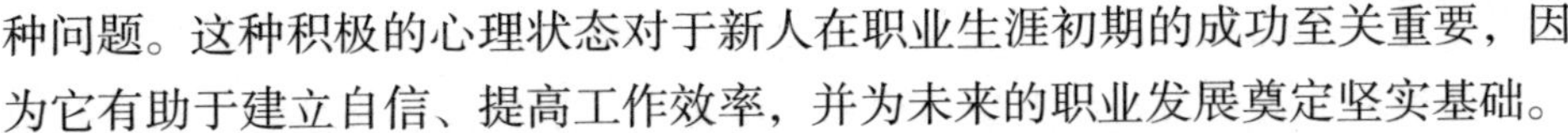

种问题。这种积极的心理状态对于新人在职业生涯初期的成功至关重要，因为它有助于建立自信、提高工作效率，并为未来的职业发展奠定坚实基础。

因此，为了更好地适应职场环境，新人应该注重培养积极的心态、主动学习和适应变化的能力。企业也应该加强对新人的培训和辅导，提供良好的工作氛围，促使员工更快速地适应工作环境，从而发挥出他们的最大潜力，为企业的发展贡献力量。

(三) 大学生职业适应能力的提升

提高职业适应能力的方法有很多，主要有转变心态、加强团队意识、提升外在形象、增强独立意识等。

1. 转变心态

大学生职业适应能力的提升是一个关乎个体职业生涯成功的重要议题。首先，毕业生在即将离开学校时，往往怀揣着对未来美好的期望，这些期望往往过于理想化，停留在感性层面，带有纯粹的完美主义思想。然而，一旦踏入现实社会，问题处理的范畴从单一变为较为复杂的人际关系，需要面对新的单位、崭新的生活方式和陌生的工作环境，很容易感到不适应。在职场中，个体的表现往往通过业绩来衡量，无论个体投入多少努力，缺乏业绩成果就难以获得他人的认可。相较之下，在学校中，教育体系更注重学生的学习努力和知识积累的过程。

因此，对于即将步入职场的毕业生而言，关键在于意识到环境转变所带来的巨大变化，提前转变心态，调整期望值，以更为客观的态度来面对现实。这包括理解职场中成绩的本质，即业绩的达成，以及学会在人际关系中灵活应对，建立良好的人际网络。在职业适应的过程中，个体需要培养实际解决问题的能力，同时也应具备与同事、上级和下属沟通合作的技能。这一转变要求毕业生从以自我为中心的学习模式转向以团队为导向的工作模式，具备在协作中取得共同目标的能力。

2. 加强大学生团队意识

在面对新的工作单位时，大学毕业生常常置身于一个陌生的环境，加入一个陌生的群体。这种情境下，他们可能对工作环境、团队成员和新岗位的要求感到不熟悉。为了更好地适应新的职业生活，加强团队意识成为至关重要的一环。

首先，大学生毕业生应该主动融入新的组织，将自己置身其中。这不仅仅是参与表面上的活动，更是一种心理层面的认同。通过积极参与团队活动、分享经验和资源，毕业生可以迅速融入工作集体，并建立起与同事们的良好关系。这种积极的态度有助于树立良好的职业形象，同时也为自己在团队中找到合适的位置奠定基础。

其次，加强与同事们的交往和协作是培养团队意识的重要手段。毕业生应该主动与同事们建立良好的沟通渠道，了解彼此的工作风格、专业技能和职责分工。通过积极的协作，不仅可以提高工作效率，还有助于团队内部的和谐发展。团队合作不仅能够缩短职业适应期，还能够减少完成工作的难度和心理负担，最终为个体职业发展打下坚实的基础。

3. 提升大学生外在形象

刚刚踏入职场的大学毕业生在面对新的工作环境时，应特别关注自身的外在形象，因为这直接关系到他们在职场中的表现和与他人的交往。为了塑造一个令人难以忽视的专业形象，毕业生可以通过参加礼仪培训和阅读相关书籍，全面提升自己在着装礼仪、言谈举止、待人接物等方面的素养。

穿着得体是外在形象的关键。在工作场合，大学毕业生应选择合适的服饰和发型，以展现与其专业身份相符的形象气质和精神风貌。适当的穿着不仅可以提高自信心，还能够向他人传递积极、正面的交往信息。选择服饰时要考虑到不同场合的要求，确保自己的着装既符合职业潜力，又显得得体专业。

言谈举止也是构建外在形象的关键要素。大学毕业生在工作中应注重表达自己的思想观点时的言辞得当，避免使用过于口头化或不专业的词汇。同时，要注重沟通中的姿态和表情，展现出自信、开朗的形象。对于待人接物，应保持礼貌和谦逊，建立良好的人际关系。

此外，大学毕业生应充分认识到“首因效应”的重要性，即给他人留下良好的第一印象。在职场中，第一次见面时的外在形象印象是最为关键的，因为第一印象往往是最为鲜明和难以忘怀的。一个良好的第一印象有助于建立信任，增加职业竞争力，影响今后工作的开展和他人对自己的看法。

4. 增强自身的独立意识

刚刚走出大学校门的毕业生常常处于一种沉湎于单纯、自由的大学生活中的状态，习惯于依赖他人。然而，一旦踏入职场，毕业生就必须面对承担社会责任、独立承担本职工作的现实。在这个过程中，增强独立意识成为至关重要的一环。同事们会将大学毕业生视为一个独立的社会人，因此，毕业生需具备在工作中独当一面的能力。

毕业生需要对新的工作有一个全面的认识和把握。这包括了解和熟悉工作环境、工作对象，并充分把握其特点和规律。通过积极参与工作，了解行业的传统背景和发展现状，深入了解所在企业的历史传承和经营前景。平时要保持对行业信息的敏感性，及时关注行业动态，了解市场趋势，以便更好地适应和应对工作中的挑战。

在工作的空余时间，大学毕业生还应主动与上级领导和同事联系，加强与他们的沟通和交流。通过与同事们建立良好的关系，不仅可以增进相互之间的了解和信任，还能够获得更多的工作支持和帮助。与此同时，积极参与团队活动和项目，展现出自己的团队协作能力，有助于在职场中更好地展现个人价值。

二、大学生的职业成长

(一) 职业成长的认知

职业成长意味着个人的职位级别提升，拥有更多的权力和权威，薪水报酬增加，工作条件改善，同时工作责任也相应增加。职业成长是个人沿着对自己更有价值的工作系列流动的速度。这一概念描述了员工在工作任务转换过程中的职业成长问题，同时表明了职业成长是一个速度的概念。

1. 职业成长的分类

职业成长分为组织内职业成长和组织间职业成长。

(1) 组织内职业成长。组织内职业成长是指员工在目前所在组织内部的职业进展速度，包括员工在目前单位内的职业能力发展速度、职业目标进展速度、晋升速度与报酬增长速度四个维度。职业能力发展速度主要衡量员工目前的工作是否使其掌握了新的相关技能、新的相关知识，是否积累了更加丰富的工作经验，以及员工的职业能力是否得到锻炼和提高。职业目标进展速度主要衡量目前的工作是否使员工距离自己的职业目标更近了，是否与员工的职业目标和职业理想有关联，能否为员工实现职业目标打下基础，是否为员工提供了良好的发展机会。晋升速度主要衡量目前单位的职务是否有了快速的提升，职务提升的可能性是否很大，现在单位的职务是否比原来单位的更加理想，职位晋升速度是否比其他同事要快。报酬增长速度主要衡量进入新的工作单位以后，员工的薪酬待遇是否提升比较快，薪资提升的可能性是否很大，薪资的增加是否比其他同事的要快。

（2）组织间职业成长。组织间职业成长是指员工在工作流动过程中所发生的职业成长。有些人通过离职、跳槽，在职业流动和转换过程中，对个人的职业期待、职业性格和职业能力进行探索。一方面，可以丰富个人的工作经历，增加人生体验，不断调整自我与职业环境之间的关系；另一方面，通过对不同职业之间进行比较，对不同职业类型作出评价，可以加深对自己人格的认识，逐步清晰自己的职业定位，确定自身的职业发展方向。因此，组织间职业成长是追求职业成长的另一种途径。

2. 职业成长中的组织环境以及人力资本

职业成长受到个人所在组织环境及个人的人力资本大小的影响。

（1）组织环境。组织环境主要是指企业内部促进员工实现职业目标的一些关键要素，如绩效评价体系、晋升体系、培训体系、薪酬和激励体系等。员工的职业成长需要企业为其提供合适的发展平台和富有挑战性的工作，企业应当通过各种行动支持员工的发展。企业内部的晋升和横向流动可以帮助员工成长。

（2）人力资本。人力资本是指人们长期的知识和技术的积累，它由凝聚在劳动者身上具有经济价值的知识、技术、能力和健康状况构成，是劳动者质量的反映。劳动者接受教育可以增加他们所掌握的知识，而拥有健康是劳动者正常工作的保证，健康的劳动者工作效率会更高。

（二）职业成长的驱动因素

在个人职业成长中，驱动因素起着重要的助推作用。这些因素分别是工作成就、家庭的支持、较高的自我效能感和心理安全气氛。

1. 工作成就

工作成就是个人在特定的社会和工作条件下，在工作中所取得的成绩。工作成就能使个人从做事中获得快乐和满足，从成功中实现对自我价值的认可和肯定。

成就感是个体潜能得到充分展示，个人对自己的能力和表现所体现出的一种积极的、自信的状态，是在自己取得了成绩或成功以后引以为自豪的一种感觉。人的精神动力在很大程度上需要由成就感来维持。

在追求事业的过程中，有无成就感取决于一个人对其当前工作的热爱程度。在工作中曾经取得的成就带给人的是活力和激情；而呆板、机械式的岗位和毫无成就感的工作往往会扼杀优秀人才的冲劲。

2. 家庭支持

家庭是每个人生而固有的，家庭的支持是不可替代的，家庭的支持排在其他各种社会支持的首位。家庭的支持对毕业生的职业成长影响最大，持续时间最长。

(1) 物质支持。家庭对大学毕业生在物质上的支持包括经济支持、行动支持和社会资源的支持。有的家庭能够想方设法为毕业生提供多种就业的途径支持，帮助其获得就业的机会。在工作中，家庭的行动支持能够减轻毕业生的工作压力，使他们从处理家务琐事的沉重负担中解脱出来，从客观上保证他们有充足的时间和精力，全身心地投入到工作当中。

(2) 精神支持。家庭的支持让大学毕业生感受到被理解、关爱和尊重，能够有效地对抗工作中的抑郁情绪，从而对工作形成积极的情绪和认知。家庭成员通过日常的沟通交流能够及时了解毕业生的思想动态，能够站在毕业生的角度来思考问题，为毕业生提供亲切的关怀和精神鼓励。

(3) 信息支持。家庭成员最了解毕业生的性格特点、兴趣爱好、个人特长等情况，能够根据毕业生个人的需求充分利用社会关系网，为毕业生提供有效的求职信息及工作岗位。

3. 自我效能感

自我效能感是指个体以自身为对象，在执行某一任务之前对自己成功地完成特定工作任务的能力信念，以及对自己能够在何种水平上完成该任务所具有的判断。

(1) 自我效能感与工作表现。自我效能感直接影响个体在工作中执行活动的表现，影响个人自我调节系统的发挥。自我效能感较高的人，会以积极的工作态度和行动来面对工作中的各种挑战，在遇到困难和挫折时更愿意去克服。而自我效能感低的人，在面对困难时会表现出一种消极的态度和情绪，行为缺乏主动性。

(2) 自我效能感与工作投入的关系。自我效能感越高，个体的工作投入程度也相应较高，他们有着较高的活力状态和奉献水平。高度的自我效能感促使员工将大量的精力和时间投入到工作中，他们对工作有较高的满意度，极少出现职业紧张的情况。自我效能感会影响个体在工作中的努力程度。自我效能感高的员工更愿意努力克服工作上的困难，他们会坚持钻研业务，并在本专业领域上坚持较长的时间，从而有更多的机会取得工作上的成就。

(3) 自我效能感有助于开发个人潜力。当自我效能感达到足够的强度时，可以调动人内在的动力，使人愿意付出艰辛的努力去获取成功，促使个人职业能力的形成和发展。自我效能感高的人会有目的、有意识地不断认识和了解自己及外部环境的行为活动，为自己确定适合的职业目标，主动寻找多种可用于完成任务的资源支持，挖掘并丰富可利用的任务资源。

（4）自我效能感有利于职业生涯发展。良好的自我效能感有利于个体的职业生涯规划。自我效能感高的人会对自己的职业生涯发展更具有信心。在选择职业范围时，他们信心百倍，并有积极的职业行动，更容易作出正确的职业决策，使自己在职业生涯过程中取得成功。

（5）提高自我效能感的途径。要想提高自我效能感，大学毕业生应注意多获取一些成功经验，提高自己的实际工作能力，提高工作绩效。当发现自己有职业倦怠征兆时，应及时调适自己的心态，清楚自己的压力来源，主动寻求帮助并设法加以消除。

4. 心理安全气氛

从企业组织的角度对心理安全气氛作出定义，即员工对组织政策、规范及运作理念的分享情形，必须通过个体间相互协调而形成，这种气氛会因为组织的目标或活动的不同而有所不同。员工在心理安全气氛低落时会出现工作态度不佳、迟到、早退、旷工或身体不适等消极反应，甚至会与主管发生冲突。

心理安全气氛是经过企业内部的经验分享、同化和倡导而逐步形成的一种组织氛围。心理安全气氛影响员工的内部动机和塑造职业角色的心理状态。心理安全气氛营造一种工作环境，使员工在这一环境中能大胆地表达意见而不担心被拒绝或被惩罚。员工在得到上级和同事们的大力支持下，可以大大减少工作的消极情绪，减少在工作中的压抑情感。在这样一种心理安全气氛中，员工会更加忠诚于自己的企业，为企业而努力工作，会积极地表现自己、展示自我，工作绩效会不断得到提升。

（三）职业成长的途径

为了实现自我职业成长，大学毕业生应注意保持对目标的不懈追求、对工作的积极投入，并不断提升自我职业素养。

1. 追求目标的实现

每个人都有自己的职业目标，职业目标是大学毕业生对自己所期望的职业成功的明确决心。有什么样的职业目标，就会有什么样的奋斗历程。

（1）目标的指引。目标给人们指明了前进的方向，不停地鞭策着、激励着人们，使人们获得精神鼓舞。目标是人们坚持努力的动力源泉，促使并引导着人们不懈地坚持下去。目标给予人们美好的愿景，激发人们高度的工作激情和生活热情，使人们不会迷失奋斗的方向。

（2）克服实现目标的困难。在追求目标的途中，难免会遭遇一些困难和挫折，要有不怕困难的精神，勇于面对挫折，敢于接受挑战；要做好充分的思想准备，从精神上到行动上都要斗志昂扬，以勤勉、谦虚、刻苦、务实的作风采取有效可行的措施，并坚持到底。

（3）执着的精神。坚持不懈是对个性的执着，对自己品格的肯定和坚持。只有坚持不懈，才能取得最终的胜利。有的人在职业成长的路上，被荆棘和坎坷所阻挡，被迫放弃而前功尽弃；而有的人知难而上，选择坚持下去，经过勤奋不息的劳动，最终收获累累硕果。

2. 积极投入工作

工作投入指的是一个人认同其工作或在他的自我形象中工作的重要性，并且进一步地指出，工作投入是工作绩效影响个人自尊的程度。工作投入是员工自我与工作角色相结合，是个体在工作中扮演一定的角色，展现自我的过程。工作倦怠与工作投入是个人与工作情境相匹配的两个极，个人与工作情境之间匹配得越好，个人就越能够顺利地胜任工作，对工作的投入就越高。工作投入在结构上分为高活跃程度、高度奉献和精力集中三个方面。

（1）高活跃程度。是指个体在工作时具有高水平的能量，工作状态良好，精力充沛，表现出良好的心理韧性，保持自己与其他同事和上级的密切联系，保持对工作的高度敏感性，愿意为自己的工作付出努力而不感觉疲倦，当出现困难时能够积极应对，保证将工作任务按时完成。

（2）高度奉献。是一种对工作的高度卷入状态，个体具有特定的认知和信念，具有强烈的工作意义的体验、自豪感和饱满的工作热情，经常伴随有灵感的迸发。

（3）精力集中。表现为个体将所有的精力和注意力集中在自己的工作上并以此为乐，完全投入到工作中的一种状态；总感觉时间过得很快，而不愿从自己的工作中脱离开来，达到废寝忘食的程度。工作投入能够促进员工个体绩效的提高，它使员工意识到对工作绩效的强烈责任感和承诺意愿，促使员工加倍努力工作，创造更多的绩效。

3. 提升自我职业素养

职业素养是指劳动者在一定的生理和心理条件的基础上，通过接受教育、劳动实践和自我修养等途径形成和发展，并在职业活动过程中表现出来的一种综合品质。一个人有没有能力，不是看他的学历有多高、掌握多少知识，而是看他在从事某一种职业活动时所表现出来的素养。现在，许多企业已经把职业素养作为对员工进行评价的重要指标。职业素养包括职业道德、职业技能、职业思想、职业作风和职业行为习惯等内容，它是一个人职业生涯成败的关键因素。现代职场上的竞争说到底就是个人职业素养的竞争，职业素养成了个人的核心竞争力。

职业素养分为外在素养和内在素养两个方面。外在素养和内在素养构成了一个人所具备的全部职业素养。

（1）外在素养。一个人所拥有的专业知识、职业技能、专业资格等属于外在素养，这些都可以通过各种学历证书、职业证书来反映，或者通过专业考试来测试。专业知识是知识结构的核心，大学生应对所从事的专业做到精益求精，深入了解学科的过去、现状和未来，并善于将所学的专业知识与相关专业领域紧密联系起来。职业技能是支撑职业人生的主要手段，个人应该积极参加多种专业技能培训和权威职业资格证书的考核。

（2）内在素养。内在素养主要是指职业道德、职业意识和职业态度。许多企业对员工的职业素养有着较高的要求，尤其是对员工的职业道德方面。企业在评价一名员工时，常常用以职业道德为代表的基本素养进行表述。目前，不少用人单位均反映部分毕业生职业素养缺失，而他们也往往忽视对自身内在素养的培养。

第四章　大学生职业生涯规划的制定与实施

大学生职业生涯规划的制定与实施是一个至关重要且深具挑战性的过程，它不仅关系到个体未来的职业发展，更涉及社会的整体人才培养和经济发展。本章探究大学生职业生涯规划的制定原则与步骤、发展决策与规划书的拟定、具体实施与评价。

第一节　大学生职业生涯规划的制定原则与步骤

一、大学生职业生涯规划的制定原则

制定合理的职业生涯规划是大学生迈向成功的第一步。大学生在制定职业生涯规划时要遵循以下原则：

（一）主体性原则

职业生涯规划的主体性原则突显了大学生在职业生涯规划中的主动作用，通过个体努力和主动性，实现对自己职业发展的主导权。这一原则强调学生在规划过程中的主体性地位，即以学生为主导，以学生自身的决策为主导，力求在职业生涯规划中找到最符合自身发展需求的职业，实现个体与工作岗位的最佳匹配，最终体现个体价值的最大化。

主体性原则要求大学生在职业生涯规划中积极参与，真正实现“我的职业未来我做主”的理念。在参与企业的职业发展活动中，大学生应将个人的职业发展与本职工作紧密结合，将职业发展活动与社会、企业的各种需求有机结合起来。只有在个人自觉、主动参与的情况下，大学生才能充分展现自己的价值。这表现为大学生在职业生涯规划中能够全面了解自身的价值取向、能力特长、人格特征，以及企业单位的文化特征和发展机会等方面，进而在此基础上进行资源整合，主动选择适合自己需求和偏好的职业岗位，有序实现个人职业生涯的管理，以适应社会发展的趋势。

大学生的职业生涯规划必须在自觉、主动参与的前提下才能真正体现其价值。通过主体性原则，大学生能够在职业生涯规划中充分发挥自己的主导作用，不仅了解自身，还能主动适应并塑造职业发展的方向，最终实现个体价值的最大化。这种自觉、主动的参与是成功职业生涯规划的关键所在，也是大学生在职业发展道路上实现自身价值的不可或缺的一环。

（二）前瞻性原则

职业生涯规划的前瞻性原则强调职业生涯规划的目标必须具有对未来深思熟虑的前瞻性，需要职业者在面对未知的未来时能够有远见，更有效、更主动地解决职业生涯发展中可能遇到的各种困难。职业生涯规划的前瞻性不仅仅是对当前职业生活的计划，而是需要超越当前情境和条件的限制，不被某些瞬时现象所迷惑，更不能因为眼前的利益而放弃长远的职业理想。

前瞻性原则要求职业者在确定职业规划目标时要考虑到目标是否具有挑战性，是否能够适应环境变化的要求并随环境的变化进行动态调整，以及目标是否能够对个体产生内在的激励作用等方面。这意味着职业生涯规划不能仅仅停留在眼前的需求和利益，而应该着眼于未来的发展趋势，对自身职业目标进行全面深入的思考和规划。

在大学生进行职业生涯规划时，需要将眼光放得更远，将规划视为一种自我激励的手段。大学生应该立足于发掘个人潜能，保持对社会发展变化趋势的敏感度，以积极的姿态和坚定的信心应对未来的挑战；同时，要紧密关注社会对人才的需求，将社会需求作为规划的起点和终点，以社会对个体的要求为准绳。在规划中，既要看到眼前的利益，又要兼顾考虑职业生涯的长远发展，以确保个人的职业生涯目标能够与社会的发展趋势紧密契合，为未来的成功打下坚实的基础。这种对未来的深思熟虑和前瞻性的规划，是大学生成功职业生涯的关键之一。

（三）系统性原则

系统性原则是指在职业生涯规划中，必须遵循一定的体系和认识规律，以确保规划的全面性和协调性。首先，职业生涯规划的各要素是相互密切关联、不可分割的，需要在整体性的视角下进行考虑和安排。其次，系统性原则认为，一个系统的整体功能常常大于各个要素功能之和，因此在规划中应注重整体效益的最大化。

大学生职业生涯规划是一个多元化目标有机结合的系统，体现了复杂的目标体系。这意味着在规划过程中，需要清晰而明确地设定职业生涯目标，这有助于提高个人职业能力。在不同阶段，职业生涯规划有着不同的发展任务，因此需要在整体性的框架下有针对性地进行规划，以促进大学生在职业、个人、家庭和事业等方面的共同发展。

系统性原则要求职业生涯的目标和措施具有一定的弹性和缓冲性，能够根据环境的变化进行调整。同时，主要目标与分目标、个人目标与组织发展目标要相一致，形成整体与个体的双赢局面。在规划中，除了考虑个人的发展外，还需兼顾社会的发展，以实现共同进步。此外，职业生涯规划应具备远见，不仅要规划好当前的发展，还要为未来充分筹划，以确保职业生涯的可持续性发展。

（四）动态性原则

动态性原则强调任何一个系统都处于不断发展变化之中，这种变化是由各组成要素及它们之间的相互作用引起的。在职业生涯规划中，动态性原则揭示了规划的时限性和连续性，即职业生涯规划应将个体自身作为发展的对象，其发展过程与职业生涯的演进相互关联。

在实施职业目标规划时，大学生应当认识到职业生涯是一个动态过程，需要根据主观和客观条件的不断变化进行灵活调整和修正。职业生涯规划不是一成不变的静态计划，而是一个不断探索和适应的动态过程。在规划的方向已确定的情况下，大学生需要敏锐地感知内外部因素的变化，随时调整职业目标的实施策略。职业生涯发展受到内外多方面因素的影响，因此，动态性原则要求大学生能够实时监控职业生涯的发展动向，并灵活地调节规划，以确保职业生涯目标的实现与职业活动效果的最优化。

在个体的整个职业生涯中，动态性贯穿始终。大学生只有深刻理解和把握动态性原则，才能更好地应对职业生涯中的各种变化，完成职业目标的任务。这包括对自身职业目标的不断调整与修正，以适应职场的变化和个体发展的需求。动态性原则的运用，使大学生在职业生涯规划中能够灵活应对挑战，持续发展并实现个体职业目标。这种积极主动的态度对于适应职业生涯的动态性，确保个体在职业生涯中取得可持续性的成功至关重要。

（五）创新性原则

创新性原则强调主体应具备创造新颖且实用的产品或服务的能力。在职业生涯发展过程中，创新性原则要求个体不断进行创新，拓展新的思维方式，运用新的方法，发现新的问题，并制定新的目标。职业生涯规划不是一成不变的固定模式，也不存在一种适用于所有人的现成模板。相反，它应该在分析其他成功人士职业生涯发展历程的基础上，制定出符合个体情况的独特职业生涯规划。

在制定职业目标和实施策略时，创新性原则要求个体设定具有一定挑战性的目标，激发自身的创新动力和创新精神。然而，这并不意味着将职业目标定得过高，以免变得不切实际。所选择的目标应该对个体产生内在的激励作用，激发其积极性和创造力。

大学生职业生涯规划的创新性体现在其职业活动中展现出创新精神和创新思维。大学生应以创新的实践来推动职业生涯的发展，从而表现出具有创新人格的特质。由于发展是一个不断变化的过程，形势随时可能发生变化，认知水平也将持续提高。因此，大学生在职业生涯发展过程中要自觉提升专业水平和业务能力，保持职业活动的创新性。坚持创新性原则意味着在规划中要持有新的认识，不断地从认识中获取新的方案，以适应职业生涯中的变化和挑战。这种创新性的思维和实践是大学生职业生涯规划成功的重要保障，使其能够灵活应对未来的职业发展需求。

二、大学生职业生涯规划的制定步骤

（一）正确的自我评价

正确的自我评价就是进行自我认知、自我探索和自我剖析，即了解自我，清楚自己的个性、兴趣、职业价值观等情况；分析外部环境，认识周围的大环境和小环境，了解自己所处的行业环境及社会环境的变化趋势；等等。有效的职业生涯规划是在正确评价自己的基础上进行的，要审视自己、认识自己、了解自己，做好自我评估；弄清自己想干什么、能干什么、应该干什么、在多种职业面前会选择什么，还要找出自己的一些弱点。

1. 自我评估

自我评估的方法有两种，分别是自我测试和计算机测试。

（1）自我测试。自我测试主要通过回答一些相关的问题来认识自己。这些问题一般是由心理学家或专业人士通过精心策划而设计的。大学生在回答问题时要以客观、冷静的态度对待。通过问题的回答，能够反映出个体的特性。典型的问题如下：

第一，我是谁？（在面对问题时应尽可能多地找出各种答案，你将会清楚你承担的责任、角色和具有的性格。然后，按照答案内容的重要性依次排序列成表格，进行分析。）

第二，我在哪里？（主要分析自己在职业生涯过程中所处的当前位置，要求记下生命中的一些重大事件，以及自己很想做的一些事情，确定目前自己在一生中的位置。）

第三，我将是什么样子？（仔细考虑，自己希望未来是一个什么样子。）

第四，在人生暮年时，我将完成哪些事？有哪些成就？我的理想工作是什么？

第五，我需要从工作中得到什么东西？

第六，我在职业生涯和日常生活中，哪些做得好？哪些做得不好？还需要学习什么，积累什么经验？自己拥有什么资源和优势？

第七，从现在开始，自己应该停止什么？着手干什么？

第八，职业生涯的长期目标是什么？

（2）计算机测试。计算机测试是一种运用现代化软件的测试手段。大学生可以使用科学的测评技术，得出较为客观的自我评价，能够帮助自己进行自我剖析，了解个人的特质，发现自己的职业兴趣、性格属性和能力水平。目前，测试软件有很多，常用的有霍兰德职业倾向测试、卡特尔人格测试等。这些测试能够帮助大学生获得关于自己的更加详尽的参考信息，有利于大学生对自己作出较为全面的评价。如果能够对多种测评技术加以综合利用，测评结果将会更加准确和有效。

2. 他人评价

除了自我评估，借助教师、同学、父母和好友的观察和意见，是一种非常有效的方式，有助于更全面地了解自己的性格和能力。因为自我评价可能存在主观性和盲点，而“旁观者清”，他人的观察和建议可以为大学生提供客观的视角，帮助他们进行准确的自我定位。

他人评价的重要性体现在其能够揭示自我评价中的不足之处。大学生在职业生涯规划中，通过他人的观察和分析，可以发现自己可能忽视或未能正确识别的性格特点和潜在能力。这种外部的反馈有助于弥补自我认知的不足，让大学生更清晰地认识到自身的优势和劣势，为制定更科学的职业生涯规划提供参考。

他人的评价也为大学生提供了宝贵的改善意见和激励。通过他人的反馈，大学生能够了解到他们在学业、社交、领导力等方面的表现，从而获得有针对性的改进建议。这种外部的激励有助于大学生在职业生涯规划中更加积极主动地面对挑战，不断提升自己的综合素质。

（二）职业目标定位

职业目标的设定是职业生涯规划的核心内容。许多人的失败并不仅仅在于前进道路上的艰难险阻，而在于没有信心看到成功的目标。只要定位准确，就能为自己插上腾飞的翅膀，飞向理想的地方。

1. 职业目标的确定

在一个人的职业生涯中，职业目标的确定是事业成功的关键所在。正确而合适的职业目标能够为职业生涯规划奠定良好的基础。大学生在职业目标的确定过程中，需要考虑个人兴趣、现实性、前瞻性和目标的具体性，以构建一个有实现可能性的职业规划。

（1）结合自己的兴趣。兴趣是人们前进的主要动力，只有在内心深处对某项工作充满热忱，才能真正投入并热爱这份事业。大学生在职业目标的设定中，应当以自己的兴趣为主导，因为兴趣能够引发并维持个体的积极行动，将其推向特定的目标。职业目标应当是大学生非常喜欢的，与个体兴趣高度契合的，而非盲目追随他人意愿，不要勉强追求与自己真实兴趣无关的领域。

（2）要有现实性和前瞻性。职业目标要建立在自我评价的基础上，大学生需要清晰了解自己的能力水平，分析自我并准确定位。在确定职业目标时，应当尊重自身的实际情况，符合自身的发展，切合实际。职业目标要立足于现实，具有可实现性。这需要大学生通过自我评价，了解自己的能力和优势，不仅尊重个体的实际情况，更要让目标可望又可即，通过不懈努力能够实现。对职业目标的确定不应回避个人的缺点和短处。大学生需要根据过往的个人经验推断未来可能存在的工作方向与机会，判断职业目标的合理性和成功率。职业目标的设定需要具备前瞻性，对未来的职业趋势和个人发展方向有深刻的洞察。这种前瞻性的思考可以使职业目标更具战略性，有助于应对未来职业领域的变化。

(3) 职业目标应明确具体。职业目标需要明确定位于某个特定的职业，如某一行业公司的总经理。所确定的职业目标应当是社会中有人正在从事或做过的工作角色，而非虚构的理想状态。职业目标应该在现有职业、行业或企业范围内，符合当前时代和社会已有的职业实际。明确具体的职业目标有助于激发内在的驱动力，体现个体的坚强意志，使其能够付诸行动，努力克服各种困难，推动职业目标的实现。

总体而言，大学生在制定职业目标时，需要充分认识自己的优势和劣势，根据内外部因素综合考虑，并注重职业目标的灵活调整。一个明确、合理、具体的职业目标将为大学生的职业生涯规划提供明确的方向和有力的支持，帮助他们更好地应对未来职业挑战，取得更为可喜的职业成就。

2. 职业目标的分解

目标分解是指将整体目标有序地拆解成各个层次、各个阶段的具体任务，以建立一个有机、系统的目标体系。在职业生涯规划中，通过目标的逐步细化和分解，可以使看似遥远的职业愿景变得更加具体和可操作，有助于激发个体的执行力和动力。

短期目标通常在大学校内的1—3年内实现，其主要特点是具有可操作性和明确的完成时间。通过将整体职业目标分解为短期目标，大学生能够更好地集中精力应对眼前的任务，确保在学术、技能等方面能够有所收获。这些短期目标以学期为单位，为实现更长远的中期和长期目标打下坚实基础，形成一个可持续推进的职业生涯发展路径。

中期目标是在毕业后的3～5年内实现的目标，相对于长期目标更为具体。中期目标的设定需要结合个体的志向和行业的发展趋势，如参加培训、提升技术水平、考取证书等。这些目标与长期目标保持一致，同时要对实现可能性进行评估，确保在相对短的时间内可以取得实质性进展。中期目标的设定不仅有助于逐步推动个体的职业发展，也为长期目标的实现提供了具体的支持。

长期目标是参加工作后至少5年以上的目标，它为整个职业生涯设计了一个宏观的轮廓。虽然较为宽泛，但它是职业生涯规划的方向性目标。长期目标往往随着个体所处的企业内外部环境的变化而发生适度的调整。在制定长期目标时，个体应考虑个人的职业愿景、行业发展趋势以及自身的发展方向，确保长期目标能够与个体的理想和实际相符合。

分解后的目标应当符合长期目标，具有综合反映的功能，具备强大的操作性，对个体的成长具有重要意义。目标分解的关键在于有明确的层次结构，通过各个层次、各个阶段目标的实施与控制，保证长期目标的有效实现。目标分解使得看似遥不可及的长期目标成为一系列相对容易实现的短期和中期目标，促使个体更加有序地朝着职业生涯的总体目标努力奋斗。职业目标的分解不仅有助于目标的层层递进，还为个体提供了灵活调整的空间。随着个体所处环境和个人发展状况的变化，职业目标的调整是合理而必要的。这种动态的规划和实施过程，使个体能够更加灵活地适应职业领域的变化，更好地应对职业生涯中的各种挑战。

（三）职业选择

职业选择的标准不在于职业本身的好坏，而在于选择的职业是否适合自己。职业选择时应做到职业期望与职业相吻合、个人特质与职业相吻合、自身能力素质与职业需求相吻合。

1. 职业期望与职业相吻合

职业期望是个体对于特定职业的渴求和向往，涵盖了对工作薪资、职业声望以及工作环境等方面的期望。这种期望是个体职业倾向性的具体表达，反映了个人职业价值观在外部的显现。在面临职业选择时，绝大多数大学生都渴望选择与个人职业倾向相符的工作。

每个人的职业期望都是独特的。职业期望与所从事职业的吻合程度直接反映了大学生的就业质量和职业匹配度。在选择职业时，大学生通常怀揣着一定的职业期望，希望通过加入企业单位来满足个人物质和精神层面的多元需求。

为了确保个人的职业期望与所选择职业更好地吻合，大学生需要提前了解不同用人单位的用人标准，树立合理的职业期望。此外，他们还需在实现个人价值的同时，平衡好满足社会需求的考量。在必要时，调整个人的职业期望值，以实现个人意愿与社会需求的有机统一。

实现职业期望与职业的匹配，不仅需要大学生具备良好的自我认知，还需要他们对用人市场的深刻理解。这意味着要关注不同企业对人才的需求，了解市场趋势，并根据自身特长和兴趣，选择能够最好发挥个人潜力的职业方向。在这个过程中，灵活性和适应能力同样至关重要，因为职业环境和市场需求都可能随时发生变化。

2. 个人特质与职业相吻合

每个人都有自己独特的人格特征与能力特点，并且在社会中总存在着某种职业与他的特质相对应。因此，人的个性特质与职业性质必定能够取得一致性。在实际工作中，最理想的职业选择应该是建立在个人特质与职业要素最匹配的基础上的。个体可以根据霍兰德的职业倾向测试和 MBTI 职业性格类型测试找出自己的特质，据此找到与个人特质相吻合的职业种类。

（1）霍兰德职业倾向测试。职业选择是个人人格在工作世界的表露和延伸，即人们在工作选择和经验中表达自己的个人兴趣和价值。“人格类型论”是霍兰德于 20 世纪 60 年代创立的，是人格与职业类型相匹配的理论。职业选择是个人人格的一种延伸，从事同一种职业的人有着相似的人格，所以他们对各种问题所做出的反应也大体相同，因此能够塑造出特有的人际环境。个人对职业的满意度、职业的稳定性与成就感都由个人的人格与职业特性之间的适配性决定。

大学生在选择职业时，要充分考虑到自身的特点，做出适合自己的职业领域选择。要选择职业，首先就要了解职业，了解职业的工作内容、知识要求、技能要求、性格要求、工作环境等，其次要了解自己的职业兴趣、能力和价值观等特质，这样才能做出科学的分析，找到与个人特质相匹配的职业。大学生可以通过霍兰德职业倾向测试来分析自己的职业兴趣，根据测试结果来确定自己的职业发展方向。

“人格类型论”认为，大多数人的人格分为六大类型，即社会型（S）、管理型（E）、艺术型（A）、常规型（C）、研究型（I）和现实型（R），如表 4—1 所示。[①] 不同的工作适合不同人格类型的人去做。只有认清自己的人格属性，才能确定自己适合做什么工作。

表 4–1　职业人格类型

类型名称	类型解释
社会型	为人热情，偏好与人交流沟通，人际关系好，乐于助人，喜欢参与解决大家共同关心的社会问题，渴望发挥自己的社会作用，比较看重社会义务和社会道德
管理型	乐观主动，激情外露，好发表意见，有管理才能
艺术型	主观感性，思维跳跃，创造力丰富，感情丰富

① 许勤，周焕月．大学生职业生涯规划与发展 [M]. 西安：西安交通大学出版社，2016：154−156.

续表

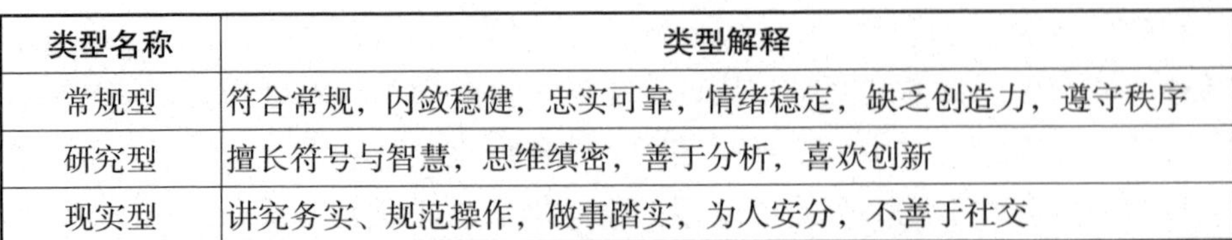

类型名称	类型解释
常规型	符合常规，内敛稳健，忠实可靠，情绪稳定，缺乏创造力，遵守秩序
研究型	擅长符号与智慧，思维缜密，善于分析，喜欢创新
现实型	讲究务实、规范操作，做事踏实，为人安分，不善于社交

社会的职业可以归为上述6种类型，相应地会有六种不同类型的人去从事这些职业。职业者如果选择的职业环境与职业兴趣相一致，他就能达到工作的最佳状态，其才能与积极性才会得以高水平地发挥。大多数人实际上都并非只有一种职业性向，如果他具有的两种职业性向是紧挨着的，那么他将会很容易选定这种职业；如果他的职业性向是相互对立的，这时多种兴趣将会驱使他在多种不同的职业之间进行选择，于是，他在进行职业选择时就会犹豫不定。

大学生在做职业生涯规划时，应对自己的兴趣做客观分析，尽量做到职业生涯规划与自身的兴趣爱好相结合，做到理性择业，寻求职业与个体的理想契合点。

（2）MBTI 职业性格类型测试。MBTI（人格类型量表）是由美国心理学家凯恩琳·布里格斯和她的心理学家女儿伊莎贝尔·布里格斯·迈尔斯基于瑞士著名心理学家荣格的心理类型理论以及她们对性格差异的长期观察和研究而形成的。该量表旨在衡量人们在信息搜集、决策制定以及日常生活等方面的性格类型，被认为是目前全球最著名和权威的性格测试理论。

MBTI 将人的性格分为四个维度，每个维度中包含两个相互对立的极。这些维度相对独立，各维度中的两个极总是呈现出相反的特征。MBTI 职业性格类型测试的具体内容如表4—2所示。

表4–2　MBTI职业性格类型

维度	相互对立的极	描述
注意力集中之处	外向（E）	注重外在世界，应注意外在事情而获得动力
	内向（I）	注重内心世界，因反省、感觉和意念而获得动力
获取信息的方式	感觉（S）	使用五官收集资料，强调事实，注重实际和具体观点
	直觉（N）	注重事物的可能性与关联性，看重事物的发展趋势

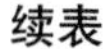

续表

维度	相互对立的极	描述
决策的方式	思考（T）	根据客观事实，倚重分析来做决定，注重公平原则
	情绪（F）	做决定时，从个人观点出发，重视个人价值、喜好和原则
对待外界和处世的方式	判断（J）	喜欢有条理地生活，实践计划时以目标为本
	知觉（P）	不介意突发事情，喜欢弹性生活，注重过程而非目标

这些维度和极的组合形成了16种不同的人格类型，每一种类型都在不同方面展现出独有的特征。MBTI通过深入剖析个体的性格差异，为人们提供了更全面、深入的自我认知，帮助他们更好地理解自己，选择更符合个性的职业和生活方式。因此，MBTI不仅是一种心理测试工具，更是一种指导个体发展、提升自我认知的有效手段。

3. 自身能力素质与职业需求相吻合

个体的能力素质是在工作中直接显现、与工作表现密切相关的相对稳定的个人特征，是在工作岗位上展现出的具体本领。每种职业都对个体具备一定的能力要求，因为不同的职业拥有各自独特的工作性质和任务。因此，在选择职业时，个体应当充分考虑自身的能力特长，确保所选择的行业和岗位与个人的能力相互匹配。如果个体在职业规划中不顾自身实际能力，盲目择业，很可能因为无法胜任岗位工作而面临职业困境。因此，正确的职业选择应当基于个体的优势和特长，以确保在所从事的职业中能够充分发挥个人的潜力。

能力素质指个体在职业生涯中的潜在雇佣价值，代表了从业人员在职业发展轨迹上需具备的多元化能力的集成展现。这包括在职业方面的知识和技能，以及在劳动力市场上所具备的价值。因此，个体在发展职业生涯时，不仅需要具备专业领域的知识和技能，还需要具备一系列基本的职业素质，以在竞争激烈的职场中更具优势。

个人的能力素质主要分为三个方面。首先是基本能力，包括沟通、信息交流、数学推理、思考和解决问题等。这些基本能力是职业活动中不可或缺的，对于有效地履行工作职责至关重要。其次是个人管理技能，包括积极的态度和行为、责任心、适应能力、持续学习以及安全工作等。这些管理技能直接影响个体在工作中的表现和职业发展。最后是团队技能，包括与他人

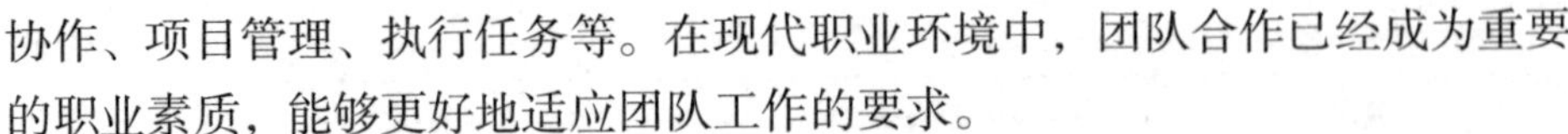

协作、项目管理、执行任务等。在现代职业环境中，团队合作已经成为重要的职业素质，能够更好地适应团队工作的要求。

不同的职业对于这些职业素质有不同的侧重点，因此个体在职业规划中应当有针对性地培养和提升这些素质。在不同的工作环境中，个体需要具备相应的能力素质，以更好地应对职业发展中的各种挑战。总体而言，个体应当在职业选择中认真思考自身的能力素质，确保所选职业与个体的实际能力相匹配，从而为事业的成功奠定坚实基础。

第二节　大学生职业生涯发展决策与规划书的拟定

一、大学生职业生涯发展决策

(一) 职业发展决策的基础理论

1. PIC 模型理论

PIC 模型理论，即排除理论，是在生涯决策理论与实践中产生一定参考与实践意义的理论框架。这一理论将职业发展决策划分为排除阶段（Pre-screening）、深度探索阶段（In Depth Exploration）和选择阶段（Choice）三个关键步骤，以指导大学生在职业发展过程中的决策。

（1）排除阶段。排除阶段是决策过程的起点，其目的在于从众多备选决策方案中筛选出较少且可操作的方案。这一阶段的操作步骤可以分为三个关键步骤：

第一，初定有可能的方案。这建立在个人对有关方面的偏好基础上，涵盖了个人的职业价值观、兴趣、能力、工作环境、培训时间、工作时间、人际关系类型等多方面。通过明确个人的优势和倾向，初步确定备选方案，为后续的决策提供基础。

第二，根据重要性排序。个人需要根据自身对备选方案的重视程度，对这些方案进行排序。这一步骤有助于在后续的决策过程中更有针对性地分配注意力和资源。

第三，排除不易操作的方案。通过将备选方案根据个人重视程度进行排序，决策者可以思考方案可接受的水平，并排除与个人偏好不符的方案，直至留下一定可操作性的“有可能方案”。

（2）深度探索阶段。深度探索阶段的目标是深入研究备选方案，找到不仅可能而且合适的方案，形成深度探索阶段的方案清单。在这一阶段，大学生需要考察自身是否能够满足备选方案核心层面的要求，同时要考虑自身的教育背景和实践经验是否能够支撑方案的实施。此外，还需考虑每个备选方案的先决条件，如相关的从业资格证书等。

（3）选择阶段。选择阶段是整个决策过程的收官阶段，决策者需要根据前两个阶段的分析，选择对自身最合适的方案。在这一阶段，大学生首先应关注第二阶段得出方案的特点，进行优缺点比较，考虑各方案之间的平衡，最终选择一个最符合自身需求的方案。同时，需要使用收集到的信息评估实现该方案的可能性。如果存在不确定性，建议回到前面的步骤，搜寻更多可能被认为是“次等的”但仍然适合的方案。

2. 认知信息加工理论

认知信息加工理论（CIP）是职业生涯选择和职业生涯发展理论体系中的一个非常重要的理论，“认知信息加工理论强调从信息加工的取向看待职业决策问题，即准确‘认知’到生涯选择的内涵是增进求职者职业选择能力的关键”[①]。认知信息加工理论是基于大脑在解决生涯问题和制定决策过程中如何处理信息和知识的理念而形成的理论框架。该理论强调大学生在关注职业生涯问题解决和职业发展决策时，需要关注思维、记忆过程，并将职业生涯规划过程看作是学习信息加工能力的过程。认知信息加工理论的核心观点包括金字塔模型和 CASVE 循环，这一理论在大学生职业发展决策中发挥实际作用的原因主要体现在三个方面：知识领域的完善、生涯决策的改进以及元认知技能的提高。

金字塔模型的底部是知识领域，涵盖了自我认知和对外界的认知。大学生需要了解自身兴趣、性格、技能、价值观等，并对工作世界有充分认知。这一底层的知识领域相当于计算机的数据文件，需要在日常学习和生活中进行存储。没有全面准确的自我认知和职业知识，就难以作出合理的职业决策。

金字塔模型的中间层是决策技能领域，包括信息加工的五个阶段：沟通、分析、综合、评估和执行，构成了决策的 CASVE 循环。在这一层，大学生通过加工信息，进行决策，形成对职业发展的理解和计划。决策技能领

① 汪恭敬 . 认知信息加工理论视阈下大学生职业决策困难成因及对策 [J]. 巢湖学院学报，2021，23(05)：157.

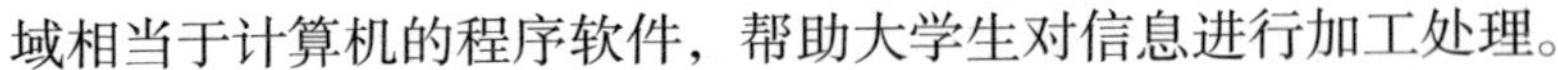

域相当于计算机的程序软件，帮助大学生对信息进行加工处理。

金字塔模型的最上层是执行领域，即元认知，包括个人对自身认知过程及结果的知识、体验和调节。这一领域涵盖了个人对自身思维活动和学习活动的知识，对自我的觉察以及对认知活动的过程和结果的监督控制。在执行领域，大学生对前两个领域的状况进行监控和调节，相当于计算机的工作控制功能，操纵计算机按指令执行程序。

在认知信息加工金字塔中，知识领域、决策技能领域和执行领域三者相互关联，形成一个完整的信息加工系统。这一系统中，知识领域为基础，决策技能领域为加工处理，执行领域为监控调节。这三个领域的协同作用有助于大学生在职业发展中更有针对性地进行信息加工和决策制定。

3. 丁克里奇职业发展决策风格理论

丁克里奇职业发展决策风格理论将个体的决策方式划分为八种类型，每一种都在不同程度上影响大学生在职业选择上的表现。这八种决策风格为烦恼型、冲动型、直觉型、拖延型、宿命型、顺从型、瘫痪型和计划型。

第一，烦恼型。烦恼型的大学生倾向于过度收集信息，并在使用这些信息时过于担心，花费大量时间比较选择却难以作出决定。他们往往陷入信息过载，导致犹豫不定。这种情况可能是由于情绪和非理性观念的干扰，因此需要深入思考是什么情绪和观念让他们犹豫不决，以便更好地解决决策问题。

第二，冲动型。冲动型的大学生容易迅速选择第一个看似容易实现的职业目标，而不再考虑其他选择或进一步收集信息。这种决策方式带有较大的风险，因为可能导致在有更好选择时后悔的情况发生。因此，决策前应更加慎重考虑，避免盲目行动。

第三，直觉型。直觉型的大学生则更倾向于将自己的直觉感受作为决策的依据。在获取信息较为困难的情况下，这种决策方式可能比较有效。然而，由于其可行性和规划的延展性可能不符合实际，容易受到自身偏见的影响，因此需要调整决策风格以更好地适应职业选择的需求。

第四，拖延型。拖延型的大学生则表现出时间观念较差，不断推迟决策，直到最后一刻才作出决定。这种决策方式会导致问题变得更加难以解决，因此需要注意及时作出决策，避免问题积压。

第五，宿命型。宿命型的大学生则倾向于不愿意自己作决定，将权利交给他人或命运。他们认为无论做何种选择，结果都是一样的。这种心理状态通常较为无助，容易成为外部环境变化的受害者。这类大学生需要主动面对决策问题，寻求帮助或鼓励，从而更主动地塑造自己的职业未来。

第六，顺从型。顺从型的大学生过于依赖外界的指导，虽然想作决定，却无法坚持己见，往往屈从于他人或跟随大多数人的决定。这种决策方式可能在群体中获得安全感，但会忽略自身独特性，导致决策结果不适合未来职业发展。因此，需要更加自主地思考，坚持自己的观点，确保决策符合个体的长期发展需求。

第七，瘫痪型。瘫痪型的大学生在面临决策任务时常因压力而过于焦虑，担心决策结果，不愿负责。他们选择停滞不前以逃避作决定。这种心理可能与成长过程中的家庭教育和行为培养方式有关，因此需要认识并克服这种焦虑，勇敢面对决策任务。

第八，计划型。计划型的大学生被认为是八种决策类型中最理想的。他们能够准确、全面地陈述自己对职业目标的选择标准和依据，作出适当且明智的决策。这种类型的大学生会意识到决策对个人职业生涯发展的重要性，积极地收集职业信息，并可能使用标准化决策模型来主动解决问题。他们会根据情况动态调整选择，表现出较强的决策能力和职业规划意识。

4. 克朗伯兹的社会学习理论

美国职业生涯规划大师约翰·克朗伯兹把社会学习理论引入职业生涯辅导领域，并提出：个人的社会成熟度在很大程度上依赖于对他人行为的学习和模仿，并由此决定了他们的职业导向。

(1) 影响个人职业生涯的因素。克朗伯兹认为，职业发展过程错综复杂，受许多因素交互作用的影响，其中主要有四种因素影响个人职业生涯决策：

第一，遗传素质和特殊能力。个人得自于遗传的一些特质，在某些程度内限制了个人对职业或学校教育选择的自由。这些因素包括：性别、外在的仪表和特征等。某些个人的特殊能力也会影响其在环境中的学习经验，伴随这些学习经验而来的兴趣与技能，与个人未来的职业选择将具有相当密切的关系。个人的特殊能力包括：智力、音乐能力、美术能力、动作协调能力等。

第二，环境条件与特殊事件。即个人所接受的教育与训练、家庭背景、社会政策、社会变迁等非个人所能控制的因素，以及个人职业选择的具体领域等。家庭背景则包括父母所从事的职业及社会经济地位、父母的教育水准，以及家庭结构、父母期望等因素。

第三，学习经验。每个人有独特的学习经验，这在决定其职业生涯的路径时扮演重要的角色作用；凡是成功的职业生涯规划、职业生涯发展和职业或教育所需的技能，均能够通过学习经验而获得。

第四，工作定向技能。即在上述各种因素的交互作用下，个人所获得的解决问题的技能、工作习惯、认知过程、情绪反应等，这些又会影响其他各项因素。

(2) 影响因素之间交互作用的结果。个人在四种因素及其交互作用的影响下，通过经验的累积与提炼，产生如下结果：

第一，自我认识的形成。这是指对自己各种表现的评估与推论，包括成就、兴趣、爱好、职业价值观等。评估的参照对象，也可能依据其他人的表现。他们均是学习的结果，亦为职业选择的关键。

第二，世界观的形成。同样，基于自己的学习经验，个人也会对环境及未来的事物作出评估与推论，特别是在职业的前途与展望方面。

第三，工作定向技能。包括适应环境的认知、操作能力与情感反应，以及自我评估与对未来事件的预测能力，其中与职业选择有重要关系的则包括价值观念的澄清、目标的决策、寻找不同的解决途径、收集资料、预测、计划等。

第四，行动。个人综合以前所有的学习经验、自我与环境的推论，以及具备的各种能力，并将这些引入到未来事业发展的途径。

(二) 职业发展决策的根本原则

1. 社会需求原则

大学生在进行职业发展决策时，必须将个人兴趣与社会需求有机结合，以社会需求为出发点进行决策，确保所选择的职业路径具备可行性和发展性。这一原则被视为职业决策的基础，是确保个体职业生涯与社会脉搏保持同步的关键。

在当代社会，经济、科技、文化等各个领域都在不断发展和变革。因此，大学生在作出职业决策时应当充分考虑社会需求的变化。一些传统行业逐渐受到信息化产品的冲击，这就需要大学生在决策时认真考虑社会对不同行业的需求趋势。随着科技的不断进步，一些新兴行业可能会更符合社会的需求，而一些传统行业可能需要重新定位或转型。

以社会需求为出发点进行职业决策，意味着要对当前社会的行业趋势、

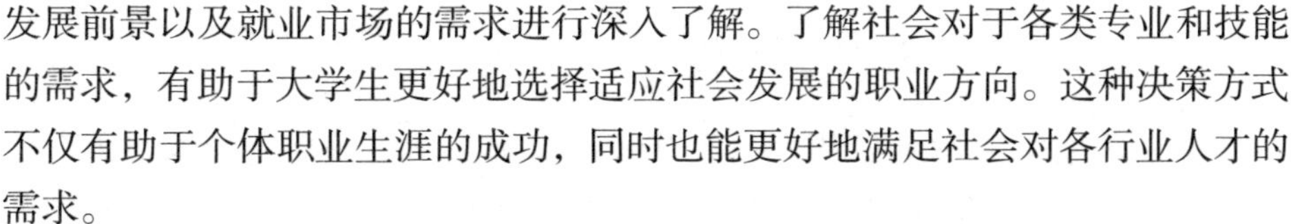

发展前景以及就业市场的需求进行深入了解。了解社会对于各类专业和技能的需求，有助于大学生更好地选择适应社会发展的职业方向。这种决策方式不仅有助于个体职业生涯的成功，同时也能更好地满足社会对各行业人才的需求。

在实际职业发展中，将社会需求纳入决策考虑，也有助于避免过度竞争和就业困境。选择与社会需求相契合的职业方向，意味着在就业市场上有更广阔的机会，更容易找到稳定的职业岗位。这样的决策不仅为个体带来了更好的职业前景，同时也有助于社会资源的合理配置，推动社会的持续发展。

2. 能力胜任原则

在职业发展决策过程中不仅要找到感兴趣的工作，更要找到擅长的工作。从事任何职业都要具备对应的职业技能，以便满足职业岗位的需要，同时也会让人有成就感。所以大学生在作职业发展决策时，要对自己已经具备或即将具备的能力有所了解，根据自己的能力来判断是否能够胜任这个职业，即使有的能力欠缺，也可以努力去提升。

3. 兴趣发展原则

兴趣被认为是最好的老师，因为在兴趣的驱动下，个体更容易将工作转化为动力，并在事业发展中保持持久的激情。在职业发展决策中，将兴趣发展原则纳入考虑，有助于实现工作的愉悦和事业的长期成就。

(1) 兴趣发展原则强调了选择符合个体喜好的职业方向。大学生在职业决策中，如果能够选择与自己兴趣相契合的职业方向，将更容易在工作中找到乐趣，愿意付出更多的努力。兴趣作为一种内在的驱动力，有助于激发个体的创造力和积极性，从而更好地适应职业发展的挑战。

(2) 兴趣发展原则并非要求所有决策都与个体的兴趣直接相关。有时候，大学生可能并不对所学专业或从事的工作产生浓厚的兴趣，但如果计划将其作为职业，就需要主动去培养和发展职业兴趣。这意味着个体应该在工作中主动寻找并体验乐趣，通过积极的态度去培养与工作相关的兴趣爱好，逐渐形成对职业的深层兴趣。

在职业发展决策中，个体不仅要关注自己喜欢的职业方向，更要注重在学习和工作中主动培养职业兴趣。这可以通过主动参与相关实践活动、深入了解行业动态、与职业人士交流等方式来实现。兴趣发展原则强调了个体在职业决策过程中不仅要满足自身的喜好，还要通过积极的努力去打磨和培养职业兴趣，使其与所选择的职业方向更加契合。

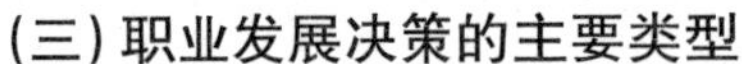

（三）职业发展决策的主要类型

在职业发展决策的过程中，决策者的决策类型对职业决策的结果产生显著影响。不同的决策类型将导致不同的决策结果。职业发展决策是指在考虑各种条件的基础上，通过一系列的活动作出目标决定，并制定最优个人行动方案以实现职业目标。总体而言，常见的职业发展决策类型主要有以下三种：

第一，确定无疑的决策，即所有的选择和结果都非常清晰、明晰。在这种情况下，决策者对每个选择的后果有充分的了解，决策过程相对简单明了。这种类型的决策适用于那些职业发展路径较为明确，后续步骤较为明晰的情境。例如，某些行业的职业发展路径相对规范，职业晋升的条件和标准都比较明确。

第二，有一定风险的决策，即每种选择的结果并不能完全确定，但可以在一定程度上了解可能会有什么样的结果。这是生活中较为常见的决策类型，决策者能够获取一定的信息，对不同选择的风险和潜在结果有一定了解，但无法确切预测。在职业发展中，这种类型的决策更为常见，因为职业发展过程中会受到外部环境、市场变化等因素的影响，使得未来的结果不确定性较大。

第三，不确定的决策，即对于有哪些选择、各种选择会产生什么结果，几乎完全不清楚。这是一种较为复杂和风险较大的决策类型，决策者在面临多种选择时难以获取充分信息，对各种选择的后果了解甚少。在职业发展中，这种情况可能出现在新兴领域或快速变化的行业中，决策者需要面对未知的挑战和变数。

在生活中，大多数决策往往属于第二种类型，即有一定风险的决策。这意味着决策者需要在不完全确定的情况下作出决策，通过搜集信息和做出一定的预测来降低决策的风险。而当面临不确定的决策时，决策者可以通过积极搜集信息的方式，将其转变为有一定风险的决策，从而更好地应对职业发展中的不确定性。

（四）职业发展决策的基本步骤

大学生职业选择决策的具体过程主要是在自我认知、职业认知的基础上，通过分析专业、职业选择、职业定位、行业与职业外部环境需求与机遇

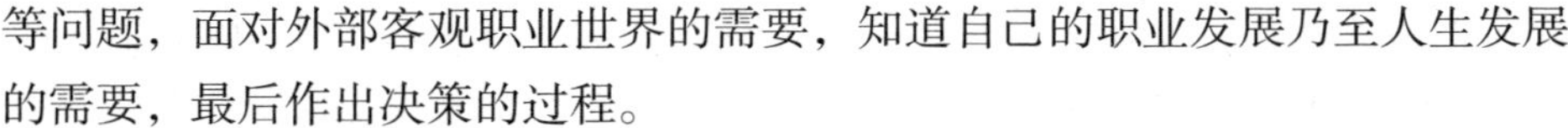

等问题，面对外部客观职业世界的需要，知道自己的职业发展乃至人生发展的需要，最后作出决策的过程。

1. 界定问题

在职业发展决策的过程中，界定问题旨在帮助决策者认识自我，明确个人的职业目标，并在此基础上制定实现这些目标的详细计划。对于大学生而言，这一步骤不仅关乎个人的发展规划，更是培养职业决策意识的关键。只有通过深入思考，认清自身优势与不足，才能更加明晰地设定职业目标，并建立实现这些目标的有效路径。

（1）大学生应该注重激发自我职业决策意识。这意味着个体需要认识到职业决策对于个人发展的重要性，避免盲目跟随他人的选择，而是根据自身情况和兴趣作出独立的决策。培养这种意识不是一蹴而就的过程，而是需要从大学低年级开始逐步引导。通过相关的课程、咨询以及实际经历，学生逐渐认识到职业选择对未来的深远影响，进而形成对个人发展的自主认知。

（2）大学生还应该关注个人的身体、心理、兴趣和能力等多个方面的特点，以便更好地确定职业方向。过早确定职业目标有助于学生更有目标性地安排学业，提前规划相关实践活动，从而为未来职业发展打下坚实基础。

（3）参与学校组织的相关课程和活动。通过课堂学习、与生涯导师的互动、职业人物访谈等活动，学生可以深入了解所学专业的实际应用和未来职业方向。与专业教师的交流不仅有助于理解专业领域的职业定位，同时也为建立与教师的良好关系提供了契机。

2. 拟订行动计划

职业发展决策的第二步是拟订行动计划，这一步骤旨在收集与目标相关的信息资料，明确个人需求目标，思考可能实现这些目标的各种行动方案，并规划实现目标的详细流程。在这一过程中，决策者需要面对可能存在的决策风险，即由于多种不确定因素而导致决策无法达到预期目的的可能性及其潜在后果。

（1）拟订行动计划需要充分收集与目标相关的信息资料。这包括个人所选定的职业领域的行业趋势、未来发展前景、相关技能要求等方面的信息。通过深入了解目标领域的现状，决策者能够更清晰地把握自己的定位，合理制定职业发展目标。这一步骤的关键在于信息的全面性和准确性，因为只有基于充分的信息，行动计划才能更具可行性和实效性。

（2）明确个人需求目标，思考可能实现这些目标的各种行动方案。决策者需要深入反思自身的优势和不足，明确职业生涯的长远规划，确立个人的发展方向。在这一过程中，了解自己的兴趣爱好、职业价值观以及个性特点是至关重要的。只有在明确了个人需求目标的基础上，决策者才能更加具体地制定出有针对性的行动计划。

在规划实现目标的流程时，决策者还需综合考虑行动的先后顺序、时间的合理分配以及可能涉及的资源投入。这需要在实际行动中保持灵活性，根据实际情况调整计划，确保整个流程的顺畅进行。决策者应该对可能遇到的挑战有清晰的认识，为行动计划的实施做好充分准备。然而，决策风险始终存在于决策活动中。决策风险是由于多种不确定因素的存在而导致决策无法达到预期目的的可能性。在职业发展决策中，同样需要警惕决策风险。决策者不能因为害怕承担风险而拖延决策，也不能因为总会有风险而莽撞地作出决定。因此，在拟订行动计划时，决策者需要在充分了解情况的基础上，审慎评估可能的风险，制定相应的风险缓解策略，以确保决策活动的成功实施。

3. 澄清价值

职业发展决策的第三步是澄清价值，这一步骤的关键在于界定个人的选择标准，明确自己最渴望实现的目标，以此作为评量各项方案的依据。

首先，澄清价值要求决策者明确个人的核心价值观和职业理念。个人的核心价值观是指在人生中最为重要、最为尊重的信仰和原则，而职业理念则是对于工作和事业的基本信仰和追求。决策者需要深入反思自己的内心，了解自己对于工作和生活的真实期望，找到内在的驱动力和追求的价值。通过澄清核心价值观和职业理念，决策者能够更加明确个人职业发展的方向，确保所选择的方案与自身价值观的契合度。

其次，澄清价值还要求决策者明确个人在职业生涯中最为看重的因素。这可能涉及到对工作内容、薪酬福利、工作环境、个人成长等方面的权衡取舍。决策者需要根据个人的偏好和价值观，在这些因素中确定优先级和权重，以便更有针对性地选择适合自己的职业方向和发展路径。这一过程需要决策者对自己有深刻的了解，避免盲目跟风或被外部因素左右。

最后，澄清价值要求决策者制定明确的职业目标和发展计划。明确的职业目标是对个人职业发展的具体期望和追求，而发展计划则是为实现这一目标所制定的详细行动方案。通过设定明确的职业目标，决策者能够更加有针对性地筛选和评估各项方案，确保所作出的决策符合个人的职业规划和长

期目标。

在整个澄清价值的过程中，决策者需要时刻保持对自己内在需求的敏感性，不断反思和调整个人的价值体系。这有助于确保决策过程中的选择更加符合内心的期望，避免走上违背个人价值观的职业道路。澄清个人的价值观和期望，为职业发展决策提供了清晰的指引，使决策者更有信心和决心朝着个人理想的方向前行。

4. 找出可能的选择

找出可能的选择，即广泛收集资料，估算个人对于每个行动方案的喜好程度。在这一步，大学生应及时完整地收集有关职业决策和职业发展的信息，从而充分认识职业社会，还必须意识到职业决策是一个循环的过程，它贯穿于整个在校学习期间。

5. 评估各种可能的选择

评估各种可能的选择即依据自己的选择标准和评分标准，逐一评价各种可能的选择，选择其中的一个方案执行。在这一步要注意通过信息收集、自我评估及实际的规划制定过程来不断检验，从而对于决策结果及时做出调整。

6. 为职业发展决策做减法

在职业发展决策的过程中，为决策做减法是至关重要的一步，它要求决策者系统地删除那些不适合的方案，最终选择其中的最佳方案。这个步骤对于大学生而言，需要具备较强的心理素质和积极的生活态度。

(1) 为决策做减法要求决策者在众多方案中进行深入的筛选和比较。这意味着决策者需要全面了解每个方案的优劣势，充分考虑方案的可行性、实施难度、与个人目标的契合度等因素。在这个过程中，决策者需要对每个方案进行详细的调研和评估，确保在众多选项中留下的都是符合个人职业发展规划的备选方案。

(2) 为决策做减法需要决策者保持积极向上的心态。在大学生活中，面对各种选择和决策，可能会产生一定的压力和困扰。因此，决策者应该培养乐观开朗的生活态度，学会灵活应对生活中的困难和挑战。积极的心态有助于决策者更加冷静客观地对待各个方案，不被负面情绪左右，为决策提供更为清晰的思路。

(3) 为决策做减法还需要决策者善于沟通和寻求帮助。在决策的过程中，决策者可能会遇到一些难以解决的问题或疑虑，这时及时与家长、老师或朋

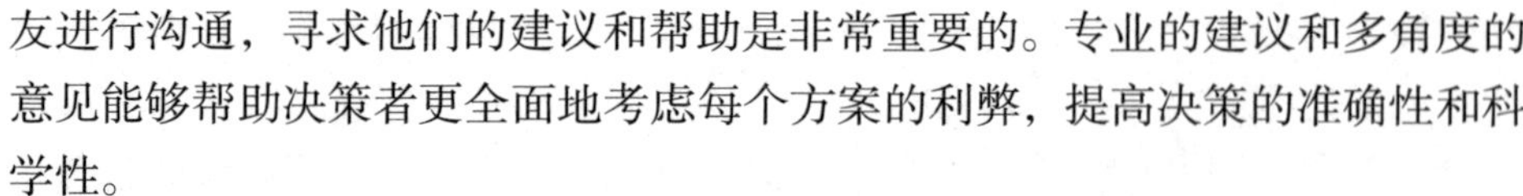

友进行沟通，寻求他们的建议和帮助是非常重要的。专业的建议和多角度的意见能够帮助决策者更全面地考虑每个方案的利弊，提高决策的准确性和科学性。

7. 开始执行行动方案

开始执行行动方案，以达成选定的职业目标。如若没有成功则可继续调整，采用其他可行的办法，做到随机应变。在这一步，要注意以下三点：

（1）对于特定的职业发展决策困难学会妥协。对于特定的职业发展决策困难，学会妥协是一种职业成熟的表现。根据职业抱负发展理论，职业抱负的形成经历两个关键过程，即范围限定和妥协。范围限定是指逐步排除不可接受的工作，从而建立一个“可接受领域”，即在文化允许的范围内确定可选的职业方向。而妥协则是个体为适应外部现实而放弃最优选项，调整期望的过程。因此，能够妥协不仅是对外部环境的适应，更是职业成熟和发展的标志。

在面对职业决策困难时，大学生应准备好在发展机会、人职匹配和社会期望三个方面进行妥协。在这三个方面，人职匹配对工作投入的负面影响最大，其次是发展机会的妥协，而社会期望的妥协对工作投入的影响相对较小。因此，在职业决策中，首先应考虑职业是否与个人的兴趣、技能和知识等相匹配，其次是对工作未来发展机会的妥协，而他人和社会的期望则只作为参考因素。

建议在妥协的过程中，首先是妥协他人和社会的期望，因为过度迎合他人观点可能导致职业不满和投入度下降。其次是妥协工作未来的发展机会，因为职业生涯的长远发展更需要灵活性和适应性。最后，考虑人职匹配，确保所选择的职业更符合自身的特长和兴趣。

（2）勇于为自己的选择负责任。勇于为自己的选择负责任是决策过程中的一种必然要求。在大多数决策中，无法获取全部信息，总存在一些需要进行预测的未知因素，同时也伴随着一定的不确定性和风险。因此，做决策就等同于接受风险，肩负起决策带来的后果，为自己的选择负起责任。

在决策中，需要认识到每个选择都可能伴随着风险和不确定性。在决策时，可能无法预测所有的结果，但可以通过对可能性的估计和风险的评估来做出理性的决策。即便尽最大努力去减小风险，依然可能面临失败的可能性。然而，这并不是决策的失败，而是一种探索的过程。因此，决策者需要为每一个选择负起责任，包括其所带来的风险和可能的后果。

勇于为自己的选择负责任不仅仅是对决策的结果负责，也是对整个决策过程负责。在决策前，需要充分调研、分析，尽可能全面地了解局势，以便作出明智的选择。在决策中，需要坚持自己的底线，同时也要敢于冒险，去追求更高的目标。而在决策后，不论结果是成功还是失败，都需要勇于承担决策的后果，不抱怨环境或他人，而是不断总结经验教训，为未来的决策积累经验。

（3）要学会应对未知的焦虑。在生涯决策的过程中，常常会遭遇未知的情境，而人在面对未知的未来时，很容易感到一种焦虑的情绪。对于这种未知的焦虑，我们需要学会应对，因为这是一个非常正常的心理状态。举例而言，比如一个学生决定要考研，但在考研的过程中并不能确定是否能够成功，这时就需要主动面对自身的焦虑情绪。如果这种焦虑已经到了影响正常生活和学业的程度，那么就有必要考虑寻求专业的帮助。

在应对未知的焦虑时，一个有效的策略是对自己进行深入的思考和自我了解。通过认真思考自己的兴趣、优势、目标，可以更清晰地制定未来的发展方向，减少不必要的焦虑。对于职业发展来说，可以参加职业规划的课程或活动，进行职业测评，以更好地了解自己适合什么样的职业方向。

另外，积极寻求专业的帮助也是很重要的一步。当个体的焦虑达到一定程度，已经影响到正常的生活和学业时，及时找到专业的心理咨询师或心理医生，进行深度沟通和治疗，有助于解决内心的困扰。专业的帮助可以提供科学的心理辅导，帮助个体更好地理解和应对未知带来的焦虑。

（五）职业发展决策的科学方法

1. SWOT 分析法

SWOT 分析法是由哈佛商学院的安德鲁斯教授提出的，主要用于企业中长期发展策略的制定。近年来，该分析法在职业发展决策、管理、营销等领域得到广泛应用。对于大学生而言，SWOT 分析法被用于全面、系统、准确地研究其所处的情景，以便制定相应的规划、战略和对策。这一方法成为职业发展决策的有力工具，通过 SWOT 分析，大学生能够清晰地了解个人的优势和劣势，并评估不同职业道路的机会和威胁。

SWOT 分析法中，S 代表个体的优势（Strengths），W 代表劣势（Weaknesses），O 代表机会（Opportunities），T 代表威胁（Threats）。其中，优势和劣势属于内部因素，而机会和威胁则属于外部因素。因此，SWOT 分析法可分为两个部分：SW，主要用于分析个人的内部条件；OT，主要用于分析外部环境的因素。通过内外结合的方式，可以更有效地将个人的职业目标、个人条件和内外部环境结合起来。

这种分析方法在实际运用中表现出明显的科学合理性，为职业决策提供了主要依据。通过对个体内外因素的全面了解，大学生可以更加理性地对待个人发展，明确职业目标，制定科学可行的职业规划。SWOT 分析法的使用有助于个体更全面地认知自己，合理评估外部环境的影响，从而更好地作出符合个体兴趣和能力的职业决策。

SWOT 分析主要包括以下四步：

第一步：评估自身的优势和劣势。大学生首先应该根据个人的价值观、性格、兴趣和技能对自身进行全面的评估，以了解个体的优势和劣势所在。在这个过程中，可以利用职业测评软件获取更直观的分析结果。接下来，大学生需要努力发挥个人的优势，充分利用擅长的领域，同时致力于改善和克服劣势。这可能包括通过学习和培训提升相关技能，增强自身的竞争力。

第二步：找出自身的职业机会和威胁。机会与威胁都是并存的，不同的行业、公司、职位都面临不同的外部机会和威胁，这些机会与威胁在很大程度上制约着职业生涯的发展。找出这些外界因素，对于大学生找到一份适合自己的工作是非常重要的，因为这些机会和威胁会影响第一份工作和职业发展。

第三步：确立中长期职业目标。列出 5 年内的职业目标，对所期望的每一个职业目标进行 SWOT 分析，同时思考自己想从事哪一种职业，希望拿到的薪酬范围，等等，这些目标必须发挥出自身优势，与行业提供的工作机会相匹配。

第四步：论证职业目标的可行性。大学生在明确自己的职业目标后，需要制定一份具体的行动计划，结合 SWOT 分析中内外因素的优势与劣势，详细分析达到职业目标的可能性，分析为了实现每一个目标要做的每一件事，何时完成这些事。如果需要外界帮助，则要分析需要何种帮助和如何获取这些帮助。比如，分析技术职位需具备的业务能力和创新能力，要获得预期的报酬需要具备的相关职业素养、专业技能等，这就需要大学生结合自身情况进行探讨，并对职业计划和行动进行理性的分析。

2. 决策平衡单

在职业发展决策中，大学生常会犹豫应该取舍什么职业目标。

决策平衡单是一种有助于大学生分析每个潜在方案、详细整理和细致分析各种规划的工具，通过数据化的排序，直观地作出判断，确定应该选择哪个职业目标。CASVE 循环中的“评估”步骤可以通过决策平衡单来实现。

决策平衡单主要将决策的评估方向分为四个部分，即自我物质方面的得失、他人物质方面的得失、自我精神方面的得失、他人精神方面的得失。使用决策平衡单的具体步骤如下：

第一步，选择欲比较的发展目标，例如考研、求职公司、基层就业、出国等。

第二步，明确四个方面的具体内容。针对某一可供选择的职业发展方向，列出所有考虑因素，从对自己、他人等不同的角度，分析可能带来的得失以及这些得失是否可以接受其原因。

第三步，拟订各因素的加权分值。根据自身情况权衡各因素的重要性，设定 1—5 的权重系数，重要程度越高，分值越大。

第四步，为因素打分。因素的评分范围为 -5—5 分，对大学生越重要的因素，分数越高，反之越低。将分数填写在相应栏中，然后与权重相乘得出加权分数。

第五步，计算总分进行决策。将各选项的加权分数相加，得出总分。一般而言，总分最高的方案被认为是最优选择，但在实际操作中，大学生常常会因为某个因素对选择进行调整。

3. CASVE 循环

无论在人生规划的哪个阶段，CASVE 循环都是解决职业决策问题的良方，我们可以把 CASVE 循环当作生涯决策的一个经典例子。同时，CASVE 循环还是信息加工理论的核心观点之一，与金字塔模型一起组成了认知信息加工理论的核心观点。

解决职业生涯问题不是一件事，而是一个过程，即一个包括了五个步骤的 CASVE 过程。C 代表沟通（Communication），A 代表分析（Analysis），S 代表综合（Synthesis），V 代表评估（Valuing），E 代表执行（Execution）。在开始这五个步骤之前，大学生一定要对自我认知有较清晰的定位，对职业环境有较全面的探索。

第一步，沟通。职业发展决策的起始点在于沟通，这包括内部和外部沟通。通过这一步，大学生需要明确自己在不同阶段需要做出选择的具体情境，开始查找理想与现实之间的差距。

第二步，分析。在沟通的基础上，大学生发现了理想与现实之间的差距。在分析阶段，需要考虑自己的选择可能面临的各种可能性。这一步骤至关重要，但根据实际咨询案例，许多大学生可能简化这一环节，直接过渡到下一步，导致决策的基础不够牢固，失去了规划的实际意义。进行有效的分析需要聚焦于最核心的问题，即“以最终目标为主线”。建议大学生通过回答三个问题来明确最终目标：一是我最不愿意从事什么样的工作，过怎样的生活；二是我最期待的工作和生活状态是什么，家人朋友对这种状态有何看法；三是我最敬仰的人有什么职业目标。

第三步，综合。综合阶段主要是根据分析步骤获得的信息，设计出符合要求的解决方案，确定解决问题的具体方法。大学生通常对未来有许多设想，在深入分析后，可以得出多个与个人匹配的职业方向。综合的过程需要进行减法，对每一种方向进行发散性思考，最终将目标方向压缩到3—5个，以达到最有效的可行方向。

第四步，评估。评估是对综合出的目标进行详细评估和排序。大学生需要评估自己从事目标行业的适应性以及对家庭的影响，并按照优先顺序进行排序。

第五步，执行。无论目标如何制定，最终的实现都需要通过具体的行动。执行是 CASVE 循环的最后一步，前四步都是为了在执行中奠定基础。要实现职业生涯的成功发展，关键在于在执行阶段将所有规划付诸实践。在执行的过程中，需要制定切实可行的计划，并积极实践和尝试。在行动中，要不断评估设定的目标是否合理，是否符合实际情况；如果不是，就需要进行新的决策过程，再次回到沟通阶段，开始新一轮的 CASVE 循环，直到职业生涯中的问题得以解决。

职业生涯规划是一个动态变化的过程，CASVE 循环正是通过循环思考引导大学生不断发现问题、解决问题，达成最终目标。

4. 5W 归纳法

5W 归纳法也是职业决策过程中经常用的方法，在日常的学习生活中，可以通过依次回答 5 个问题，并通过答案的交集来进行生涯决策。

问题 1：Who am I？（我是谁？）这个问题旨在促使大学生对自我进行深入的反思，全面了解自身优势，客观清晰地认识个人的性格特征、特长和能力，以便更明确地确立职业目标。

问题 2：What do I want？（我想做什么？）这个问题旨在引导大学生清

晰地了解自己期望从事什么样的职业以及追求何种生活。尽管个人兴趣在不同阶段可能发生变化，但兴趣对职业发展具有重要的引导作用，因此可以根据兴趣确定职业发展方向。

问题 3：What can I do？（我能够做什么？）这个问题旨在引导大学生了解自己具备的技能和潜力，对个人能力进行考量。个人职业定位需要建立在自身实力和能力的基础上，而职业发展的空间则受制于个人潜力的大小。通过对潜在能力的考察，可以更精准地确定职业目标。

问题 4：What can support me？（环境支持或允许我做什么？）这个问题旨在引导大学生思考周围环境资源对个人发展的有利因素，包括政治环境、经济环境、法治环境、科技环境、文化环境、社交关系等。这样的综合考量可以为职业决策提供重要参考。

问题 5：What can I be in the end？（我最终的职业目标是什么？）这个问题旨在引导大学生通过对前四个问题的思考，形成可行的职业生涯目标，并通过目标来指导职业生涯规划的实施，确立个人职业发展的最佳方向。

二、大学生职业生涯规划书的拟定

(一) 大学生职业生涯规划书的内容组成

职业生涯规划书的实质是职业生涯规划的书面化和具体化，因而其基本内容应能体现职业生涯规划的一般过程，还要包括知己——认识自我，知彼——认识环境，定位与决策——对可能的职业目标和职业路径作出分析和选择，行动——制订具体可行的行动计划等几大部分。具体来说，职业生涯规划书主要由以下六部分组成：

第一，扉页。扉页包括题目、姓名及基本情况介绍等。这一部分为整个职业生涯规划提供了开端，通过清晰的题目和个人基本情况的介绍，为读者提供了初步了解和定位。

第二，职业方向及总体目标。这是职业生涯规划的纲领，因而是制定职业生涯规划的关键。目标的设定应包括短期、中期、长期和人生目标。在确立长期目标时，需充分考虑现实条件，做出慎重选择，以确保目标既具有现实性又有前瞻性。而短期目标则更为具体，对生活产生直接影响，是长期目标的具体展现。

第三，自我分析评价。职业生涯设计的有效性基于对自身条件和相关环境的深入了解。通过审视自我、认识自我，全面评估自身的爱好、特长、性格、学识、技能、智商、情商、潜力等，从而明确个人的职业兴趣、能力以及适合的职业方向。

第四，环境分析。职业生涯规划需要充分认识与了解相关环境，评估环境因素对个人职业发展的影响。分析环境条件的特点、发展变化情况，掌握环境因素的优势与限制。这包括对本专业、本行业地位、形势、发展趋势等方面的了解。

第五，行动策略。行动策略是制定实现职业生涯目标的具体行动方案，确保目标的实现。制定周详的行动方案，围绕短期和中期目标展开，落实具体措施，是实现职业生涯规划的关键步骤。

第六，评估与反馈。职业生涯规划需要帮助个人了解自己，正确评估自身能力和潜力，明确发展的预期目标。通过潜能评估，发现未来的潜力。同时，通过业绩评估和其他评价，明确自身在知识水平、管理能力、专业能力等方面的状况。通过对比自身条件、发展潜能、发展方向与环境提供的机遇和挑战，达到全面觉醒的目的。

（二）大学生职业生涯规划书的撰写过程

职业生涯规划书的撰写是一个个人根据自身特质和外部环境进行综合分析的过程，目的是明确职业发展目标并制定相应的工作、培训、教育等行动计划。虽然每个人的情况不同，但总体上，职业生涯规划书的写作方法有一定的共性，具备一定的章法。整个撰写过程实际上就是职业生涯设计的过程。

1. 目标定位

在职业目标定位阶段，应该注重以下方面：

依据客观现实：考虑个人与社会、企业的关系，确保职业目标符合实际情况。

比较鉴别：比较职业的条件、要求、性质，选择符合自己特长、兴趣、发展前途的职业。

扬长避短：注重主要方面，不追求十全十美的职业，而是着眼于个人优势。

审时度势：及时调整目标，根据情况变化灵活调整择业目标。

在这一阶段，可以记录对自己职业生涯影响较大的人的建议，以便更好地进行目标定位。

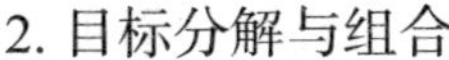

2. 目标分解与组合

完成目标定位后，需要为实现目标寻找发展策略和路径。这包括将总目标分解为若干小目标，然后在特定发展阶段对各方面的目标进行排列组合。这一阶段的核心是明确自身现状与目标之间的差距，找到缩小差距的方法，并形成初步方案。

3. 制订行动计划

行动计划即目标实现策略，是通过积极的具体措施和行动争取职业生涯目标的实现。在职业生涯规划书中，需要制订详细而切实可行的行动计划和策略方案，明确如何实现职业生涯发展目标。

4. 建立评估反馈机制

职业生涯规划是一个动态的过程，需要根据实际情况总结经验和教训，修正自我认知和对职业生涯目标的认定。为保障规划不至于虎头蛇尾，职业生涯规划书应该体现评估与反馈机制，包括：

（1）规定评估内容。自我认知评估、职业目标评估、职业路径评估、行动计划评估等。

（2）设定评估时间和周期。根据实际情况设定评估的时间和周期，确保及时调整。

（3）评估危险因素。识别可能出现的危险因素，并制定调整、修正和备选方案。

通过这个评估与反馈机制，职业生涯规划可以更加灵活和有效地适应个人的发展与外部环境的变化，确保规划的成功实施。这种系统而有序的撰写方法有助于大学生更好地规划自己的职业生涯，实现个人和职业目标的有机结合。

（三）大学生职业生涯规划书的常见格式

大学生职业生涯规划书有着多种常见格式，每种格式都有其独特的特点和适用场景。

第一，表格式。表格式的职业生涯规划书通常是简化版的，包含最基本的信息，如目标、实现时间、职业机会评估和发展策略等。这种格式可能仅相当于职业生涯规划书的计划实施方案表，或者仅仅是一个职业生涯目标列表。表格式适合用于日常提醒和警示，强调简洁明了。

第二，条列式。条列式的职业生涯规划书以简洁明了为特点，主要通过列举关键点的方式表述职业生涯的主要内容。尽管文字简练，但由于没有详细的材料分析和评估，其逻辑性和说理性相对较弱。这种格式适用于迅速了解职业生涯计划的基本轮廓。

第三，论文式。论文式的职业生涯规划书是最全面、详细的一种格式。它通过深入的分析和表述，全面展示个人的职业生涯规划，包括目标、优势、劣势、机会威胁分析（SWOT 分析）、行动计划等。这种格式具有清晰的逻辑性和说理性，适合用于对外展示和深度交流。

第四，复合式。复合式的职业生涯规划书将表格式和条列式综合在一起，部分模块内容可能以表格形式呈现，使得信息更为具体和直观。这种格式的职业生涯规划书兼具简洁性和一定的详细程度，适合那些希望在清晰度和信息充实度之间找到平衡的人群。

在选择适合自己的格式时，需要考虑自己的实际情况和需求。如果是用于日常提醒，表格式可能更加简便；如果是用于深入交流和对外展示，论文式可能更为合适。而复合式则提供了一种平衡两者的可能性。最终，选择何种格式要根据个人偏好和职业生涯规划的具体目的来确定。

（四）大学生职业生涯规划书的撰写要求

大学生职业生涯规划书是一份关系到个人未来发展的重要文档，其撰写需要符合一定的要求，以确保清晰、合理、具体。一份好的职业生涯规划书应能满足以下基本要求：

1. 资料翔实，步骤齐全

（1）多渠道收集资料。为了确保资料的全面性和准确性，大学生在撰写职业生涯规划书时应该通过多种途径收集信息。这可以包括进行访谈，摘抄相关报刊图书中的信息，以及通过上网下载相关资料。多渠道的信息收集可以为规划提供更全面的视角，确保不会因信息不足而影响规划的准确性。

（2）注明资料来源。在使用他人的观点、数据或研究结果时，务必注明资料的出处。这有助于提高职业生涯规划书的可信度，并表明作者对于信息的使用是建立在可靠基础上的。同时，注明出处也是对知识产权的尊重，展示了学术和职业操守。

（3）运用图表数据增强说服力。为了提高资料来源的说服力，职业生涯规划书的撰写中可以充分运用图表数据。图表可以使得信息更直观、易于理解，并能够更有力地支持观点。通过图表的使用，不仅可以提高规划书的专业度，还能够使读者更容易理解和接受所呈现的信息。

(4) 步骤齐全，确保系统性。撰写职业生涯规划书时，要确保步骤齐全，使整个规划过程更具系统性。为此，可以分为四个主要步骤：

第一，分析需求，分析条件及目标设定。在规划书的开篇，明确个人的需求、条件以及职业生涯的长远目标。这一步是规划书的基础，为后续步骤提供指导。

第二，分析阻碍和可行性研究。仔细分析可能会妨碍目标实现的因素，同时研究目标的可行性。这一步有助于规避潜在的问题，并提前制定解决方案。

第三，设计方案和提出 (改变) 计划。在确保对现状有深刻认识的基础上，设计实施方案，并提出或调整相应的计划。这一步是规划书的重点，需要全面考虑个人的优势、兴趣、发展方向等。

第四，制订详细的实施计划和措施。最后一步是将设计好的方案具体化，制定详细的实施计划和措施，确保规划不仅停留在理论层面，更能够付诸实践。

通过以上步骤的有机组合，职业生涯规划书将更具说服力和可操作性，为大学生未来的发展提供坚实的指导。

2. 言简意赅、逻辑严密

(1) 在写作中，语言应当朴实简洁，让读者能够轻松理解文字表达的内容。使用精练而准确的用词，避免过度繁琐的描述，让信息传达更为直接，增加文章的可读性。

(2) 规划书的行文应当流畅自然，避免过多冗长的修辞，使读者在阅读过程中能够得心应手。合理运用连接词、过渡句，使得各部分之间的关系更加紧密，整篇文章的结构更为紧凑。

(3) 确保文章的结构清晰有序，各个部分之间有明确的逻辑关系。可以采用层次分明的标题，或者明确的分段，使得读者能够轻松地跟随思路，理解论述的发展脉络。

(4) 职业生涯规划书的内容主要涵盖职业规划认识、自我剖析、专业认识、职业探索和目标制订计划等五个方面。在分析和阐述这些内容时，必须始终紧扣职业目标这一主线。职业目标是规划书的核心，其他内容都围绕这个中心进行展开。

(5) 在论述各个方面时，务必保持逻辑性和连贯性。每一部分的信息应

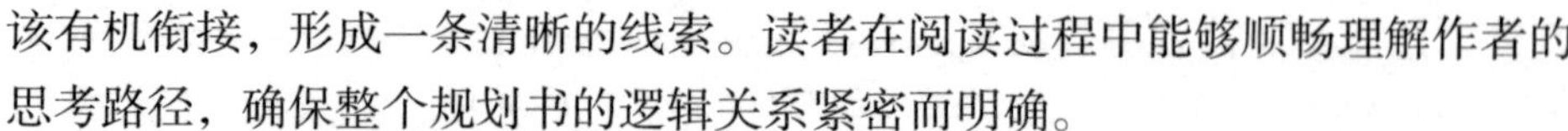

该有机衔接，形成一条清晰的线索。读者在阅读过程中能够顺畅理解作者的思考路径，确保整个规划书的逻辑关系紧密而明确。

（6）在详细阐述各个方面时，要将重点放在自我评估、环境评估以及目标实施上。这三个方面是规划书的关键，通过对自我和环境的深入分析，以及对目标的明确和实施计划的具体制订，展现规划书的科学性和可行性。

（7）明确强调职业生涯规划的科学性和可行性建立在对自我和职业的充分认识的基础上。只有深刻理解自身和所选择的职业，规划才能更加实际可行，为未来的发展提供坚实的基础。

3. 目标明确，合理适中

（1）职业生涯规划书应始终围绕中心论述展开，而这个中心就是明确而具体的职业目标。明确的目标使得规划书具有明显的导向性，读者能够清晰地了解撰写者未来的职业方向。目标的明确性不仅有助于自我认知，也方便他人理解与参考。

（2）职业生涯目标应避免过于理想化，务实而切实可行的目标更容易实现。在制定目标时，要考虑到自身的实际条件、优势与劣势，以及外部环境的因素。过于理想化的目标容易让规划失去实际指导意义，反而会造成迷茫与挫折。

（3）目标的设定应当与个人兴趣和优势紧密相连。“择己所爱”意味着在职业选择中要追求自己真正喜欢的领域，而“择己所长”则强调要发挥个人的优势与特长。目标的设定要体现出个人的独特性，使得在实现目标的过程中更能充分发挥自身潜力。

（4）在目标设定中，还需要考虑社会的需求与自身的利益结合。职业生涯规划不仅仅是个人发展的问题，还需要关注到自身的成就与贡献对社会的价值。因此，“择世所需”强调要选择与社会需求相契合的职业领域，“择己所利”则强调要在发展中获得实际的个人利益。

（5）目标的设定必须是确切可行的，要具备可行性和实现性。切实可行的目标不仅有助于提高个人的执行力，也让规划书在实际操作中更具指导性。避免制定过于宏大或无法实现的目标，注重目标的分阶段实现，使之更容易衡量与达成。

4. 论证有据，分析到位

（1）在撰写职业生涯规划书时，应深入了解相关的测评理论与知识。了解自己的性格特点、职业兴趣、技能水平等方面的测评结果，能够为制定科

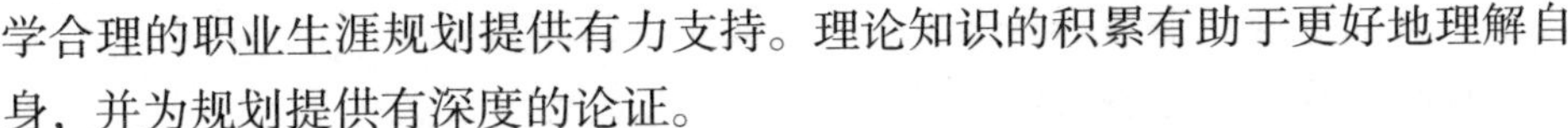

学合理的职业生涯规划提供有力支持。理论知识的积累有助于更好地理解自身，并为规划提供有深度的论证。

（2）认真审视个人的测评报告，并将其与自我认识进行对照。分析测评结果与自我认知的异同，深入挖掘其中的原因。这样的对比分析可以帮助发现自己在某些方面的盲点，为规划提供更全面的素材。

（3）通过对测评结果的分析，形成对自己更为准确深刻的认知，达到“知己”的境界。对自我进行全面深入的了解，能够为职业生涯规划提供坚实的基础。这种深刻的自我认知有助于更好地把握自身优势和劣势，为职业发展路径的选择提供明晰的方向。

（4）在论证中，对个人所处环境进行清晰的厘清是必要的。包括居住的地方、喜欢的地方、亲朋的意见等因素都会影响个人的职业选择。结合个人的最大兴趣，找出适合自己的工作条件，确保环境因素与个人兴趣、价值观相互契合。

（5）深入了解当前环境的各个方面，包括社会影响、家庭影响、学校因素、就业形势等。通过对组织环境、技术发展、经济兴衰、政策法规等社会环境的分析，为职业方向的确定提供充分的论证。说理要有据，层层深入，确保规划的科学性。

5. 格式清晰，图文并茂

（1）职业生涯规划书应当确保内容完整，包含对职业规划认识、自我剖析、所学专业认识、职业方向探索、目标与计划等五个主要方面的内容。各部分之间应当层次分明，主次有序，以确保读者能够清晰理解规划的整体框架。

（2）在规划书的排版上，应当遵循一定的格式，确保文字、标题、子标题等元素的排列有序，整体结构清晰。适当运用分段、编号、项目符号等排版技巧，使得信息层次分明，读者能够迅速获取重点信息。

（3）规划书的版面设计应当注重美观和大方，选择合适的字体和字号，保证整体风格统一。适当运用粗体、斜体等排版样式，以突出关键信息。行距和段距的合理搭配也是版面美观的关键因素。

（4）在规划书的设计中，可以适度增加一些创意元素，如插入图片、图表、引用名言等，以提高文档的吸引力。这些元素能够使规划书更具生动性，让读者更容易产生共鸣。

（5）规划书中的语言应当准确无误，要避免错别字和语法错误。通过仔

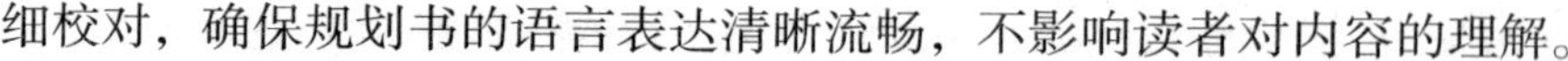

细校对，确保规划书的语言表达清晰流畅，不影响读者对内容的理解。

6. 分解合理，措施具体

（1）撰写职业生涯规划书时，目标的设定应该基于充分的理论依据。这意味着明确职业目标的同时，需要深入研究和理解相关的职业领域、市场趋势、自身优势等因素。通过理论依据的支持，确保目标的设定既符合实际情况，又具备可行性。

（2）目标的实现通常需要通过一系列有条理的路径。在规划书中，这些路径之间要有内在联系性，形成一个有机的体系。例如，通过教育路径提升自身能力，再通过实习或项目经验积累经验，最终达到职业目标。这样的路径选择应当合理衔接，确保一个阶段的成果能够为下一阶段的发展打下基础。

（3）时间的规划是实现目标的关键因素。职业生涯规划书应当在时间上实现并进和连续性，确保每一步都有明确的时间节点。这有助于形成紧凑而合理的时间框架，推动目标的顺利实现。分解目标和措施时，要注重时间上的合理分配，使整个规划具备可操作性。

（4）规划中的各项措施和路径不是孤立存在的，它们之间应该有因果关系和互补作用。每个步骤都应当为最终目标的实现做出贡献，并且相互之间能够形成良好的协同效应。这样的功能上的关联性能够确保整个规划是有条不紊的。

（5）职业生涯规划书中的目标和措施不仅仅应关注职业生涯发展，还应考虑到家庭生涯和个人事务。这意味着规划需要在全方位上进行组合，平衡职业目标、家庭责任和个人兴趣。这种多方面的涵盖性能够使规划更为全面和具体。

第三节　大学生职业生涯规划的具体实施与评价

一、大学生职业生涯规划的具体实施

大学生职业生涯规划的实施是一个有计划、渐进式的协调发展过程。它需要大学生妥善做好部署并积极行动起来。只有付诸行动，才有成功的可能。只有尽快行动起来，才能早日实现职业的目标。现在就要做起来，以积极的态度和行动，阶段性地向前推进，做好问题和困难的防范措施。

(一) 积极的态度和行动

大学生在实施职业生涯规划时的态度是其对周围环境所具有的一贯的、稳定的心理准备和既定的行动倾向。积极性是人类固有的一种本性，积极愉快的态度具有一种行动的动力性和调节性，能够促进职业生涯规划更好地实施。

1. 乐观的心态

乐观心态具有强大的力量，对待生活时若能持有积极态度，周遭的一切也将呈现出美好之色。拥有乐观心态，成功将不再是遥不可及的梦想。乐观的心态有助于引导个体更加理性、全面地审视问题，更加积极主动地解决问题，培养积极的处理能力。积极乐观的态度有助于唤醒个体内在的潜能，激发个体最大限度地发挥自身潜力去面对和解决问题，而非在问题面前畏首和退缩。

2. 良好的动机

良好的动机对于实施职业生涯规划至关重要。这种动机不仅使个体能够有效调整心态，更能够提高工作的积极性，从而在企业单位中展现出卓越的个人价值。在面对各种压力时，良好的动机能够将其转化为前进的动力，使个体更深入地学习、更出色地工作，从而在事业中取得更显著的成就。

3. 积极的行为

积极的行为是实施职业生涯规划的不可或缺的一环。行动被视为消除犹豫不决和拖延观望的有效良方，因为仅靠坚定的勇气和切实可行的行为，个体才能够克服职业发展过程中的各种困难，达成成功。对于大学生而言，拥有良好行为的人在面对困难时不仅懂得向教师请教，还能积极与同学共同探讨，充分吸纳各种建议并进行独立思考。在面对挫折时，他们能够自主解决问题，同时也愿意向亲近的朋友倾诉，寻求理解与帮助。因此，可以说心动不如行动，只有通过积极的行为，才能将职业生涯规划尽早地付诸实施，从当下开始，实现人生规划，使成功成为可能。

(二) 阶段性的目标推进

有了目标就要实现，目标的实现是所有职业生涯规划实施中最艰难的一个环节，因为这意味着个人要从美好的梦想设计中醒来，面对客观的现实条件并开始实际的行动；意味着要将动机转换成行动，否则动机始终是动机，而目标也只能停留在空想阶段。

1. 短期目标的推进

大学生职业生涯规划短期目标的实现主要是指在大学期间靠个人的自觉努力提升个人素质，为未来职业做好准备。

（1）大一年级的目标任务。在刚刚迈入大学的阶段，大学生应该积极参与学校组织的专业介绍报告会，并参加职业生涯规划知识讲座，以增进对人职匹配、职业选择等方面的职业生涯理论知识的了解。这一系列的学习活动不仅有助于提高对不同专业的了解，还能够为未来的职业决策奠定坚实的基础。

在大一年级，通过参与学校组织的专业介绍报告会，并参加职业生涯规划知识讲座等，大学生能够积极主动地投入到职业生涯规划的学习和实践中。这有助于他们建立对不同专业的深刻认识，了解职业生涯的基本理论知识，培养正确的职业观念，同时通过志愿服务和企业参观，积累实践经验，为未来更深入、更明晰的职业规划奠定坚实基础。大学生职业生涯规划的短期目标的实现，有助于提高个体对职业生涯的认知水平，为未来职业发展的长远目标打下牢固基础。

（2）大二年级的目标任务。这一阶段的任务旨在通过广泛的社会实践活动和实际经验的积累，为大学生提供更全面、深入的职业生涯认知，从而更有针对性地制定未来的职业规划。

（3）大三年级的目标任务。大三年级时认真总结前两年的学习情况和职业准备工作，并进一步完善职业目标，使之更加明确。这一阶段的目标任务旨在通过对过往学业和职业准备的反思，大学生能够更有针对性地认识自己的职业兴趣和优势，更清晰地了解职场的实际情况和发展趋势。这一阶段的任务旨在通过对过去学业和职业准备的总结，为个体提供更为具体和有力的引导，使他们在职业生涯规划中更加明晰和自信。通过对实际工作情境的了解、对就业政策的深入研究以及对个人求职技巧的训练，大学生能够更加顺利地迈入职场，为未来的职业生涯奠定坚实的基础。

（4）大四年级的目标任务。大四年级应掌握各种求职技巧，全面努力朝着职业目标迈进。这一阶段的目标任务着眼于毕业后的职业准备，旨在通过毕业实习和实际工作经验的积累，为个体的职业生涯打下更为坚实的基础。

2. 中期目标的推进

中期目标的推进是指大学生毕业后进入职场 5 年的阶段，这一时期扮演着承前启后的角色，为未来的进一步发展奠定基础。在实现中期目标的过程中，个体可能会面临职位和技术职称的晋升、业绩突出而获得加薪，或者在寻找适合自己的职业道路上遇到挑战，需要重新做出选择。这个时期被视为个体生命周期的转折期，因此在面对各种问题时，需要审慎思考和积极应对。

刚进入职场的大学生往往充满热情，工作业绩连连攀升，但在中期目标阶段，会面临职业生涯的危机和挑战。这阶段对于个体而言是关键的时期，既有巨大的压力，也蕴藏着新的发展机遇。在这个充满变化的时代，自我充电是至关重要的。通过参加职业培训、考取有用的职业资格证书，能够将工作经验与理论知识有机结合，为中期目标的实现提供有力支持。

在这一阶段，不仅需要提升专业技能，还需要培养独立思考和创新解决问题的能力。通过独立思考问题，个体可以更好地适应职场环境，寻找解决问题的最佳办法。同时，创新能力的培养也是关键，因为职场中经常需要面对新的挑战和问题，能够寻求创新的解决方案将使个体在职业生涯中更具竞争力。在这个时期，更新知识和技能是至关重要的。职业发展的需要要求个体随时跟上时代的步伐，适应行业的发展变化。通过不断参与学习，了解新的行业动态，个体可以更好地应对职业生涯中的各种挑战。参加职业培训不仅可以提高专业水平，还可以结交业内人脉，为个体提供更多的发展机会。

3. 长期目标的推进

一般地，职业生涯规划的长期目标主要是指大学毕业五年后的职业目标。长期目标要通过其他小目标的实现得以实现。

（1）从小目标做起。长期目标的实现要以中期目标的实现为前提，而中期目标的实现又要以短期目标的实现为基础。要实现职业生涯长期目标，就必须把每天的工作做好，当天的任务当天完成。按照目标分解的原则，在长期目标分解成许多的小目标以后，目标工作量就不会很大。只要层层分解、具体落实、各个击破，并且注意抓紧时间，就能轻松完成任务。

（2）发掘自身的潜能。即使是一个很平凡的人身上都有着巨大的潜能，潜能就像一座冰山沉入海面以下的部分，不容易被发现和注意。要实现职业生涯的长期目标，个人需要付出努力，更需要发挥出自己的潜能。那些被大家认为天才的人，他们为社会做出了许多突出的贡献，实际上是他们个人的潜能得到了充分的发挥。要想干出一番事业，实现职业生涯长期目标，就要发掘自身的潜能，并将其运用到工作中去。

(3) 克服职业高原现象。职业高原现象是指员工个人在职业生涯发展中，到了某一时期就会出现相对停滞，员工无法再沿着既定的管理或技术发展路径往上提升，员工在企业内的晋升空间、工作内容与工作责任出现相对终止的现象。

(三) 问题的识别与防范措施

前进的道路并非平坦大道，大学生应充分地认识职业生涯规划实施过程中遇到的问题和困难，懂得如何去防范。

1. 职业生涯规划实施中的问题

(1) 实际能力与自我期望值不符。大学毕业生刚刚踏入职场时，普遍怀抱着强烈的进取心，渴望展示自身才华，迅速取得卓越成绩，以赢得公司领导和同事的肯定。他们对自己和公司都设定了较高的期望，但由于个体能力有限，无法胜任许多工作，只能从事最为基础和简单的工作。这导致他们难以得到领导的关注，工作热情受挫，情绪变得消沉，甚至考虑寻找新的工作机会。

(2) 缺乏职业发展的明确方向。有些职业者在自我定位上存在一定困惑，未能准确发现自身优势，无法清晰认知自己的发展潜力和实际价值。个体在思考自身优势时，可能忽视了一些方面，如思考能力、文字表达能力、沟通技巧、大局观念和创新能力等。这些潜在优势经常被忽略，使得个体在30岁左右感到职业发展道路模糊不清，不知如何突破自身的瓶颈。

(3) 职业放弃倾向显著。毕业后踏入职场的大学生往往表现出频繁跳槽、工作不稳定、缺乏持久耐力的趋势，因此常受到企业对其职业道德素养的批评。这些毕业生很难在一个企业长时间工作，频繁更换工作，难以感受到职业成就感和工作乐趣，使得企业对其表现不满。

(4) 行动中的拖延现象。拖延行为对个体的职业生涯规划实施构成负面影响，行动迟缓，时间一久，小拖延会逐渐演变为大拖延，职业目标难以达成。有些人在行动前犹豫不决，过于谨慎，无法做出决断。他们花费过多时间在思考上，结果错失了许多行动的良机，事后懊悔不已。另一些人在行动时设置了过多的附加条件，过度准备，实际上也是一种拖延行为。

2. 职业生涯规划问题的防范措施

(1) 发扬持之以恒的精神。发扬持之以恒的精神对于大学生职业生涯规划至关重要。实现职业生涯目标不仅需要迅速采取行动，更需要展现出不畏艰难、持之以恒的毅力。职业规划的实现是一个渐进的过程，它需要具备勇往直前的心态，勇敢地面对各种困难，战胜各种挑战。真正有价值的事业都是通过不懈地努力获得的。实际上，在面临看似无法逾越的困境时，只要能够坚持一下，就会发现事情并没有我们想象的那么难。这就需要具备持之以恒的决心，即便在最困难的时刻，也能够坚持向前。当对一件看似不感兴趣的事情保持认真关注时，往往能够在其中找到许多意外的乐趣。持续关注并全心投入，事情的发展势必会逐渐变得更好。那些能够取得事业成功的人，往往都具备经得起挫折的品质，一次又一次地坚持不懈，最终走向成功，而非半途而废。职业生涯规划需要培养持之以恒的品质，因为只有坚持不懈，才能够克服困难，逐步达成设定的目标。像“蚂蚁搬家”一样，每一步的努力都是对未来职业成功的积累。同时，要有勇敢的心态，正视挑战，战胜困难。只有在持之以恒的过程中，能够发现事业的美好，并最终取得成功的成果。

立即采取行动是大学生职业生涯规划的关键一步。只有将想法迅速转化为实际行动，才能将计划具体化，使个体的才华得以真正展现。职业生涯规划旨在规划未来，考虑到不可能一切条件都事先具备，因此，立即采取行动的要义在于创造所需的条件以改变现状。尽管行动的结果可能未必达到预期的成功，但在行动的过程中必定会有所收获。

第一，关键在于从现在做起。一旦明确了当前应该采取的行动，就需要立即付诸实践。了解当前需要什么条件，就要尽快创造这些条件，同时在行动中不断解决可能出现的问题。面对问题要果断解决，遇到困难要毫不畏惧，这是走向成功的第一步。

第二，实施“今日事今日毕”的原则。职业生涯规划包括长期目标、中期目标和短期目标。短期目标又细分为年目标、月目标、周目标和日目标，这些目标之间相互联系、相互促进。要实现长期目标，必须从现在开始，量力而行，制定每天的工作目标，确保当天的任务得以圆满完成。

第三，正确估计形势至关重要。在实际行动中，真正成功的人往往是那些能够正确估计形势、作出明智决策并迅速采取行动的人。当面临困难时，他们有能力将问题具体化，清晰地认识所面临的挑战，并深入分析困难的原因。通过逻辑推理找到解决问题的方法，并迅速付诸实践。这种正确估计形势、果断行动的态度是成功的关键所在。

（3）认准努力的方向。计划和行动都是指向目标的，认准了目标，人们才能集中力量开始行动，懂得如何才能把自己的力量最大限度地发挥出来，达到理想的目标。人的力量不能白费，毫无目标的行动等于浪费生命，将时间耗费在无谓的事情上是不可能实现职业目标的。大学毕业生在职业生涯初期，最重要的是在企业里学到一些东西，对今后的职业发展有利。没有钱、没有经验、没有社会关系，这些都不可怕，而没有梦想、没有方向是非常可怕的。一个人找不准方向，就找不到出路，就会迷茫、恐惧。

二、大学生职业生涯规划的评价

在职业生涯规划付诸实施以后，应该及时地对实施情况作出评价，主要包括目标达成评价、能力提升评价和社会认可评价。

（一）目标达成评价

职业生涯目标达成评价是通过对所取得的工作成果与原定职业目标进行比较来评价目标的成就。

1. 目标的可实现性评价

目标无论大小，都应该保持可实现性。目标可实现性评价分为目标可实现的条件分析和目标实现的衡量标准两部分。

（1）目标可实现的条件分析。目标无论大小，都应保持可实现性。目标可实现性评价主要包括目标可实现的条件分析和目标实现的衡量标准两个方面。

首先，目标可实现的条件分析是关键。在现实中，人们总处在各种客观条件下，这些客观条件制约着个体实现理想。需要认真分析职业目标可实现的条件。对目标可实现条件的分析，应了解职业目标是否按照时间段得到很好的分解；在完成目标任务时是否获得足够的资源，并有效地对资源进行整合；在实施职业目标时有没有找到科学的方法和途径；在学校、家庭及朋友中有没有可供利用的资源；达成目标所要进行的工作是否明确；职业目标的设定和达成是否层层深入，是否符合个人的发展规律及能力水平；职业目标通过努力能否完成；职业目标是否符合现实情况；是否具有相应的手段来实现这一目标。

其次，目标实现的衡量标准也至关重要。在制定衡量标准时，需要明确目标实现的具体要求和标准，以便能够在实践中量化地评估目标的完成程度。通过对目标实现的衡量标准的明确，能够更好地制定策略，确保目标在现实条件下能够得以顺利实现。

（2）目标实现的衡量标准。目标是具体且可以量化的，目标有一定的数学内涵。有效目标的核心条件是设定量化标准和时间限制。

第一，量化标准。量化标准要求目标能够以数字形式明确定义，这些数字必须具体而准确。如果一个目标无法用数字描述，而是采用某种抽象形态，那么这种形态必须经过指标化。在考核目标时，质量和数量两个量化标准应当同时存在，这有助于使目标清晰明确，使工作成果能够容易被客观衡量。缺乏量化标准，企业将难以对个体的工作价值进行准确评估。

第二，时间限制。目标是梦想的有期限体现，任何目标都必须设定明确的完成时间。虽然大多数人能够制定目标，却时常忽略了其中最为重要的一环，即明确的“截止期限”。只有通过明确的截止期限，目标才能产生紧迫感，激发努力前行的动力。否则，工作往往会被一拖再拖，有可能 2 小时内能够完成的任务最终需要花费 8 小时才能完成。在设定目标的时间限制时，明晰的期限使个体深感紧迫，助力更为积极的工作态度。相反，若缺乏时间限制，工作容易被拖延，效率也可能受到不利影响。因此，目标的时间限制不仅为实现目标提供了有力的推动力，也使工作按时完成成为可能。

2. 目标的随时检查

在职业生涯规划的实施过程中，确保每个阶段的任务顺利完成是实现职业目标的关键。为了做到这一点，必须随时检查每个阶段的进展情况，及时发现并解决可能出现的问题，就像飞行员在飞机飞行过程中定期检查和修正航线一样。只有通过定期检查职业规划的实施情况，才能发现潜在问题，总结经验，并找出解决办法。

进入职场后，职业者会受到各种因素的影响，这可能导致职业目标的提前或延迟实现。在职业生涯规划的实施过程中，一些人为因素可能导致行动偏离目标，有时会发现制定的目标实际上并不切实际。在进行检查时，应该着重发现已经做得出色的方面，同时考虑是否存在时间浪费、行动效率低下的问题，以及在实施阶段性目标时是否采取了科学合理的措施。

定期的检查可以帮助确定是否朝着目标前进，并评估是否取得了预期的成功。此外，也需要审视每个行为的开展情况，检讨行为的效率，以及是否能够经常收集他人的各种反馈。记录每天的行动内容并检查行动效率，制约自己的行动，防范拖延现象，思考对策以扫除实现目标中的障碍，核对预

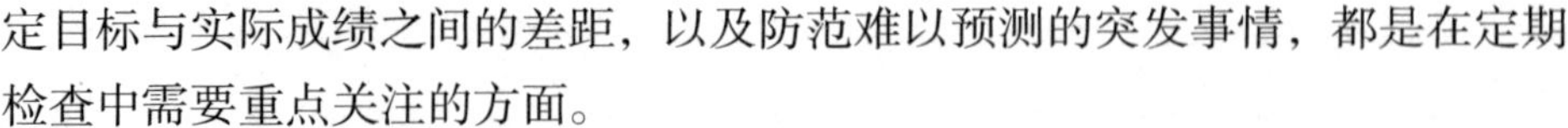

定目标与实际成绩之间的差距，以及防范难以预测的突发事情，都是在定期检查中需要重点关注的方面。

通过这样的随时检查，可以及时发现问题、调整行动方向，并确保职业规划能够正常实施。这种持续的自我审视和改进过程有助于保持职业生涯的稳健发展，使职业目标更加清晰和可行。定期检查不仅是对过去工作的总结，更是对未来发展的规划，有助于更好地应对职业生涯中的各种挑战和机遇。

3. 目标是否需要重新确定

追求高效的个体深谙在执行计划的同时，及时修正计划，而非僵守原有规划方案。规划虽然是一份静态的文件，然而在现实生活中，环境变幻无常，明白应对变化并及时调整，才能够达到更高的行动效率。职业生涯规划一旦制定，仍需在实施过程中不断进行修正，直至其演变为一份真正完善的计划。现代社会发展迅速，唯一不变的是变化。在实现目标的过程中，若遭遇未预料的变化，必须迅速作出反应，灵活调整规划以适应新的情境。

举例而言，若长时间未能找到理想工作，需要根据实际情况重新选择，重新审视职业生涯目标；若在实践中一直难以达成职业生涯目标，未能获得应有的晋升，导致个体长期感受到压抑和不如意，也应考虑对目标进行调整；如果个体的职业选择给家庭带来很多不便，或者受到家人的强烈反对，那么就需要考虑修改和调整个人的职业生涯规划目标。因此，必须对职业目标的实现情况进行检查，了解目标取得成功或失败的原因和过程，以明晰是否需要重新设定新的目标。在这个过程中，需要审慎考虑诸多因素，包括外部环境的变化、个体职业发展的实际情况以及目标是否仍然符合个体的价值观和期望。这样的审慎检查和反思是一个周期性的过程，能够在职业生涯的不同阶段为个体提供有针对性的调整，确保目标的持续合理性和可行性。

对于职业目标的重新确定，需要考虑个体所处的环境、外部压力、个人成长等多方面因素，而非仅仅因为遇到了困难就盲目地修改目标。同时，必须明智地平衡短期和长期的利益，确保重新设定的目标不仅符合眼前的需求，也与个体未来的发展方向相契合。总体而言，目标是否需要重新确定是一个慎之又慎的过程，需要深刻理解个体职业生涯的动态变化，以更好地实现个体的职业愿景和生涯目标。

（二）能力提升评价

在评价个人能力情况时，要按照社会对人才公认的要求，还应结合个人

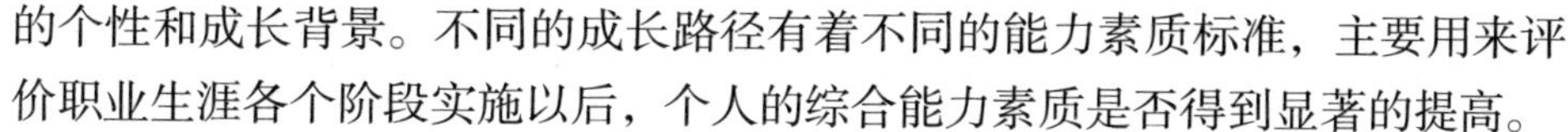

的个性和成长背景。不同的成长路径有着不同的能力素质标准，主要用来评价职业生涯各个阶段实施以后，个人的综合能力素质是否得到显著的提高。

1. 创新能力

创新能力是指在科学研究和实践活动中运用已掌握的知识和理论，不断产生具有重要价值的新理论、新观点、新发明和新创造的能力。具有创新能力的个体能够独立思考，拥有创新意识，能够主动参与并推动创新活动和创新工作。

对创新能力的评价在学习和工作两方面都有其独特的侧重点。在学习方面，评价应该关注个体对专业基础知识的掌握情况，包括其在课程中的学习成绩以及在综合测评中的排名。此外，对于创新能力的评价还应考察个体在学术研究和实践活动中的表现，包括其是否有及时钻研新知识的习惯，是否能够保持独立的思考方式，是否善于分析和研究，是否受到当前理论和观点的制约而缺乏创新意识和创新能力。

在工作方面，对创新能力的评价要求观察个体是否能够在实际工作中运用已有知识和经验，积极参与并推动创新工作。个体在工作中是否能够独立思考解决问题，是否能够提出具有独创性和实用性的新理念和观点，都是创新能力评价的重要方面。此外，个体对新技术、新方法的接受程度，是否具备学习和应用新知识的能力，也是创新能力评价的考察点。

在当今社会，人才的竞争实际上就是创新能力的竞争。由于不同学科和专业的差异，创新能力的体现方式也因人而异，因此在评价时需要根据具体专业和具体情况进行具体分析。总体而言，牢固的专业知识和技能是所有专业人才创新能力的基本共通条件。评价创新能力要全面考察个体的学术、实践和工作表现，确保评价的客观准确性。创新能力的培养不仅是对个体自身职业发展的要求，也是对整个社会和行业发展的促进，因此在评价和培养创新能力时，应注重个体学科专业的深度和广度，注重创新思维的培养和实际应用能力的提升。

2. 沟通和表达能力

沟通和表达能力是指通过书面语言或口头表达能够完整呈现个人思想观点，有效进行人际沟通和交流的能力。对于大学毕业生而言，拥有出色的沟通与表达能力至关重要。这不仅有助于在日常工作中巧妙处理与上司、同事、下属等各方关系，减少摩擦，还能调动各方面的力量顺利完成工作任务。在沟通方面，大学生应当与教师、师兄师姐、同年级同学以及师弟师妹等顺畅交流，从中获取多样经验和信息，积极分享个人感受和心得。此外，更进一步的是，要能够与亲朋好友保持密切友好关系，与他人建立融洽的互助关系。

对于沟通和表达能力的评价应当关注三个方面。首先，观察个体是否能够积极主动地与他人进行沟通，并愿意建立持续的联系。这种积极性不仅表现在日常工作中，更体现在解决沟通问题时是否努力克服困难，妥善处理冲突和矛盾，而非消极回避。其次，评价者需考察个体是否能够打破以自我为中心的思维模式，换位思考，从对方的立场出发，是否能够体谅他人。在这一过程中，是否能够灵活调整自己的观点和立场，做到真正地相互理解。最后，在听取别人意见后，评价个体是否能够根据实际情况及时调整自己，并积极回应对方。

沟通和表达能力的评价并非仅仅关注沟通的频率，更需要考察其质量和深度。个体是否能够理解并尊重他人的观点，是否能够有效地传递自己的思想，以及是否能够在沟通过程中保持冷静、理智，都是评价的重要因素。在评估沟通能力时，需要全面考察个体的言语表达、非言语沟通以及在复杂情境下的处理能力，以确保评价的全面性和准确性。

3. 组织管理能力

组织管理能力是指具有一定的组织管理水平，能承担领导任务的一种能力。它包括组织领导能力、应变能力和决策能力。

(1) 组织领导能力。组织领导能力是指领导干部为了企业的利益和实现企业的目标，通过运用一定的方法和技巧，将不同背景的个体组织在一个团队中，使其共同朝着同一个方向和目标努力奋斗的能力。这种能力的表现体现在以下方面：

第一，领导者的谦虚、自律和诚实待人。谦虚的领导者不仅展现出对团队成员的尊重，更能够在决策和执行过程中听取多元声音，不自恃一己之见。自律使领导者在工作中能够保持高效率，同时为下属树立了良好的榜样。诚实待人则构建了信任的基础，使整个团队形成健康的工作氛围。

第二，团结合作和构建高效团队的能力。领导者需要具备组织能力，将不同背景、不同层次的个体有效地整合成一个高效协同的团队。这需要领导者善于激发成员的工作潜力，合理分配资源和任务，使团队能够更好地完成工作任务。

第三，以身作则、尊重下属、体谅下属、鼓励下属。领导者的行为和态度对团队产生深远的影响。通过展现对下属的尊重和体谅，领导者能够树立积极的团队文化，并增强团队凝聚力。而通过鼓励下属，领导者不仅能激发团队成员的积极性，还能建立起一种共同奋斗的团队氛围。

第四，具备号召力，能够感染大家共同努力。领导者需要通过自身的言行举止，激发团队成员的热情和动力，使其自愿参与到共同的目标中。这种能力不仅使领导者在组织内赢得信任，更能够形成强大的凝聚力，推动整个团队朝着既定目标迈进。

第五，工作充满激情，敢于负责，不推卸责任。领导者在工作中展现出的激情和责任心能够激励团队成员，营造出积极向上的工作氛围。而敢于承担责任，不推卸责任的态度则体现了领导者的坚定决心和责任担当，赢得了团队的尊重。

第六，公平做事，奖惩分明，善于处理各种关系。领导者需要在处理与上司、下属以及同级之间的关系时保持公正，不偏袒，使团队成员感到公平公正。奖惩分明则能够树立起明确的行为规范，激发团队成员的积极性，提高整体绩效。

（2）应变能力。应变能力在企业中被定义为面对意外事件的压力时，能够快速做出反应并寻求合适措施，使事件得以妥善解决的能力，即应对变化的能力。一般而言，应变能力强的个体在外界环境或条件发生较大变化时，能够迅速进行调整，保证行动的有序开展。良好的应变能力体现在以下方面：

第一，面对困难和挫折理性处理。强大的应变能力使个体在面对问题时能够冷静思考，不被负面情绪左右，理性分析问题的本质和原因。在困境中能够清晰地制定解决方案，采取切实可行的措施，确保问题得到妥善解决。

第二，在面对复杂的情境时能够在正确的时间做出正确的选择。这包括了解状况、迅速判断形势，作出明智的决策。能够在紧迫的情况下冷静应对，不受外界压力干扰，作出符合整体利益的决策。

第三，正确认识和解决工作过程中所遇到的困难。强大的应变能力使个体能够客观、全面地了解问题，并通过科学方法解决问题。不仅能够解决眼前困境，还能够深刻理解问题根本原因，为长期发展提供更为全面的策略和方法。

第四，在变化中找到前进的方向。这包括明确目标，清晰认识自身在

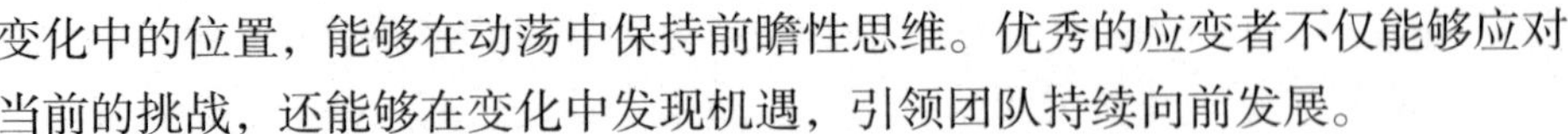

变化中的位置，能够在动荡中保持前瞻性思维。优秀的应变者不仅能够应对当前的挑战，还能够在变化中发现机遇，引领团队持续向前发展。

（3）决策能力。决策能力是指对某一事件做出决断、确定方向的综合性能力。它体现为调研、分析、策划、预测、判断及取舍的能力。大学生在面临职业选择时需要有理性的决策能力，决策能力可以应用于学业规划、职业目标选择及职业发展过程中。科学的决策需要理性思维能力的支持，具有决策能力的人善于利用当前有利的发展环境，抓住发展机遇，促进事业的发展。

第一，决策能力的核心在于对事件做出综合性判断。这种判断需要个体具备调研的能力，能够全面了解事件的各个方面。通过系统收集和整理信息，决策者能够对事件的背景、影响因素、可能的发展趋势等进行深入分析，为后续的决断提供充分的依据。

第二，决策能力要求在判断的基础上进行合理的策划。决策者需要制定可行的行动计划，明确目标和步骤。这包括对资源的充分考虑，明确实施过程中可能遇到的问题，并提前制定相应的对策。通过科学合理的策划，个体能够在实际操作中更好地实现决策的目标。

第三，决策能力的体现还包括预测和判断的能力。决策者需要具备对未来发展的预见性，能够通过对现有趋势的分析，合理判断未来可能发生的变化。这种能力使决策者在制定计划时更具前瞻性，能够更好地适应未来的变化。

第四，决策能力也要求在多个选择之间进行取舍。面对不同的选项，决策者需要权衡各种利弊，综合各种因素，做出最为合适的选择。这种取舍的能力需要决策者具备较高的分辨和判断能力，使其在复杂的情境中能够迅速做出决断，确保决策的有效性。

在大学生面临职业选择时，决策能力显得尤为重要。职业规划和目标选择需要个体对自身兴趣、能力、价值观等方面进行深入思考，调研不同领域的发展前景，制定科学合理的职业发展计划。通过良好的决策能力，大学生可以更加明晰自己的职业目标，更好地应对职业生涯中的各种挑战。

决策能力的发挥离不开理性思维的支持。理性思维是决策过程中的基石，能够帮助决策者对问题进行客观、深刻的分析，避免受到情感的干扰。科学的决策是在理性思考的基础上进行的，决策者需要具备清晰的思维逻辑和辨析问题的能力，以保证决策的准确性和有效性。

在企业环境中，具有决策能力的个体能够更好地应对外部环境的变化，灵活调整策略，抓住发展机遇。良好的决策能力有助于提高组织的应变能

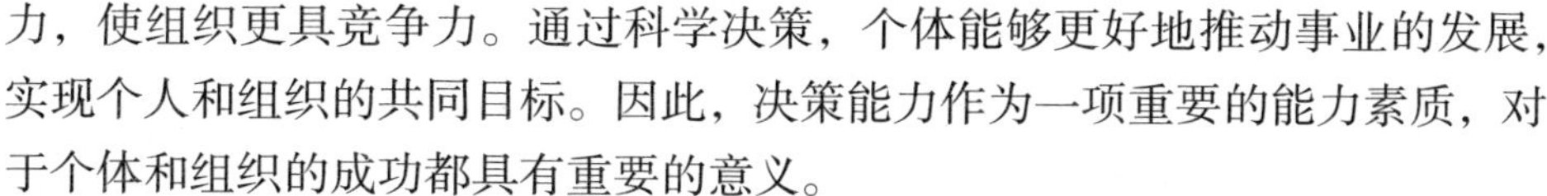

力，使组织更具竞争力。通过科学决策，个体能够更好地推动事业的发展，实现个人和组织的共同目标。因此，决策能力作为一项重要的能力素质，对于个体和组织的成功都具有重要的意义。

4. 其他能力

其他能力主要包括个人的知识结构、外语能力、计算机能力和实践动手能力。

一个具有比较丰富知识结构的毕业生需要具备广泛的文化素养。在专业知识方面，毕业生应当熟练掌握学科基础知识和专业领域知识，不仅要在广度上有所涉猎，更要在深度上有所积累。此外，毕业生还应具备与专业相关的公共基础知识，能够运用事实型与经验型知识来有效地完成具体工作任务。

外语能力是毕业生在国际化背景下备受重视的一项能力。具有外语能力的毕业生能够协助企业翻译外文合同和行业资料，获取国外最新信息，为企业领导提供全球市场的了解，拓宽视野。特别是在口译方面的能力，用人单位往往更加注重，认为这是应对全球化竞争的重要手段。外语能力的提升不仅使毕业生在职场中更具竞争力，同时也为企业的国际化发展提供了有力支持。

计算机能力作为一项基本素质，要求毕业生能够灵活运用计算机进行日常业务管理。这涵盖了业务流程设计、数据分析预测、试验研究以及文档处理等多方面工作。在当今信息化社会，计算机能力已经成为毕业生必备的核心竞争力之一。毕业生应当熟练掌握各种计算机应用软件，能够高效地进行信息检索、数据处理，为企业提供科技支持。

实践动手能力是指毕业生能够将理论知识与实际工作紧密结合，有效解决实际问题的能力。这是毕业生在职业生涯中不可或缺的基本素质。具备较强的实践动手能力使毕业生能够更好地适应工作环境，迅速上手并胜任各类实际工作任务。用人单位往往更加青睐具有实践经验的毕业生，认为他们更能够在工作中迅速产生价值。

（三）社会认可评价

目前，我国大学生就业方面的社会认可评价主要是根据用人单位对大学毕业生适应社会需要的程度进行的。社会认可评价通常可以从德、能、勤、绩、健等方面来展开。

1. 德

“德”在个人的素质结构中处于最高层次，对个人的发展具有引领和导向作用，主要包括以下方面：

（1）思想品德修养。思想品德修养作为德的一个重要方面，对于个人的发展和社会认可具有至关重要的作用。

第一，毕业生在思想品德方面应该保持较高的思想觉悟和理论水平。这意味着个人需要具备深刻的思考能力，理性地对待问题，不轻信谣言，保持对事物的敏感度和理解力。一个具有高水平思想品德修养的个体，能够更好地应对复杂多变的社会环境，理清头绪，做出明智的判断。

第二，个体在思想品德修养方面需要遵守党纪国法及各项规章制度，确保自己的行为符合规范。这是德的一种具体体现，表明个人具有良好的社会公民素养，能够在法律和道德的框架内进行行为，为社会的和谐稳定贡献力量。一个守法守规的人不仅能够维护社会秩序，也能够树立良好的个人形象。

第三，高尚的品格，如真诚、宽容、谦和、善良等，也是思想品德修养的体现。一个德行端正的毕业生，不仅在专业上有一定的造诣，更能以令人钦佩的品德展现自我。这种品格的表现会影响到与人相处的方方面面，建立起良好的人际关系。善良宽容的态度使得他们能够更好地协调团队关系，减少冲突，提高工作效率。在职业发展中，这种品德养成也为其赢得了同事和领导的信任，更易于在职场中脱颖而出。

思想品德修养高的个体不仅表现出高尚的品格，而且还展现出较高的智慧。美德是智力的最高证明。这是因为在复杂的社会交往中，需要辨别是非曲直、善恶得失，这就需要在道德标准和社会价值观的指导下进行理性思考。德行高尚的个体更容易做出正确的决策，避免走入道德和法律的歧途。一个人再有才华、再博学多才，若品德不正，将难以在社会中取得持久的成功。

（2）责任感和事业心。责任感和事业心作为德的另一重要层面，对个人素质和社会认可有着深远的影响。

第一，责任感和事业心的体现在于个体的爱岗敬业和乐于奉献。毕业生在职场中需要展现出对工作的热爱和专注，通过充分发挥自己的专业能力，为企业的发展贡献力量。这种爱岗敬业的态度不仅能够提高工作效率，还能够赢得同事和领导的尊重与信任，为个人职业生涯的成功奠定坚实基础。

第二，言行要符合职业伦理规范的要求，自觉履行岗位职责，全力以赴地完成工作任务是责任感和事业心的具体表现。在职业生涯中，毕业生应当遵循职业道德准则，不仅在表面言行上体现出对职业的尊重和认真，更要深刻理解并践行职业伦理规范。通过严格自律、履行职责，个体能够在职场中建立起良好的职业声誉，从而受到业界和同行的认可。

责任感的反映在家庭和社会中，体现在对父母的孝敬和家人的呵护。在家庭中，有责任感的个体不仅会关心照顾家人的生活需求，更能够担当起家庭责任，为家庭和谐稳定贡献一份力量。在社会中，对个人义务的全力以赴表明了个体对社会责任的认识和担当。这种责任感不仅是一种行为准则，更是一种精神境界，能够赢得社会的尊重和认可。有责任感的人会在面对困难和挫折时保持理智思考，采取正确的办法解决问题。这种冷静而果断的态度使得个体在复杂多变的职场中更容易应对各种挑战，取得成功。在职业生涯中，难免会面对各种压力和困难，而有责任感的毕业生能够坚守初心，保持对事业的热情，不畏艰难，努力克服困难，为个人和团队取得更大的成就。

（3）团队精神。团队精神作为德的重要组成部分，在毕业生的职业发展和社会认可中具有显著的价值。

第一，团队精神要求毕业生以包容和理解的态度对待周围的每个人。在职场中，个体需要与不同背景、经验的同事紧密协作，这就要求个体具备足够的包容性，能够理解并尊重团队中每个成员的特点和观点。这种包容性不仅有助于减少内部矛盾，更能够促进团队的和谐发展，为整体工作氛围创造积极的条件。

第二，团队精神强调顾全大局，自觉以集体利益为重。在职业生涯中，个体需要认识到个人的成功和团队的发展是相互关联的。有团队精神的毕业生不仅能够为自己的职业目标努力奋斗，更能够将个人的成就融入整个团队的发展中。他们能够主动为团队的共同目标出谋划策，以实际行动支持团队的长远发展，为团队的成功作出积极贡献。

第三，团队精神也表现为对团队业绩的荣誉感和骄傲。有着这种精神的毕业生不仅关注个人的表现，更注重团队整体的成就。他们对团队所取得的成功感到自豪，并将团队的荣耀当作个人的荣誉。这种荣誉感激发了个体更强烈的工作动力，使其在团队中展现出更高水平的工作热情和责任心。

毕业生在团队中展现积极的态度，承担起团队任务，不仅有助于团队的高效运转，更能够为个体职业生涯的成功打下坚实基础。通过与团队成员密切协作，毕业生能够汲取更多的经验和知识，提升自己的专业素养。同

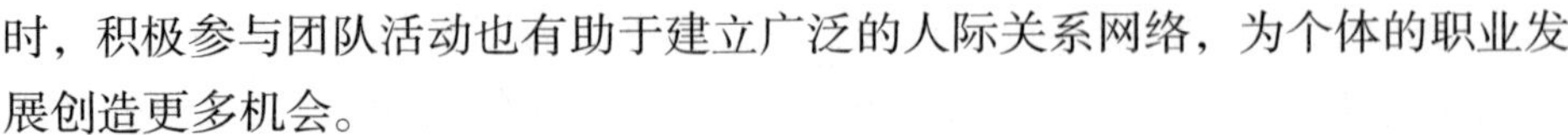

时，积极参与团队活动也有助于建立广泛的人际关系网络，为个体的职业发展创造更多机会。

2. 能

“能力”是指大学毕业生在履行岗位职责、胜任工作及取得工作业绩中所需具备的各种能力和素质。社会对大学毕业生的工作表现进行评价时，关注的焦点并不仅仅停留在个人素质和知识水平上，更加注重对实际工作能力和在社会中发挥作用的评估。一些用人单位提出了“五能”标准，即能想、能学、能干、能写、能说。

（1）能想是指毕业生应该具备良好的思维能力。在面对各种工作问题和挑战时，毕业生需要具备清晰而独立的思考能力，能够迅速分析问题，提出创新性的解决方案。有能想的特质意味着毕业生能够从多角度思考问题，具备较高的思维敏捷性，对于复杂情境能够迅速做出明智的决策。

（2）能学是指毕业生具备不断学习的能力。在现代社会，知识更新迅速，职场要求不断提高，因此，毕业生需要具有持续学习的意识和能力。能学的毕业生不仅能够快速适应新知识和新技能，还能够主动主动获取所需的信息，通过学习不断提升自己的综合素养，以适应不断变化的工作环境。

（3）能干是指毕业生应该具备实际操作和解决问题的实际能力。具备能干的素质意味着毕业生能够熟练运用专业知识和技能，高效完成工作任务。这包括对工作的认真负责态度、独立处理问题的能力以及高效的执行力。在实际工作中，能干的毕业生能够迅速适应工作要求，胜任各种工作挑战，展现出出色的工作表现。

（4）能写和能说则是指毕业生在表达能力上的要求。毕业生需要具备清晰、准确的书面表达和口头表达能力，能够流利、得体地与同事、上司和客户进行沟通。具备能写和能说的素质的毕业生不仅能够清晰地表达自己的意见，还能够有效地与他人协作，提高工作效率。

3. 勤

“勤”是指毕业生在企业中是否勤奋工作。大学毕业生在职业生涯中应该对自己严格要求，确保按时上下班，并按照公司规定进行出勤打卡，杜绝无故迟到、早退、请假或旷工的现象。在工作中，大学生应该以认真努力的态度面对每一个工作任务，静下心来，努力深入研究业务，坚持不懈地通过点滴积累提高自己的业务能力和水平，从而取得显著的工作成效。

（1）勤奋工作是大学毕业生在职业生涯中应当具备的基本素质。勤奋不

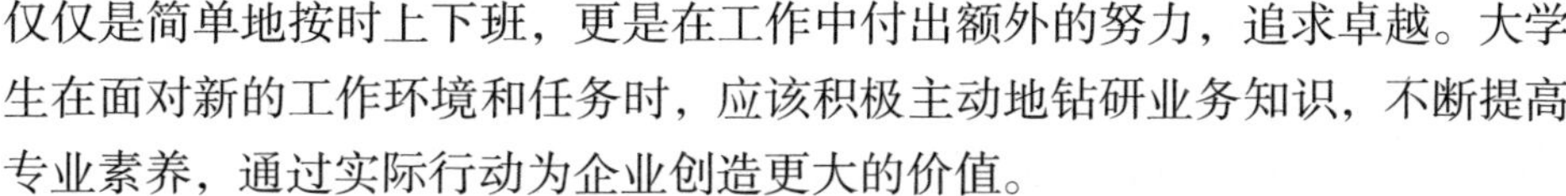

仅仅是简单地按时上下班，更是在工作中付出额外的努力，追求卓越。大学生在面对新的工作环境和任务时，应该积极主动地钻研业务知识，不断提高专业素养，通过实际行动为企业创造更大的价值。

（2）勤奋是大学毕业生在工作中展现出的一种责任心和使命感。在职场中，勤奋的毕业生能够全身心地投入到工作中，对待每一个工作任务都抱有高度的责任感，不折不扣地完成工作，确保任务的质量和效果。这种工作态度使毕业生能够在团队中获得信任，为自己在职业发展中打下坚实的基础。

（3）勤奋还表现为大学生对于个人职业发展的积极追求。毕业生应该具备主动学习的意识，不仅仅局限于公司要求的工作范围，还要主动了解行业动态，提升自身综合素质。通过不断学习和努力，大学生能够在职业生涯中实现自我价值的最大化，取得更多的职业成就。

4. 绩

“绩”是指员工在工作岗位上取得的各种工作成就和业绩，也被称为工作绩效。这一方面主要关注员工在具体工作任务中所取得的成绩，包括完成的项目、达到的技术指标以及获得的奖励等。社会对大学毕业生的“绩”评价，注重考察其在职业生涯初期所展现出的实际工作能力和业绩表现。

（1）工作成就是对毕业生“绩”评价的重要依据。毕业生在职业初期需要通过实际工作展现出对专业知识的掌握以及对工作任务的高效完成能力。在完成项目的过程中，毕业生能否在规定时间内、按质按量完成工作任务，对于评价其“绩”具有直接的影响。工作成就是展示毕业生工作实力的突出标志，通过取得显著的工作业绩，毕业生能够在职场中赢得更多的认可和机会。

（2）技术指标的达成也是“绩”评价的重要组成部分。在许多职业领域，对于特定技术指标的达成往往成为评价员工绩效的关键因素。大学毕业生在实际工作中需要展现出扎实的专业知识和技能，通过达到或超越技术指标，体现出自己在职业领域的竞争力。社会普遍认为，技术指标的高水平达成既反映了毕业生的实际业务水平，也彰显了其对专业领域的熟悉程度。

（3）获得的奖励也是评价“绩”的重要因素之一。获得奖励通常意味着毕业生在工作中表现出色，得到了同事和领导的认可。这些奖励可以包括荣誉称号、奖金、晋升机会等，都是对毕业生工作绩效的肯定和鼓励。社会对毕业生的“绩”的评价关注是否能够通过实际工作表现出色，进而赢得奖励和提升机会。

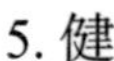

5. 健

“健”是指员工在工作中所展现出的身体和心理上的健康素质状态。社会对大学毕业生的“健”评价强调身心健康的重要性，认为一个人只有拥有良好的身体和心理素质，才能更好地适应职场挑战，展现出卓越的工作表现。

（1）身体素质在“健”评价中占据重要地位。身体素质是指人体在活动中所表现出的力量、速度、耐力、灵敏度、柔韧度等机能。这些方面的表现直接关系到一个人在工作中的承受能力和工作表现。身体素质的好坏不仅影响到个体的健康状况，还直接关系到其在日常工作中能否胜任各种任务。在职业生涯中，拥有良好的身体素质能够帮助毕业生更好地完成工作任务，应对各种挑战。例如，具备较好的耐力和体力的员工能够更好地适应高强度的工作环境，更好地应对工作压力，展现出卓越的工作表现。身体素质的良好与否直接关系到毕业生在工作中的工作效率、工作质量以及对工作的持续投入程度。

（2）心理素质也是“健”评价的重要内容。在职场中，一个人往往面临着各种压力、困难和挫折，因此，具有健康的心理素质成为了职场成功的重要保障。健康的心理素质表现为冷静沉着、坚韧不拔、乐观向前。在工作中，毕业生需要具备足够的心理韧性，能够冷静应对各种突发情况，保持积极的工作态度。在面对工作挑战时，具有健康心理素质的员工更能坚持不懈地克服困难，为自己的职业发展创造更多的机会。良好的心理素质还有助于个体更好地适应职业生涯的起伏和不确定性，增强个体在团队协作中的稳定性和可靠性。

第五章　大学生就业观念与就业准备研究

大学生就业观念与就业准备研究的研究背景在于深入了解大学生对就业的认知和态度，以促进其更好地适应社会需求和就业市场；这一研究具有重要意义，可为高校和政策制定者提供指导，推动大学生就业观念的升级和就业准备的有效实施。本章探讨大学生就业观念与科学就业观的树立、大学生就业心理及其调适方法、大学生就业认知准备与心理准备、大学生就业信息与材料的准备。

第一节　大学生就业观念与科学就业观的树立

“观念”的通俗理解就是人们在长期的生活和生产实践当中形成的对事物的总体的综合认识。就业观念即人们对就业的根本看法和总体态度，涉及就业主体、客体的诸多方面。

一、大学生就业观念的基础认知

就业是民生之本，发展之基。“大学生的就业观念问题应放在现实的社会环境中客观地认识和分析，就业观念是否存在问题应有一定的客观评判标准，而不应以是否达到一种人为的期待和简单的要求为标准。”[①] 长期以来，大学生就业问题一直是社会高度关注的热点话题。大学生就业观念反映了他们的世界观、人生观和价值观在职业选择方面的集中表现。这不仅包括对所选择的就业单位或企业的性质、地理位置、社会声誉、经济实力、福利待遇等方面的认知和评价，还包括对个人与职业的匹配程度、个人发展前景以及就业的目的和意义等方面的认知和评价。

① 刘义．理性辨析大学生就业观念问题 [J]. 思想理论教育，2014，(02)：87-90.

(一) 大学生就业观念的显著特征

大学生就业观念，作为一种复杂的认知、情感和行为倾向的组合，不仅在个体发展中逐渐形成，并且在特定的时间、空间和环境下呈现出稳定性、发展性和独特性的特征。这一主题涉及到个体对就业的态度、认知和心态，既反映了个体对自身职业发展的期望和追求，也受到外部环境和社会因素的影响。

首先，大学生就业观念的稳定性是其显著特征之一。在个体成长过程中，随着个人经历的积累和社会认知的不断深化，大学生对于就业的认识和态度逐渐形成，呈现出一定的稳定性。这种稳定性体现在个体对于职业选择、发展路径以及职业规划方面的持久性倾向上。举例来说，某些大学生可能因为家庭背景或个人兴趣的影响，对于某一特定行业或职业有着长期的偏好和追求，这种倾向在个体成长过程中并不容易被轻易改变。

其次，大学生就业观念具有发展性的特点。随着社会的变迁和个人成长经历的积累，大学生对于就业的认知和态度也会发生相应的变化。这种发展性体现在个体对于职业发展目标的调整、对于不同行业的了解以及对于职业发展策略的改变上。举例而言，随着科技的不断发展，某些新兴行业可能会受到大学生的青睐，而传统行业的吸引力可能会相应减弱。这种转变既受到外部环境的影响，也受到个体内部经验和认知的影响，呈现出动态的发展趋势。

最后，大学生就业观念的独特性是其另一个显著特征。由于个体的生活经历、教育背景、价值观念等方面存在差异，不同大学生对于就业的认知和态度也会有所不同。这种独特性体现在个体对于职业选择的偏好、对于职业发展的期待以及对于就业环境的适应能力上。例如，某些大学生可能更注重稳定的工作和生活环境，而另一些大学生可能更愿意追求挑战和创新。这种个体差异使得大学生就业观念呈现出多样化和多元化的特点。

(二) 大学生就业观念的主要类型

大学生就业观念的类型是一个复杂而多样化的话题，不同的参照标准可以导致不同的分类方式。在考虑就业条件认知和就业价值等方面时，可以将大学生就业观念划分为多种类型。然而，基于实践经验，我们可以将大学生就业观念归纳为四种主要类型，这些类型在一定程度上反映了大学生在面对就业选择时的不同偏好和态度。

第一，人际关系取向型就业观念，也被称为传统型就业观念。持有这种观念的大学毕业生倾向于重视工作中的人际关系，他们更倾向于选择事业单位或国有企业，而不太关心眼前的经济收入。对他们来说，工作环境和同事之间的关系可能比薪水更为重要，他们更注重稳定的工作环境和社会认可度。

第二，经济待遇取向型就业观念，也可以称为市场型就业观念。持有这种观念的大学毕业生更加关注经济收入和福利待遇，他们倾向于选择就业机会较多、薪资和晋升机会较好的大城市或大企业。相对于工作的稳定性和社会声誉，他们更看重薪水和福利待遇的优厚程度。

第三，创业取向型就业观念。持有这种观念的大学毕业生具有冒险精神和创业激情，他们敢于挑战传统，寻求创新和突破。他们更注重个人的兴趣爱好和内心的满足感，希望通过创业来实现自己的事业梦想，创造属于自己的事业天空。

第四，生活取向型就业观念，也可以称为撞钟型就业观念。这类毕业生对就业没有明确的目标和打算，缺乏特别的就业偏好，他们可能对求职就业缺乏主见，倾向于过着一种得过且过的生活，对于现状较为满足，乐于享受当下的生活。

二、大学生科学就业观念的树立

观念是行动的先导，就业观念决定就业行动，大学毕业生能否及时顺利就业，在一定程度上取决于其能否根据形势变化和自身情况及时调整就业观念。因此，对大学生而言，树立科学的就业观念十分重要。

（一）树立科学就业观念的内涵

树立科学的就业观念对大学毕业生的职业发展至关重要。这种观念不仅是对求职就业的根本看法和总体态度，也是个体世界观、人生观、价值观的具体体现。它不仅指引着个体的求职行为，更深刻地影响着个体的职业生涯规划和发展路径。因此，树立科学的就业观念意味着大学毕业生科学有效择业的前提和基础。

首先，科学的就业观念能够帮助大学毕业生正确看待不同工作岗位的价值。在职业选择过程中，很多毕业生可能会对某些职业抱有误解，认为某些工作地位更高、更有尊严，而忽略了不同工作岗位的社会价值和个人发展空间。因此，树立科学的就业观念意味着摒弃对某些工作的偏见，以普通劳动者的心态和定位选择工作，从而更好地适应社会分工的需要。

其次，科学的就业观念有助于毕业生正确认识自身的价值和就业行为之间的关系。通过科学的就业观念，毕业生可以更好地规划自己的职业生涯，确立合理的就业预期，从而避免因为不切实际的期望而导致的就业失望和心理问题。科学的就业观念也能够帮助毕业生放宽视野，将目光从竞争激烈的热门岗位移开，更多地从自身实际和发展空间出发，找到适合自己的就业机会，最终实现高质量就业。

最后，科学的就业观念不仅符合个体健康成长成才的需要，也符合当前我国经济社会的发展需要。随着我国经济结构的转型和就业形势的变化，越来越多的就业机会出现在新兴产业和服务业领域。因此，培养具有科学就业观念的大学毕业生有利于人力资源的优化配置，推动我国经济的结构调整和产业升级，也有利于大学生将个人需求与社会需求有机结合，为社会作出更大的贡献。

（二）大学生科学就业观念的调整

大学毕业生作为国家宝贵的人力资源，是国家建设的新生力量，也是祖国的未来和民族的希望，更是党和人民事业发展的生力军。党中央和国务院历来高度重视大学毕业生就业工作，近年来，大学毕业生“就业难”问题更是引起了全社会的广泛关注。然而，要解决当前大学生“就业难”的问题，关键在于大学毕业生是否能够转变就业观念。因此，面对当前依然严峻的就业形势，大学生应该适时调整自己的就业观念，并努力树立科学的就业观念，例如自主就业观念、基层就业观念、竞争就业观念、先就业再择业观念以及创业即就业观念。

1. 自主就业观念

自主就业观念是当代大学毕业生在面对就业选择时的一种重要态度和观念。随着高等教育的大众化和国家就业政策的改革，自主择业已经成为现代就业的主流模式。在这样的背景下，作为新时代的大学毕业生，需要清醒地认识到这一点，并且主动抛弃传统的就业观念，牢固树立自主就业、自谋职业的观念。

在大学期间，培养自主就业观念至关重要。这包括积极进行职业生涯规划，明确自己的职业发展目标和方向。大学生应该努力学习专业知识，不断提升自己的综合能力和竞争力，为自主择业打下坚实的基础。此外，大学生还应该不断储备自主择业所需的各种技能和资源，包括社交能力、沟通能力、创新能力等。

在毕业阶段，自主就业观念更需要得到实践和体现。毕业生应该广泛了解和收集就业信息，包括市场需求、行业动态、企业招聘信息等。同时，毕业生也需要对自己进行准确定位，明确自己的优势和特长，并且大胆推销自己，积极参与各种招聘活动和岗位竞争，而不是等待用人单位来选择。

自主就业观念的树立意味着大学生要从被动等待转变为主动选择，从依赖他人转变为依靠自己，从被动就业转变为主动创业。这种观念的确立不仅有利于个人的职业发展，更有助于社会就业资源的合理配置和经济的健康发展。因此，对于现代大学毕业生来说，树立自主就业观念是至关重要的，也是适应时代发展和社会需求的必然选择。

2. 基层就业观念

当前，国家大力鼓励大学生到基层、偏远地区就业，通过一系列政策法规和专项计划为大学生提供了丰富的就业机会。这些计划包括大学生志愿服务西部计划、“三支一扶”计划、农村义务教育阶段学校教师特设岗位计划以及选聘高校毕业生到村任职工作计划等。这些政策不仅为大学生就业提供了广阔的舞台，也为他们在基层发展打下了坚实的基础。同时，国家也建立了相应的社会保障体系，并制定了一系列优惠政策，为大学生的基层就业提供了保障和支持，解决了他们就业的后顾之忧。

因此，大学生应以积极的态度对待基层就业，转变观念，开阔视野。首先，大学生应该意识到基层就业不仅是一种就业选择，更是一种责任和担当。通过到基层工作，大学生能够为社会和人民群众做出更直接、更实际的贡献，实现个人价值的同时也促进社会的发展和进步。其次，大学生应该以理性、务实的心态去面对基层就业可能面临的机遇与挑战。基层工作环境相对较为艰苦，工作内容也较为繁重，但正是在这样的环境中，大学生能够锻炼自己的意志品质和工作能力，积累宝贵的人生经验，为自己的未来发展打下坚实的基础。

此外，大学生还应该树立正确的就业观念，认识到基层就业并不是没有前途的选择。相反，通过在基层工作的经历，大学生能够拓宽自己的职业发展渠道，提升自己的竞争力和综合素质。同时，基层工作也为大学生提供了更多的成长空间和发展机会，能够让他们更好地实现自己的职业梦想和人生价值。

3. 创业即就业观念

在当前日益严峻的就业形势下，创业已经成为开辟大学生就业途径的一种有效方式。国家也相继出台了一系列鼓励大学生自主创业的政策和措施，例如提供小额担保贷款和贴息支持、免收有关行政事业性收费、提供培训补贴、免费获得创业服务等。因此，当代大学生应该树立起自主创业的观念，勇于在市场中探索，在闯荡中提升自身能力，不断展现自己的才华和水平，积极掌握就业的主动权。

自主创业观念的确立对于当代大学生来说意义重大。尽管创业具有一定的风险，但大学生作为社会新鲜血液，拥有丰富的知识和技术，以及开拓精神。他们蕴藏着巨大的创业潜能，自主创业是他们发挥主观能动性和聪明才智的广阔舞台。通过自主创业，大学生可以充分展现自己的创造力和实践能力，实现个人价值和梦想，同时也为社会创造更多的就业机会和经济增长点。

值得注意的是，创业并非一帆风顺。在创业过程中，大学生可能会面临各种困难和挑战，例如市场竞争激烈、资金紧张、管理困难等。然而，正是这些挑战和困难激发了大学生不断进取的动力，促使他们不断完善自己、提升自身能力。通过创业的历练，大学生能够培养出坚韧不拔的品质，积累宝贵的人生经验，为未来的职业发展奠定坚实的基础。

4. 竞争就业观念

竞争就业观念在当代社会中具有重要意义。随着社会主义市场经济体制的建立，竞争已成为市场经济的一项重要特征，也是推动经济发展和社会进步的重要力量。在现代毕业生就业市场中，竞争激烈，而竞争意识成为必备素质之一。

首先，竞争能够体现公平，有利于选择人才。在竞争激烈的就业市场中，企业和用人单位往往会根据个体的能力、素质和表现来做出选择。这样的竞争机制有利于选拔出真正具有能力和潜力的人才，为社会的发展和进步提供了源源不断的人才支持。

其次，竞争可以提供实力较量，有利于人尽其才、优胜劣汰。在竞争中，个体会不断地与他人进行比较和对抗，从而激发出自己的潜能和能力。通过与他人的竞争，个体不断地提升自己的能力水平，实现个人价值的最大化，也为社会的进步贡献了力量。

最后，竞争还克服了旧体制的弊端，使得毕业生在就业中由被动变为主动。过去，由于行业垄断和政府干预等原因，就业往往是一种被动选择，个体缺乏自主权和选择权。而在竞争激烈的市场环境下，个体可以根据自己的能力和意愿选择适合自己的工作和岗位，这种自主性和选择权的增加有助于调动个体的积极性，提高整体的工作效率和社会活力。

面对就业竞争的现实，大学生应当树立起“爱拼才会赢”的观念，摆脱被动依赖、消极等待的状态，勇于面对竞争挑战，做好多方面的竞争准备。这包括不断提升自己的专业能力和技能水平，积极参加各种实践和培训活动，不断丰富自己的知识和经验，以应对日益激烈的就业竞争。只有在竞争中不断挑战自我、突破自我，才能够取得更好的职业发展和个人成就。

5. 先就业再择业观念

“先就业再择业”观念在当今社会中显得尤为重要。这一观念强调的是大学生在职业选择中应以低姿态走入社会，从基层做起，先实现就业的目标，随后在积累了一定的能力和经验之后再进行二次择业。现代社会为个人提供了广阔的发展空间，而市场优化配置资源的方式也在不断推动着个人的流动。因此，传统的“一次就业定终身”的观念早已不再适用，而毕业生也不必着急寻找一个固定的“铁饭碗”，而应学会在职业流动中求生存求发展。

社会的人事制度不断完善，为毕业生的职业流动创造了良好的条件。现在，毕业生可以选择将户口回迁至生源地，把档案托管在工作地的人才交流中心，这为他们在就业中的流动提供了更多的便利。因此，大学生不应再局限于“一步到位”的就业观念，而应树立起不断进取的职业流动观念。在职业流动的过程中，他们应当学会发现机会、抓住机会、把握机会，以实现个人的职业发展和成长。

“先就业再择业”观念的重要性不仅在于它能够帮助毕业生更好地适应现代社会的职业环境，也在于它能够激发个体的内在动力和活力。通过先就业再择业的过程，毕业生能够更充分地认识自己，积累实践经验，发现自己的优势和劣势，从而更有针对性地进行二次择业，找到更符合自己发展需求的职业路径。

第二节　大学生就业心理及其调适方法

求职择业过程中心理上易产生种种矛盾与冲突，但要成功找到一份适合自己的工作，保持良好的就业心理却尤为重要。

一、大学生就业心理的内涵与特征

（一）大学生就业心理的内涵解读

从求职层面的心理现象出发，大学生的就业心理具体指的是大学生在考虑就业相关问题、为获取职业机会做准备以及在积极寻求职业岗位的过程中，所产生的一系列心理现象与反应。

从情绪层面阐述就业心理，就是大学生在面临就业问题时，为了获得心仪的工作会做一些准备，在求职过程中会遇到种种不顺，这些会对大学生的心理产生影响，大学生的就业心理可以从认知心理、情绪心理、社会心理三个层面进行分析。

从心理活动方面对就业心理概念进行分析，大学生的就业心理是以就业为中心，在其他心理的共同作用下形成的，它的产生、变化与发展过程是很复杂的。一般来说，可以将其分为就业心理倾向、就业心理素质和就业心态三个方面。就业心理倾向，是指对大学生就业有推动与指向作用的那些具有动力性的心理因素。它决定着大学生对就业活动的认识、评价与态度，并在很大程度上影响着大学生的就业行为。就业心理素质，是指对大学生就业有重要影响的心理能力、活动水平及人格特点，它涉及的内容非常广泛，包括业务能力、职业成熟度、就业人格特点三个方面。就业心态，是指大学生在面对有关就业问题时，特别是在准备就业与寻求职业过程中形成的具体的心理状态，如焦虑、失落、犹豫等。这三个方面相互联系、相互影响，共同形成了大学生就业心理研究的内容。

综上所述，大学生就业心理是大学生在就业过程中所呈现出的各种心理状态和心理特征的总和，它贯穿于大学生学习和生活的全过程，影响着大学生的求职择业行为，直接决定着就业的成败。

（二）大学生就业心理的主要特征

大学生的就业心理很复杂，不同学校、年级、性别的大学生，他们的就业心理也会表现出不同的特征。目前，我国大学生的就业心理主要表现出以下特征：

1. 自我意识增强

大学生在经历了四年的理论知识学习和社会实践经验后，自我意识得到了显著增强，这成为其就业心理的一个重要特征。通过在大学期间的学习和实践，大学毕业生逐渐形成了对自身价值的深刻认识，意识到自己的能力、特长和发展潜力。然而，值得注意的是，尽管自我意识得到了增强，但这个年纪的大学生往往还处于世界观、人生观和价值观建立的过程中，这些观念尚未完全成熟和稳定。在外部复杂环境的影响下，他们可能对自身仍缺乏准确的认识，存在一定的认知偏差。

这种认知偏差在大学生的就业心理中表现得尤为明显。在就业过程中，他们可能缺乏冷静的分析和客观的判断，不能够全面权衡利弊，做出正确的选择。这可能源自于对自身能力和条件的过高估计，或者是对外部环境和就业市场的认识不足。一些大学生可能会过分自信，过高地评价自己的能力和潜力，而忽视了实际情况和职业发展的现实条件。另一些大学生可能会受到外部环境的不良影响，盲目跟风选择热门行业或职业，而忽视了自身的兴趣和特长，以及行业的发展前景和自身的适应性。

因此，对于大学生来说，加强自我意识的同时，也需要不断提升自我认知能力和就业心理素质。他们应该学会客观地审视自己的优势和劣势，理性地评估自己的能力和潜力，避免盲目乐观或悲观，保持理性和冷静。同时，他们也应该加强对外部环境和就业市场的了解，掌握就业信息，分析行业趋势，做出适合自己发展需求的职业选择。只有这样，大学生才能够在就业过程中更加从容自信，作出更加明智的决策，实现个人的职业发展和成长。

2. 注重实现价值

大学生注重实现个人价值的就业心理特征，是当前大学生就业群体中普遍存在的一种心态。这种心态的形成，不仅与大学生对自身能力水平和社会认可的深切期望紧密相关，还显著地受到他们对工作环境质量、个人职业发展空间以及工作与生活平衡等多方面因素的考量影响。

大学毕业生普遍认为自己是综合素质较高、充满斗志、期望得到社会认可的高等人才。他们通过多年的学习和培养，积累了丰富的知识和技能，对自己的能力有着相当的自信。因此，他们希望能够得到社会的认可和肯定，实现自己的人生价值。

与此同时，大学生又缺乏吃苦耐劳的心理准备。由于从小生活在相对优越的环境中，缺乏经历艰苦条件的磨炼，他们对于面对艰辛和困难的能力有所欠缺。因此，他们排斥到偏远山区和基层地区工作，渴望留在所谓的大城市、大公司或者自己的家乡工作，希望能够在相对舒适的环境中发展自己的事业。

此外，大学生对于就业选择也存在一定的倾向性。他们希望能够进入国企、事业单位等待遇稳定、工作环境舒适的地方工作，追求相对安逸的生活状态。相对于冒险创业或者选择发展潜力较大但风险较高的行业，他们更倾向于选择相对稳定和安全的就业机会。

总之，大学生注重实现价值的就业心理特征既体现了他们对自身能力和价值的自信，又暴露了他们缺乏吃苦耐劳的心理准备和对就业环境的苛刻选择。面对这一情况，大学生需要认识到在职业发展过程中可能会遇到的挑战和困难，培养出吃苦耐劳、勇于创新的精神，同时也要拓展就业的视野，积极探索更多的就业机会，实现个人的职业发展和成长。

3. 抗挫折能力不足

大学生抗挫折能力不足的就业心理特征在当前大学生就业过程中呈现出一定的突出问题。这一现象的出现，与大学生的行为意识以及其成长环境和社会经验的特点密切相关。大学生的行为意识主要表现为年轻气盛，自尊心强，有着远大的理想和抱负。他们习惯于舒适的生活环境，不愿意到条件艰苦的一线去工作，对面对挑战和困难的抵抗能力较弱。另外，大学生在对社会、职业、环境等方面缺乏深入了解的情况下，往往在就业过程中表现出对成功的渴望和追求。然而，这种渴望往往是片面的、虚幻的，缺乏对现实的清醒认识和客观分析。在追求成功的心理暗示下，一旦面临就业挫折或者遭遇失败，他们往往会感到意志消沉，抵抗不住失败的打击，容易受到挫折的影响，影响到未来的发展和前进步伐。

针对大学生抗挫折能力不足的就业心理特征，需要采取有效的措施加以应对。首先，大学生应该通过积极的学习和实践，提升自身的抗挫折能力和适应能力。他们应该树立正确的人生观和价值观，认识到挫折和失败是成功路上不可避免的一部分，学会从失败中吸取教训，不断积累经验和成长。其次，学校和社会应该加强对大学生的心理健康教育和心理辅导，帮助他们树立积极向上的心态，培养乐观向上、坚韧不拔的品质。同时，社会也应该为大学生提供更多的支持和帮助，包括提供就业指导和职业规划等服务，帮助他们更好地应对挑战和困难，实现个人的职业发展和成长。

4. 情绪波动频繁

大学生情绪波动频繁的就业心理特征是当前大学生就业过程中面临的一个重要问题。这一现象的出现，与大学生所处的特殊成长阶段以及其社会经验和认知结构的特点密切相关。大学生作为人生成长的关键阶段，他们的理智和情绪等各方面发展尚未完全成熟。在这个阶段，情绪变化较大，易受外界影响，容易出现情绪波动。由于缺乏足够的生活和职场经验，他们可能在面对就业压力和挑战时无法保持情绪的稳定，容易受到外界因素的影响而产生消极情绪，如焦虑、抑郁等。另外，当前这一时期的大学生主要由“00后”组成，他们的社会经验相对不足，认知结构也尚不完备。在面对复杂多变的就业市场和竞争激烈的环境时，他们往往缺乏足够的应对能力和适应性，容易出现情绪波动。由于对事物的客观评价和预期与实际不一致，他们可能会产生强烈的情绪反应，导致情绪的不稳定和波动。

针对大学生情绪波动频繁的就业心理特征，需要采取有效的措施加以应对。首先，大学生应该加强自我情绪管理能力，学会通过各种方式释放压力，保持心态的平衡和稳定。其次，学校和社会应该加强对大学生的心理健康教育，提高其应对挑战和压力的能力。

二、大学生就业心理的调适方法

就业心理调适，就是大学生应对就业过程中出现的负面情绪、困难与挫折时所进行的心理调节、情绪调整，可帮助大学生塑造良好的心理素质，使自己达到或者始终保持一种健康的心理状态。积极的就业心态能够帮助大学生直面就业时的压力，做到理性择业、科学择业。因此，大学生应当树立科学的就业观念，积极主动地进行心理调适，这样方能在竞争的激流中奋力拼搏、驶向成功。结合大学生就业心理特点，实用性强、效果好的调适方法主要包括以下类型：

（一）主动宣泄法

大学生就业心理调适的主动宣泄法是帮助大学生释放心中负面情绪，全面认识自己，坦然面对生活和就业压力的一种重要途径。这种方法包括情绪释放法、运动宣泄法和倾诉调节法。

首先，情绪释放法是一种简单而有效的方式，可以在面对焦虑、抑郁或择业失败时释放内心的压力。通过对着远方大声喊叫或高歌一曲，大声表达内心的不满和压抑，从而缓解心理压力。同时，哭泣也是释放情绪的有效方式，眼泪中含有的高浓度蛋白质可以帮助减轻压抑情绪，让人在释放情感的过程中得到宣泄和解脱。

其次，运动宣泄法是通过参与体育运动来释放心中的负面情绪。运动能够促进身体产生快乐因子，有助于改善情绪状态。在面对挫折和困难时，选择打球、跑步、爬山等运动方式，通过消耗体力来缓解内心的不良情绪，使紧张的情绪得以舒缓或消除。

最后，倾诉调节法是通过与他人沟通来缓解情绪。当大学生面对各种压力和挑战时，可以选择向朋友、老师倾诉内心的烦恼和困扰，倾听他人的建议和安慰，从而获得情感上的支持和理解。通过与他人的交流沟通，可以更好地认识自己，找到解决问题的方法，减轻心理压力，增强心理适应能力。

（二）意志坚定法

意志坚定法是一种重要的心理调适方法，在大学生就业过程中起着至关重要的作用。很多时候，求职者遭遇失败并非因为能力不足，而是由于意志不坚定、自信心减弱、自卑感严重等心理因素所致。因此，培养坚定的意志成为了解决这一问题的关键。

在日常生活和学习中，大学生可以通过刻意训练来增强自己的意志力。例如，定好闹钟，坚持每天早起；不受外界因素如天气、心情等的影响，坚持每天固定时间进行运动等。这些看似简单的行为实际上是在锻炼自己的意志力，通过坚持不懈地执行，逐渐提升自己的自控能力和坚韧性。在面对挫折和困难时，有坚定的意志力可以让大学生更加坚强地面对，不轻易放弃，勇往直前。

同时，当代大学生应该以理性的态度来看待择业失败。在面对挫折时，不要怨天尤人，而是应该审视自己的过错并吸取经验教训。正确看待自己的优势与劣势，选择符合自己能力和兴趣的行业或岗位，有助于增强对未来的信心和决心。每一次失败都是一次宝贵的经验积累，只有不断总结反思，才能更好地改进自己，迎接更大的挑战。

（三）自我激励法

自我激励法是一种有效的心理调节方法，通过正确的思想观念、生活中的哲理或榜样的事迹来激励自己，战胜各种不良情绪，相信失败和挫折只是暂时的，鼓励自己勇敢地面对下一次挑战。通过自我激励法，我们可以更好地管理自己的情绪，化消极为积极，从而更好地应对生活的挑战。

对于大学生来说，积极的自我暗示是非常重要的。当面对不顺心的事情时，积极的自我暗示能够帮助我们将不良情绪转化为积极的心态，使我们更加坚强、乐观地面对生活中的种种困难和挑战。特别是在面试过程中，积极的自我鼓励可以有效地缓解紧张和焦虑，增强自信心，从而更好地展现自己的能力和魅力。此外，在面对意外事件或挫折时，也需要对自己进行积极的自我激励，保持冷静，不要惊慌失措，寻找解决问题的方法，从而更好地应对生活中的各种挑战。

(四)合理情绪疗法

合理情绪疗法，即情绪 ABC 理论，是一种有效的心理调适方法，强调通过改变个体对事件的认知来调节情绪和行为反应。该理论认为，人们的情绪困扰源于对事件的态度、看法和评价，而不是事件本身。因此，要摆脱情绪困扰，关键在于改变认知，从而改变情绪和行为。这一理论模式以 ABC 为核心，即事件（A）、信念（B）和情绪与行为反应（C）之间的关系。

对大学生而言，合理情绪疗法具有重要的意义。在面对就业压力、学业挑战和人际关系等方面的困扰时，很多大学生常常陷入消极情绪中，影响到他们的学习和生活。因此，学会运用合理情绪疗法，调节自己的情绪和认知，对于大学生的心理健康和成功求职至关重要。

首先，大学生应意识到事件本身并不决定情绪和行为反应，而是个体对事件的认知和解释。在面对挑战和困难时，很多人会出现消极的认知，产生负面情绪。因此，要学会审视和调整自己的认知方式，避免陷入消极的思维模式。比如，在求职过程中遇到拒绝或失败时，不要认为是自己能力的问题，而是将其视为一次学习和成长的机会，积极寻找反思和改进的空间。

其次，大学生应培养乐观、积极的心态，树立健康的处事理念。即使面对困难和挫折，也要保持乐观向上的态度，相信自己的能力和潜力。通过积极的自我暗示和鼓励，可以提高自信心，增强对未来的信心和期待。这种乐观的心态不仅有助于应对挑战，还能够影响到自己的行为和表现，更容易获得他人的认可和支持。

最后，大学生应注重情绪管理和自我调节能力的培养，学会有效地处理情绪和压力。通过放松训练、呼吸调节、想象放松等方法，可以有效缓解焦虑和紧张，保持心理平衡和稳定。同时，也要学会寻求社会支持，与他人分享自己的困扰和感受，获得理解和支持，共同应对挑战和困难。

（五）放松训练法

放松训练法是一种有效的心理调适方法，适用于帮助人们降低焦虑、恐惧、紧张等不良心理状态，提高心理素质，增强心理抵抗力。在大学生面对择业压力、面试焦虑等心理困扰时，可以尝试进行放松训练，以缓解压力、恢复心理平衡。

首先，呼吸放松法是放松训练中常用的一种方法。通过调整呼吸节奏和方式，达到放松身心的目的。例如，鼻腔呼吸放松法要求坐在舒适的位置上，通过控制鼻腔的呼吸来放松身心。在这个过程中，通过集中注意力，控制呼吸的深度和频率，逐渐使身体放松下来，减轻焦虑和紧张感。这种方法简单易行，可以随时随地进行，对缓解面试焦虑等情绪问题具有积极的作用。

其次，想象放松法也是一种常见的放松训练方法。通过想象愉悦、放松的场景，如海边、草原、高山等，可以帮助大学生放松身心，减轻焦虑和压力。在想象的过程中，可以尽情感受自然风景带来的舒适和愉悦，将自己的注意力从压力和焦虑转移到放松和愉悦上来。这种方法不仅可以在面对紧张的场合时缓解焦虑，还可以在日常生活中调整心态，增强心理健康。

除了以上提到的方法，放松训练还可以包括肌肉放松法、自我暗示法等。通过放松身体肌肉、积极向自己传达正面信息，也可以达到缓解压力、恢复心理平衡的效果。这些方法都需要通过持续的练习和实践，逐步培养自己的放松能力，使之成为自己应对压力的有效工具。

第三节　大学生就业认知准备与心理准备

一、大学生就业认知的准备

“就业是大学生实现人生价值的重要渠道，也是学生生涯中非常重要的一项任务。”[①] 新的就业形势对从业者的知识结构、思维方式和实践应用能力均提出了更高的要求。为了更好地适应社会的要求，实现顺利就业，大学生必须自觉把大学生活与就业紧密联系起来，努力构建合理的知识结构、科学的思维方式和强有力的实践应用能力。

① 常兰，刘嘉，薛会来．高校大学生就业心理问题及策略研究 [J]. 情感读本，2022(29)：16-18.

(一) 构建合理的知识结构

现代社会对求职者的知识要求是：拥有较高的知识水平，并能根据社会的发展和所选择职业的具体要求，科学组合自己的知识，形成合理的知识结构。

大学生应具备的知识，包括基础知识、专业知识、复合知识。

基础知识，在大学生知识结构中发挥着举足轻重的作用，在现代高等教育改革中越来越受到重视，基础知识主要包括数学、物理学、化学、历史学、地理学、哲学、文学、艺术、文化、伦理道德、外语、计算机及专业基础知识。

专业知识，是大学生知识结构中的主要内容，是大学生各自所学专业的知识，是大学生赖以生存发展的资本和发挥一技之长的具体表现。

复合知识，是增强大学生社会适应性的知识，是为了弥补高等教育“专才”缺陷的知识，是大学生健康持续发展的助推剂。

合理的知识结构是根据社会需要将自己的基础知识、专业知识、复合知识有机整合而成的知识结构。大学生合理的知识结构虽然没有绝对统一的模式，但具有三个普遍而共同的特征：有序性、整体性、可调性。

1. 常见的知识结构模型

常见的知识结构模型有以下三种：

(1) 金字塔型知识结构。金字塔型知识结构的横向结构是宽广型，纵向结构为阶梯型。包括了宽厚的综合性基础理论知识、专业理论知识和适量的非专业理论知识及跨学科知识，强调的是基本理论、基本知识、基本技术技能的学习、训练和运用。“厚基础”为人的成才和创造奠定了基础，“宽基础”为人的综合能力、适应能力、应变能力的培养创造了条件。目前我国大部分本科专业教学计划实际上是按这种金字塔型的知识结构设计的。

(2) 网络型知识结构。网络型知识结构是以自己的专业知识为“中心点”的，以其他相近的、作用较大的知识作为网络的“纽带”，相互联结，形成一个适应性较强的，能够在较大范围内左右驰骋的知识网。网络型知识结构的主要特点是知识面的宽广性。

(3)“T”型知识结构。“T”型知识结构是专博型知识结构的另一种表述。有的人专业知识精深，但知识面狭窄，其知识结构很像一个竖杆“｜”；有的人专业知识浅薄，而知识面较广，其知识结构象一个横杆“—”。将二者

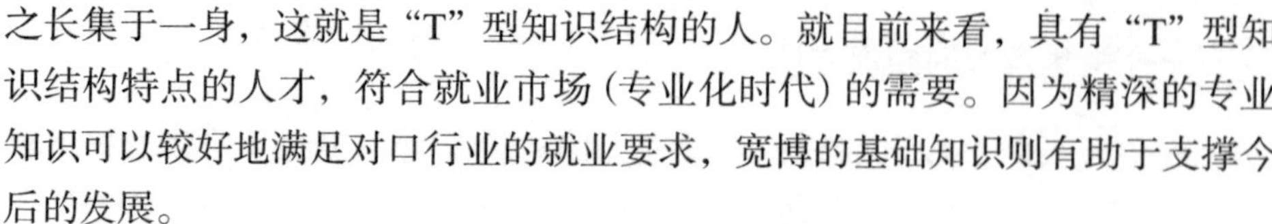

之长集于一身，这就是“T”型知识结构的人。就目前来看，具有“T”型知识结构特点的人才，符合就业市场（专业化时代）的需要。因为精深的专业知识可以较好地满足对口行业的就业要求，宽博的基础知识则有助于支撑今后的发展。

2. 对求职者知识结构的要求

现代社会对求职者文化素质、知识的要求受多种因素的影响，尤其受到当代科学技术发展状况的影响与作用。与此同时，各类现代职业对于就业者文化素质和合理的知识结构的要求也越来越高。就知识结构而言，不仅对知识技能共性的要求越来越多，而且对就业者知识和技能的适应性要求也越来越高。

（1）不同类型的职业对求职者知识结构的共性要求。

第一，宽厚扎实的基础知识。无论选择何种职业，也不管向哪个专业方向发展，都少不了宽厚扎实的基础知识。

第二，广博的专业知识。所谓广博精深，是指大学生对自己所要从事专业的知识和技术的掌握具有一定的深度和范围，有质和量的要求，对概念体系、理论体系、研究方法、学科历史与现状、国内外最新信息等都要有所了解和把握。同时，对其专业邻近领域的知识也要有所了解和熟悉，善于将其所学专业的领域与其他相关知识领域紧密联系起来。

第三，大容量的新知识储备。现代各类职业都要求从业者的知识“程度高、内容新、实用性强”。“程度高”是指知识层次高，知识面广；“内容新”是指从业者的知识结构中应以反映当今科学技术发展状况的新知识、新信息为主；“实用性强”是指从业者的知识在生产、工作中有较强的实用价值。

（2）不同类型的职业对求职者知识结构的特殊要求。

第一，管理类职业的要求。管理类型职业主要包括国民经济管理、企业管理、金融管理、财政管理、外贸管理、行政管理等社会工作。选择此类职业作为自己目标的求职者，在其文化素质上除了具备提及的共性要求外，根据管理职业的实际需要和管理科学的发展规律，还必须很好地掌握党的方针政策，掌握基本的法律知识。在其知识结构中，管理理论和知识要求占较大的比例，除此以外还应了解税务、工商、外贸的管理知识。在知识结构上一般要求具有“网络型”的结构。

第二，工程类职业的要求。工程类职业的范围包括各行业中从事工程技术应用工作的职位，要求就业者在文化素质上应具备扎实的专业知识，具有较新的现代专业理论，熟练地掌握能应用于实际工作的应用技术知识及一定的管理知识。

第三，农科类职业的要求。农科类职业范围主要包括各农业科技园区、园艺类公司、农科所、蔬菜公司等企事业单位，这类职业要求从业者能吃苦、具有良好的专业知识并能运用于实践，有较强的自学和创新能力。

第四，教育类职业的要求。教育类职业的范围包括大学教师、中小学教师以及各类职业教育教师、干部培训教师等。教育这一特殊职业决定了选择此类职业的就业者在文化素质上要具备以下条件：掌握辩证唯物主义和历史唯物主义的基础理论和扎实的专业知识，熟悉本专业最新研究成果及其发展趋势，了解与本专业相近的新兴边缘学科或交叉学科的情况，具有较高的文化素养，达到真正的“博学”。此外，还要掌握教育科学的有关知识。该类职业要求就业者的知识结构为“网络型”。

以上仅介绍了四种类型职业对求职者知识结构的特殊要求，其他类型职业有着各自不同的特殊要求。大学生应当根据社会需要，结合个人专长，充分了解各种职业对求职者知识结构的特殊要求，在就业前和就业后注意建立和调整自己的知识结构，并使之日趋合理，为成才奠定坚实的基础。

3. 文化知识素质的组成

一个人的文化知识素质，将决定他在求职择业时的自由度和取得职业岗位的层次，而知识主要由公共基础知识、专业基础知识、专业知识三个部分组成。

(1) 公共基础知识。公共基础知识犹如基石，只有宽厚坚实才能合理地建筑起稳固的知识大厦。大学生要掌握好基础知识，这是以后就业的铺路石、敲门砖。大学生在课余还可积极参与各类基础学科竞赛，建立宽厚的知识基础，有利于在今后的工作中适应各种变化，灵活自如地发展。

(2) 专业基础知识。大学生只有掌握稳固的专业基础知识，才能进一步深入学好专业知识。目前，各高校专业基础知识安排的课时，占整个学时三分之一左右，这足以证明专业基础知识的重要性。作为学生应该广泛汲取各类知识的精髓，拓宽知识面，有针对性地扩大自己的知识面，在有利于专业知识积累与发展的条件下，使知识结构趋于合理。

(3) 专业知识。专业知识是学生知识结构的直接体现，知识结构的完善必须以专业知识的学习与运用为最终目标。随着社会生产力和科学技术的发展，社会对专业能力，特别是专业的实际操作能力要求是越来越高。因此对

形成专业能力的专业知识的要求也越来越高。

(二) 培养科学的思维方式

思维是人脑对客观现实概括和间接的反映，它反映的是事物的本质和事物间规律性的联系。思维能力是人的核心能力，一个人的思维能力虽然与自身的智力水平有关，但更取决于思维方式。科学的思维方式具有广阔性和深刻性、灵活性和敏捷性、独立性和批判性、理性等特征。培养大学生的科学思维方式应着重从以下方面进行培养：

1. 丰富知识

丰富的知识储备是培养大学生科学思维方式的重要基础。理论知识的广泛涉猎不仅拓展了思维的边界，也提升了逻辑推理的能力，进而促进了科学思维方式的形成和发展。在这方面，逻辑学的知识尤为重要。逻辑学作为一门关于思维规律和方法的科学，对于培养大学生的科学思维方式至关重要，它通过系统地阐述各种推理形式和规则，帮助人们理清思维的逻辑结构，从而使得思维更加清晰、有条理。通过学习逻辑学，大学生可以了解到不同的推理方式和逻辑规则，培养起正确分析问题、做出合理推断的能力，从而提高了科学思维的准确性和逻辑性。

2. 学习哲学

在培养大学生的科学思维方式中，学习哲学扮演着至关重要的角色。哲学作为一门学科，不仅提供了丰富的方法论，更启迪了人们的智慧，帮助他们更好地理解世界、认识自我。在大学生接受高等教育的过程中，尤其需要加强对哲学的学习，以提高他们的哲学思维素养，培养科学的思维方式。

3. 调整思维方式

培养大学生科学思维方式的关键之一是调整思维方式。随时整理自己的思路，总结思维方法上的经验教训，是在培养科学思维方式过程中至关重要的一环。在进行思维活动时，一个人所经历的具体过程是异常复杂的。在获得正确认识之前，常常会遇到各种各样的思维错误，可能是由于概念不清晰、判断失误、缺乏灵活性和变通性等原因所致。因此，不断总结思维方式上的经验教训，可以帮助人们不断完善自我，显著提升思维能力，逐步培养科学的思维方式。

4. 独立思考

培养大学生的科学思维方式之一就是倡导独立思考。独立思考并非孤

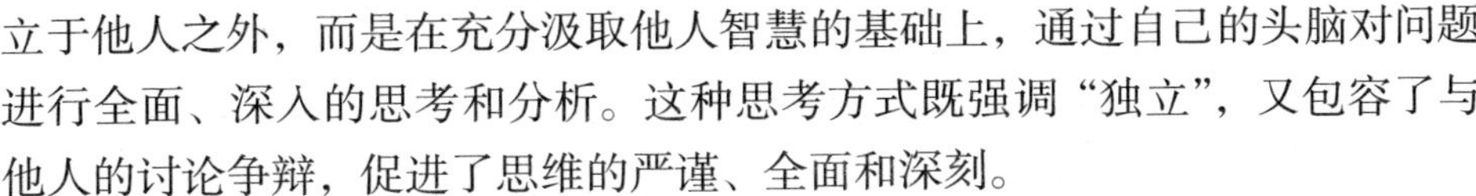

立于他人之外，而是在充分汲取他人智慧的基础上，通过自己的头脑对问题进行全面、深入的思考和分析。这种思考方式既强调“独立”，又包容了与他人的讨论争辩，促进了思维的严谨、全面和深刻。

5. 提高艺术修养

提高大学生的艺术修养对于培养科学思维方式具有重要意义。艺术与科学的结合不仅可以拓展大学生的思维广度，还可以激发他们的创造力和想象力，从而促进科学思维方式的提升和发展。

(三) 培养良好的职业能力

职业能力是人们从事职业活动、完成职业任务的成效和本领。

1. 专业能力

大学教育以专业能力教育为主，知识、技能是分专业学习的。专业能力一般是指专业知识、专业技能等与职业直接相关的基础能力。专业人士与普通人士之间的根本差别就是其专业能力的差异。大学生精通一门专业、爱上一个专业，锻造自己优秀的专业能力是把自己塑造为职业人士的重要途径。

(1) 专业知识。不同的职业、行业要求从业者所要具备的专业知识不相同，这种专业知识可能来自课堂也可能来自工作实践。专业知识的积累是一个持续的过程，学生学到的知识就是自己拥有的武器。一个人如果目标明确，打定主意从事所学专业，走专业路线，并一直走下去，不再更改，就必须在专业知识上精益求精。学生可以通过浏览最新文献，查看全球科研的最新进展来提高自己的专业知识。

专业知识是培养专业技能的基础，工作上出现各种问题和疑惑时，可以运用所学的知识和原理，根据具体问题找出“瓶颈”所在，找到突破口去解决。为了有效做到“对症下药”，就需要在实践中不断学习和总结，把平时所学的知识转化成工作中的利器，在反复实践中领悟、摸索。

(2) 专业技能。专业技能是指依据专业培养目标，通过一定的学习、实践训练，使学习者熟练掌握的专门技术及运用能力。专业技能分为基础技能和专门技能。

第一，基础技能，指从事专门职业所必须掌握的最基本技能。以师范生为例，不管是历史、中文，还是数学或物理专业的学生，作为未来的教师，都应具备基础的教学技能，包括表达技能、书写技能、信息处理技能等，即要有标准的普通话和良好的书面、语言、形体表达能力，扎实的三笔字（钢笔、粉笔、毛笔）、简笔画基本功以及应用现代教学媒体的能力等。

第二，专门技能，指从事某种职业所必须掌握的某项或几项特殊能力，专门技能是在基础技能的基础上进一步发展起来的能力。例如，教师在掌握了基础技能外，在课堂上还应有教授技能、提问技能、沟通技能、练习指导技能、课堂组织技能、信息技术技能等多种技能的综合运用。

专业技能是大学生进入职业领域的资本，不同的职业、行业会对从业者有不同的技能要求。具备过硬的专业知识、专业技能是毕业生进入就业市场的基本条件。

2. 核心职业能力

核心职业能力，是每个人在职业生涯中，甚至日常生活中必备的、重要的、起关键性作用的能力，它是使劳动者能够在变化的环境中很快地重新获得所需要的职业技能和知识的能力，当职业发生变更或者当劳动组织发生变化时劳动者所具备的这种能力依然存在。核心职业能力具有普遍的适用性和广泛的可迁移性，对人的终身发展和成就有着极其深远的影响。

核心职业能力将在很大程度上帮助大学生去发现、实现自我价值，从而更好地服务社会。因此大学生在毕业前就做好准备，在具有专业能力的前提下，让自己的团队合作、创新、职业沟通、人际交往、解决问题等核心职业能力过硬，无疑会成为竞争中的一把利剑。

（1）团队合作能力。团队是把不同性格的人组合在一起，在一个规则、一个系统下，为了一个共同的目标而奋斗。团体合作精神是大学生就业的决定性条件。在日常学习生活中，有目的、有计划地参与各种竞赛、学生社团、体育运动、科技文化艺术节等各种校园文化集体活动，在活动过程中自觉加强纪律观念和大局、团队意识，积极地与人交流沟通，与他人分享自己的想法，凡事采取合作的态度，只有合作才能增强团体的凝聚力。

（2）沟通能力。沟通能力是营造胜任力的“催化剂”，更是实现职业目标的推动力。在沟通中，要学会倾听，善听才能善言，切忌中途插话或打断他人。无论什么时候，倾听都显示出一个人的素养，学会倾听是一种美德、一种修养、一种气度。

（3）创新能力。创新能力不仅是衡量大学生是否成才的重要指标，也是各用人单位选人用人的重要条件之一。20—30岁是一个人最富创新能力、最容易出成果的时期，如果仅局限于教材和课堂，那么所有同学只能处于同一水平和层次。要实现超越，就必须抓住这一宝贵时期有所突破，就必须创新。

（4）人际交往能力。人际交往能力是指在一个团体或群体内与他人和谐相处的能力。每个人都必然会和社会上形形色色的人打交道，处理好人际关系是每一个大学毕业生走上社会后必须学会的课题，在现代社会生活中，人际交往能力变得越来越重要，甚至超过了工作能力。

（5）解决问题能力。学会解决问题是一个人立世和成事的根本。人们每天都会面对一些问题，这不可避免，也并不可怕，关键在于如何处理这些问题。问题出现后，我们可以向别人求助，但要明确自己才是解决问题的主体。因此，遇到实际问题时，我们要学会独立思考、仔细分析、冷静全面地寻找问题的症结。处理问题时不怯场，讲究策略，运用自身的各种知识进行合理、科学地处理。不同问题的处理方法有所不同，要学会区别对待、灵活化解，善于学习和倾听，以平等、宽容、适度为原则，提高分析问题、处理问题和解决问题的能力，以负责任的态度来解决遇到的问题。

随着信息技术的发展和全球化的深入，各个行业和岗位的变动越来越频繁，知识和技术的更新越来越迅速，用人单位招聘时，不仅仅要求大学生掌握岗位相关的专业知识和技能，而且对大学生的综合素质越来越重视。因此大学生要努力培养核心职业能力，提高自身的综合素质，成为复合型人才，这样才能在走上社会后适应不同类型的职业。

3. 实践应用能力

知识的积累对能力的提高具有指导作用，但大学生具备了丰富的知识并不意味着就有了较强的实践应用能力，要将知识转化为能力，需要付出艰辛的努力。为了适应社会的要求，大学生必须加强实践应用能力的培养和锻炼，增强自己的就业竞争实力。

（1）大学生应具备的实践应用能力。一般来说，不同的学科和专业对其毕业生有着不同的能力要求，但无论什么专业的毕业生，要想顺利就业并尽快有所成就，都必须具备一些共同的基本能力，这些能力主要包括表达能力、动手能力、适应能力、人际交往能力、组织管理能力、创新能力、决策能力等，这些能力既是择业过程中必须具备的能力，也是适应社会需要和自身发展所应具备的能力。除此之外，大学生在择业过程中还应具备以下三种能力：

第一，自我推销的能力。恰如其分地向别人推销自己也是一门学问，是需要且能够培养的一种能力，这种能力一般只能在实践中摸索积累，书本上很难学到。

第二，自我包装的能力。要获得用人单位及面试官的好感及兴趣，必须首先做好自我包装，让自己的实力能够更加充分地展示出来，包装主要包括个人形象包装和就业推荐材料包装两个方面。自我包装的能力应根据自身特长和条件不断实践和完善。

第三，随机应变的能力。大学生在就业过程中，必须学会根据社会需求状况、就业环境、自身条件等方面因素的变化，及时调整策略，牢牢把握机会，否则，如果我们坚持僵化的观念、不变的模式，将跟不上变化的形势。

除了上述一般意义上的实际能力之外，就当前的社会需要和大学毕业生的实际状况而言，计算机能力和外语能力的重要性日益突出。

(2) 获得能力的方法与途径。大学生培养自己的能力同知识的掌握一样，要靠平常的学习、生活中的自觉培养和实践锻炼来提高。人的能力水平是有差异的。这种差异并不是先天形成的，而是由所处的环境、受教育程度及自身实践状况等因素造成的。就共性而言，获取能力的方式与途径主要有以下方面：

第一，积累知识。掌握的知识越丰富、越精深、越完善，加工和运用知识的思想方法越正确、越先进，实现创造的技能技巧越熟练、越精湛，才能也就越优异、越高超，其能力也就越超群。

第二，勤于实践。能力是在实践过程中培养形成并在实践过程中表现出来的，因此实践是培养能力的重要途径。

第三，发展兴趣。兴趣对培养能力相当重要。求职者要围绕所学专业发展自己的兴趣爱好，并以这些兴趣为契机，加强相关知识的学习和积累，注意发展自己的优势能力。

第四，超越自我。作为一个求职者，可以注重发展自己的优势能力，但仅仅有优势能力是不够的，还必须对前面列出的几种基本能力有所拓展，这就要求求职者在注意发展兴趣能力的同时，也要超越自我，注意全面发展自己的各种实际能力。现代社会的多维竞争增加了单一能力持有者的生存难度，同时也增加了企业的生存危机感。因此，不管将要从事的职业是否是自己的兴趣所在，都必须注意锻炼自己的基本能力。

二、大学生就业心理的准备

求职择业是大学生综合素质尤其是心理素质的一次大考验，深入研究大学生的接受心理，是实现高校就业工作的基础。在就业过程中，良好的心

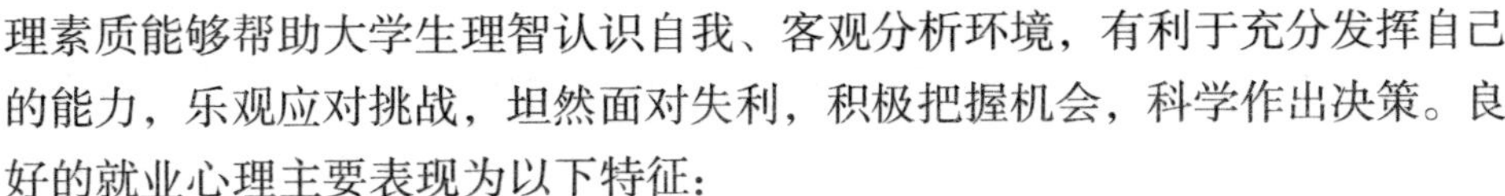

理素质能够帮助大学生理智认识自我、客观分析环境，有利于充分发挥自己的能力，乐观应对挑战，坦然面对失利，积极把握机会，科学作出决策。良好的就业心理主要表现为以下特征：

（一）正视现实，自信豁达

正视现实和自信豁达是大学生就业心理中至关重要的特征之一。面对现实，积极正面地认识并接受其中的挑战和可能的困难，是实现就业成功的首要条件。这种积极的态度不仅能够帮助大学生更好地适应就业环境，还能够增强他们的自信心和勇气，使他们更加坚定地走向成功的职业生涯。

首先，正视现实是建立在清醒认识现实环境的基础之上的。大学生在就业决策时，需要客观地评估自身的条件和优势，了解就业市场的形势和需求，以及行业的发展趋势和挑战。只有对现实有清晰的认识，才能够更好地规划自己的职业发展道路，做出符合实际情况的就业选择。

其次，自信豁达是应对现实挑战的关键。正视现实并不意味着沮丧和绝望，而是以乐观积极的态度面对困难和挑战。大学生应该相信自己的能力和潜力，坚信自己可以克服任何困难，实现自己的职业目标。只有拥有足够的自信心，才能够在面对竞争激烈的就业环境时保持冷静和自信，勇敢地迎接挑战，不断突破自我，取得更大的成就。

最后，自信豁达也是对自我价值的肯定和认同。通过正视现实，大学生能够更清晰地认识到自己的优势和特长，从而增强对自己的自信心。这种自信心不仅来源于对自身能力的信任，还源于对未来的希望和对成功的坚定信念。在面对就业选择时，自信的态度能够让大学生更加果断地作出决策，更加坚定地迈向自己的职业目标。

（二）认清自我，定位准确

认清自我并准确定位是大学生在面对就业选择时至关重要的特征之一。这一过程涉及对自身职业兴趣、个性特点、能力素质以及价值观念等多个方面的客观认知和评估。只有通过深入的自我了解，大学生才能够更准确地把握自己的定位，为未来的就业做出明智的选择。

首先，了解自己的职业兴趣是认清自我的重要方面之一。大学生应该思考自己对不同职业领域的兴趣和喜好，以及对特定工作内容的热情程度。这种对职业兴趣的认知可以帮助他们更好地选择符合个人喜好的职业方向，从而在工作中获得更大的满足感和成就感。

其次，认清自己的职业个性也是至关重要的。每个人都有自己独特的性格特点和行为方式，这些特点在职场中会对个人的表现和适应能力产生重要影响。因此，大学生需要认真分析自己的职业个性，了解自己在不同工作环境下的表现方式，以便选择适合自己个性的职业路径。

再次，准确评估自己的职业能力也是认清自我的重要环节。大学生需要客观地分析自己的专业技能、学习成绩、实习经历等方面的能力水平，以便找到与自己能力相匹配的职业方向，并为未来的职业发展做好充分准备。

最后，厘清自己的职业价值观也是认清自我的关键一步。大学生应该思考自己对工作的态度和期望，以及在职业发展中所追求的目标和价值取向。通过深入思考和反思，他们可以更好地明确自己的职业理想和价值观，从而选择与之相符合的职业道路。

（三）不怕挫折，放眼未来

在大学生就业过程中，面对挫折是不可避免的一部分。然而，如何应对挫折，如何保持乐观向前的态度，是考验大学生心理素质的关键。首先，大学生在遭遇挫折时应该保持冷静，认真分析挫折的原因。通过深入分析，了解挫折的根源，是自身努力不够还是外部环境因素影响，有助于找到解决问题的方向。同时，挫折也是一种锻炼，它可以磨练人的意志，增强面对困难的能力。因此，大学生在面对挫折时，不应该消极退缩，而是要坚定信心，相信自己通过努力可以克服困难，走向成功。

在激烈的就业竞争中，很多大学生可能会面临职业愿望无法实现的挫折。这可能是因为个人专业不对口，工作条件不理想，或者是待遇不尽如人意等原因所致。然而，这些挫折并不意味着失败，而是一个新的起点。大学生应该以积极的心态看待挫折，相信通过自己的努力和持之以恒的奋斗，未来一定会变得更加美好。每一次挫折都是一次学习和成长的机会，它们可以让大学生更加坚强，更加成熟，为未来的发展打下坚实的基础。

因此，大学生在面对挫折时，不应该被困扰和沮丧所吞噬，而是要勇敢地面对现实，保持积极乐观的心态，坚信自己的潜力和能力。通过努力学习、不断进步，大学生可以克服各种困难，迈向更加光明的未来。挫折只是暂时的，放眼未来，大学生应该怀着信心和希望，勇往直前，实现自己的人生价值。

(四) 主动出击，勇于竞争

在当前大学生就业环境的背景下，主动出击和勇于竞争的特征显得尤为重要。随着就业制度的改革，大学生获得了更多的自主选择权，但与此同时，也意味着将面临更为激烈的竞争。在这样的情况下，只有具备主动出击和勇于竞争的特质，才能够在激烈的竞争中脱颖而出，实现自己的就业目标。

首先，主动出击意味着积极主动地寻找和争取就业机会。大学生应该主动了解市场需求，掌握就业信息，积极参加各类招聘活动，主动联系用人单位，争取面试机会。只有勇于主动出击，才能够及时抓住就业机会，增加就业成功的机会。

其次，勇于竞争是在激烈竞争中取胜的关键。面对众多竞争者，大学生必须有勇气和信心，勇于展示自己的优势和能力，与他人竞争，争取更好的发展机会。在竞争中，要保持自信和冷静，不断提升自己的竞争力，勇于挑战自己，勇于面对失败，不断吸取经验教训，努力提升自己的竞争实力。

最后，主动出击和勇于竞争还需要有良好的心理素质和自我管理能力。在面对竞争的压力和挑战时，大学生应保持乐观积极的态度，保持良好的心态，不断调整自己的心理状态，保持稳定和坚定的信念，以积极的心态去面对一切挑战和困难。

第四节　大学生就业信息与材料的准备

一、大学生就业信息的准备

就业信息，是指求职者通过某种途径获得、经过加工整理，能被求职者理解，并对其求职择业有价值的新消息、知识、资料和情报。大学生顺利就业不仅取决于整个社会的政治、经济状况及自身的能力素质，也取决于是否拥有就业信息。因此，积极主动地收集就业信息，认真细致地分析就业信息，科学有效地利用就业信息，就能获得求职、择业的主动权，把握最佳的就业机会。

(一) 大学生就业信息的要素组成

就业信息对于大学生来说至关重要，它涵盖了招聘活动中各行业、企事业单位发布的需求信息、岗位薪资、工作内容以及职业发展前景等关键要素。在获取就业信息时，以下要素是至关重要的：

第一，工作单位的全称及性质是了解用人单位基本情况的重要途径。此外，上级主管部门的信息也有助于了解单位所在行业的监管环境和行业发展趋势。

第二，工作单位的发展前景和实力是考虑就业选择的重要因素。了解单位在行业中的排名或者其在整个社会经济结构中的地位能够为毕业生提供选择参考。

第三，对从业者的要求方面包括政治思想、道德品质、工作态度、学历及学业成绩、职业兴趣、职业能力、职业气质、职业技能等。这些要求直接关系到求职者是否符合岗位的招聘条件，是就业信息中至关重要的一环。

第四，工作单位的地点、工作环境、工作时间、个人待遇、福利等具体规定也是大学生在选择就业时需要考虑的重要因素。这些信息直接关系到毕业生的生活品质和职业发展。

就业信息并非孤立存在，而是一个系统工程。国家、用人单位、学校、毕业生等各方构成了一个信息网络，相互为信息源。国家和职能部门需要提供国家的产业政策、行业的人才需求等信息；用人单位需要了解国家就业政策、学校的专业设置、毕业生的能力及素质等；学校需要掌握就业的方针政策、用人单位的概况及实际需求等；毕业生需要了解就业的程序、用人单位的需求等。

（二）大学生就业信息的主要作用

就业信息在大学生就业过程中扮演着至关重要的角色，其主要作用体现在以下方面：

首先，就业信息是大学生就业的基础。劳动力市场上的供需信息是供给方和需求方共同提供的，它直接影响着大学生的就业选择和机会。毕业生通过获取用人单位的需求信息，可以更加清晰地了解市场的供给情况，从而扩大择业范围，提高就业可能性。缺乏有效的就业信息传递会导致毕业生对市场的不了解，从而无法有效地选择适合自己的工作岗位，甚至可能陷入“有业不就，无业可就”的尴尬局面。

其次，就业信息是择业决策的重要依据。大学生需要获取各种各样的就业信息，这些信息涵盖了国家的就业方针、地方及行业的就业政策、就业机构的职责、学校的就业流程等方面。在择业决策时，毕业生可以根据这些信息进行科学地分析和比较，为自己的就业选择提供更加客观和全面的依据。尤其是用人单位的需求信息，直接关系到毕业生是否符合招聘条件，因此具有重要的指导意义。

最后，就业信息是顺利就业的可靠保证。毕业生根据所获取的就业信息，经过筛选、比较和科学决策，确定了目标后，就需要全面了解这些目标的基本情况。这包括了解企业的经营方式、产品结构、市场行情、发展前景等方面。尤其需要关注应聘岗位的具体要求，这有助于毕业生更好地准备面试，增加就业成功的机会。

二、大学生就业材料的准备

简历不是一张简简单单的学习、工作经历的总结表，而是展示综合素质的重要途径，大学生要学会如何制作优秀的个人简历，通过它找到心仪的工作。

（一）自荐信

1. 自荐信的主要功能

自荐信是求职者写给用人单位的信，目的是让对方了解自己、相信自己、录用自己，它是一种私人对公并有求于公的信函。求职信的格式有一定的要求，内容要求简练、明确，切忌模糊、笼统、面面俱到。自荐信具有以下两种功能：

（1）沟通交往，意在公关。自荐信是沟通求职者和用人单位之间的桥梁。通过一定的沟通，在相互认识、交流的基础上，实现相互的交往，是求职信的基本功能。实现交往，求职者才可能展示才干、能力、资格，突出其实绩、专长、技能等优势，从而得以录用。因此，自荐信的自我表现力非常明显，带有相当的公关要素与公关特色。

（2）表现自我，意在录用。要想实现自己的求职目的，就要充分扬长避短，突出自我优势，才能在众多的求职者中崭露头角，以自己的某些特长、优势、技能等吸引用人单位。

2. 自荐信的撰写要点

（1）篇幅尽量简短。只有篇幅简短、重点突出的求职信才会引起用人单位的注意，才能收到好的效果。

(2) 突出个性。面对不同的招聘单位和不同的职位，求职信在内容侧重点上要有所不同，必须有很明确的针对性，切忌千篇一律，没有自己的特色。只有突出自己的个性，并很好地找到招聘岗位要求和自身条件的匹配点的求职信才会被招聘者关注。

(3) 实事求是。适度的谦虚会让人产生好感，但过分的谦虚则容易给人留下缺乏自信的印象，而且虚假浮夸的表述很容易被招聘者识破。因此，陈述要客观真实，适度修饰。由于文化上的差异，一般对外资企业需要充分地展示自己的能力，充满自信，而对国企、国家机关以及国有企事业单位则应适当内敛，着重介绍自己的知识和能力，语气要适度含蓄。

(4) 语句通顺，文字流畅。求职信一般要求打印，要做到排版工整、美观，不要出现错别字，语句流畅通顺，文字通俗易懂，切忌用华丽的辞藻进行堆砌，少讲大话、空话和套话。

(5) 尽量不要谈薪酬。如果没有被要求，不宜在求职信中谈论薪酬待遇。如果招聘者要求自己提供薪酬要求，那么就适度地说明，或者参照行业薪酬标准的中等水平，并且注明这是可以协商的。

(6) 仔细检查。写完后应认真阅读修改，或请周围的人帮助修改，避免有歧义的表述，避免重点不突出或表述层次不清等疏漏，这样求职信才更能准确地表达求职者的信息。

(二) 个人简历

个人简历，是求职者给招聘单位发的一份简要介绍，它包含自己的基本信息，如姓名、性别、年龄、民族、籍贯、政治面貌、学历、联系方式，以及自我评价、工作经历、学习经历、荣誉与成就、求职愿望、对这份工作的简要理解等。现在常常通过网络找工作，因此一份良好的个人简历对于获得面试机会至关重要。

通过阅读个人简历，招聘人员可以从多个方面来考量求职者：①求职者的能力。招聘者根据求职者受教育的程度、有无相关工作经历、取得过何种成绩等来判断求职者的基本能力和素质，因此简历中需列举具体的事实来证明求职者能胜任招聘岗位。②求职者的职业诚信。招聘者很看重求职者的职业诚信，会注重求职者工作的稳定性及材料表述的真实性，如果频繁跳槽或经历表述中有隐瞒、欺骗的信息，就会使招聘人员对求职者的职业诚信有所怀疑，从而影响求职者的求职。③求职者的思维特征。招聘者可通过简历表

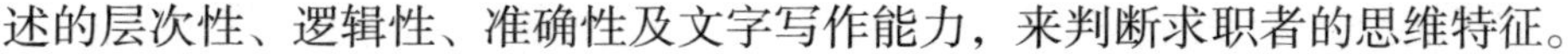

述的层次性、逻辑性、准确性及文字写作能力，来判断求职者的思维特征。

1. 简历类型

（1）文字型简历。文字型简历是用文字描述自己的经历，如个人基本情况、做过什么工作、有何成绩、获过什么奖励等。

（2）表格型简历。表格型简历是以表格的形式分栏目介绍个人情况的简历，比较简练，一目了然。特别是经计算机处理后的表格型简历，非常规范、美观。简历的样式不要太花哨，能够突出个人信息即可。针对设计类的职位，则需花一些时间制作有个性的简历，以充分展示自己的设计水平。

2. 简历格式

（1）时序型。时序型格式是简历格式的当然选择，因为这种格式能够演示出持续和向上的职业成长全过程，它是通过强调工作经历实现这一点的。时序型格式以渐进的顺序罗列你曾就职的职位，从最近的职位开始，然后再回溯。区分时序型格式与其他类型格式的一个特点是罗列出的每一项职位下，要说明责任、该职位所需要的技能以及最关键的、突出的成就。关注的焦点在于时间、工作持续期、成长与进步以及成就。

（2）功能型。功能型格式在简历的一开始就强调技能、能力、自信、资质以及成就，但是并不把这些内容与某个特定雇主联系在一起。职务、在职时间和工作经历不作为重点以便突出强化个人的资质。这种类型的格式关注的焦点完全在于所做的事情，而不在于这些事情是在什么时候和什么地方做的。

（3）综合型。综合型格式提供了最佳选择——首先扼要地介绍你的市场价值（功能型格式），随即列出工作经历（时序型格式）。这种强有力的表达方式迎合了招聘的准则，并且通过专门凸显能够满足潜在行业和雇主需要的工作经历来加以支持。而随后的工作经历部分则提供了曾就职的每项职位的准确信息，它直接支持了功能部分的内容。综合型格式很受招聘机构的欢迎，它既强化了时序型格式的功能，同时又避免了使用功能型格式而招致的怀疑。当功能部分信息充实，有阅读者感兴趣的材料而且工作经历部分的内容又能够强有力地作为佐证加以支持时，尤为如此。

（4）履历型。履历型格式的使用者绝大多数是专业技术人员或是那些应聘的职位仅仅需要罗列出能够表现求职者价值的资信。如医生就是使用履历型格式的典型职业。在履历型格式中无须其他，只需罗列出资信情况，如就读的医学院、住院实习情况、实习期、专业组织成员资格、就职的医院、公

开演讲场合及发表的著作。

（5）图谱型。图谱型格式是一种与传统格式截然不同的简历格式。传统的简历写作只需要运用左脑，思路限定于理性、分析、逻辑及传统的方式。而使用图谱型格式还需要开动右脑（大脑的这一半富于创意、想象力和激情），让简历更加生动。

3. 简历内容

（1）个人资料。个人资料必须有姓名、性别、联系方式（固定电话、手机、电子邮箱、固定住址）。

（2）学业有关内容。学业有关内容包括毕业学校、学院、学位、所学专业、班级、城市和国家，然后是获得的学位及毕业时间，学过的专业课程（可把详细成绩单附后）以及一些对工作有利的辅修课程以及毕业设计等。

（3）本人经历。本人经历指大学以来的简单经历，主要是学习和参与社会工作的经历，有些用人单位比较看重你在课余参加过哪些活动，如实习、社会实践、志愿工作者、学生会、团委工作、社团等其他活动。

（4）荣誉和成就。荣誉和成就包括"优秀学生""优秀学生干部""优秀团员"及奖学金等方面所获的荣誉，还可以把你认为较有成就的经历（比如自立读完大学等）写上去；或者是参加国家学术性竞赛、国际比赛获得的荣誉等。

（5）求职愿望。求职愿望应表明你想做什么，能为用人单位做些什么，此部分的内容应简明扼要。

（6）附件。附件可包括个人获奖证明，如优秀党、团员，优秀学生干部证书的复印件，外语等级证书的复印件，计算机等级证书的复印件，发表论文或其他作品的复印件等。

（7）个人技能。个人技能包括专业技能、IT 技能和外语技能，同时也可以罗列出技能证书。

（8）第三方推荐。第三方推荐是指通过专业的职业测评系统出具详细客观的测评报告，作为第三方推荐信，附在简历后面作为求职推荐的形式。一方面说明求职者的职业性格、职业兴趣，另一方面有利于用人单位判断求职者与岗位的匹配情况。

（三）就业推荐表

推荐信是一个人为推荐另一个人去接受某个职位或参与某项工作而写

的信件，是一种应用写作文体。

现在使用的就业推荐表，是由学校毕业生就业指导服务中心统一印制的，其栏目有姓名、性别、民族、出生年月、政治面貌、学校名称、专业、学历、培养类别、外语水平、健康状况、学校地址、特长、奖惩情况、在校表现、院系推荐意见、学校毕业生就业指导中心意见等。就业推荐表填写的注意事项如下：

第一，不能涂改。就业推荐表具有代表校方的作用，有关部门是加盖了公章的，因此，填表的时候一定要细心、认真。在校成绩单、院系推荐意见等部分，一旦有涂改的痕迹，就可能引起用人单位的误解。因此，发现错误时，应当换一张重新填写。

第二，在备注栏中叙述自己的突出优势。自己具有的一些突出优势可以在备注栏里展示，比如发表的重要作品，或者突出的外语能力、突出的工作经历等。

第三，保证推荐表的唯一可信性。推荐表的原件不可仿制，更不可谎称遗失而重新补办。这样会影响学校的声誉从而造成不良影响。毕业生在“双向选择”的过程中可以使用推荐表的复印件进行“自我推销”。只有与用人单位签订协议时，才向用人单位或人事主管部门交出推荐表的原件。

就业推荐表是毕业生和用人单位达成意向后，毕业生在签订就业协议前递交给用人单位的一份正式文件，用人单位应该妥善保存。毕业生如果因种种原因和用人单位解除了录用关系，应该索回就业推荐表，以便与下一个单位签约。若遗失要及时到学校就业主管部门补办手续，以免耽误求职。

第六章　大学生就业技巧与权益保障研究

大学生就业技巧与权益保障帮助大学生了解在职场中所面临的挑战和需求，以提升其就业竞争力和保障其合法权益；有助于制定更加有效的就业政策和提供更全面的就业指导，促进大学生的就业发展与社会和谐稳定。本章探讨大学生求职定位与求职策略、大学生面试与笔试技巧分析、大学生就业权益的保障探析。

第一节　大学生求职定位与求职策略

一、大学生求职定位

大学生的求职定位可以根据个人的专业背景、职业志向以及市场需求来确定。一般来说，以下方面可以作为参考：

（一）专业背景

专业背景在大学生的求职定位中起着至关重要的作用。根据所学专业的知识和技能，选择与专业相关的职位可以提高求职成功的机会，并为个人的职业发展打下坚实基础。以下是一些具体的职业选择，适用于不同专业背景的大学生：

1. 金融专业

金融专业的学生掌握着投资、风险管理和财务分析等领域的知识，他们可以考虑以下职位：

（1）投资银行分析师。负责进行市场研究和财务建模，协助投资银行的投资决策和交易执行。

（2）金融分析师。分析公司的财务状况、市场趋势和投资机会，为客户提供投资建议和风险评估。

（3）风险管理师。评估和管理企业面临的各种风险，制定风险控制策略

和政策，确保企业的可持续发展。

2. 计算机科学专业

计算机科学专业的学生具备计算机编程、算法设计和软件开发等技能，他们可以考虑以下职位：

（1）软件工程师。负责开发、测试和维护软件应用程序，能够利用编程语言和开发工具实现创新的解决方案。

（2）数据分析师。利用统计学和数据挖掘技术，从大量数据中提取有价值的信息，为企业的决策提供支持。

（3）人工智能研究员。致力于开发智能系统和机器学习算法，解决复杂的问题，如自然语言处理、图像识别和智能推荐系统。

3. 工程专业

工程专业的学生具备设计、建模和解决复杂问题的能力，他们可以考虑以下职位：

（1）工程师。根据项目需求进行设计、施工和维护，例如土木工程师、电气工程师、机械工程师等。

（2）项目经理。负责规划、协调和管理项目的执行，确保项目按时、按质、按成本完成。

（3）品质控制工程师。负责制定和执行品质控制策略，监测产品和流程的品质标准，确保产品符合质量要求。

4. 媒体与传播专业

媒体与传播专业的学生具备写作、编辑和媒体策划的技能，他们可以考虑以下职位：

（1）媒体编辑。负责编辑和校对新闻稿件、出版物或在线内容，确保信息准确、流畅，并符合媒体的风格。

（2）公关专员。负责组织和执行公关活动，与媒体和利益相关者沟通，维护和提升组织的声誉。

（3）社交媒体经理。管理和运营组织的社交媒体平台，制定社交媒体战略，增加品牌曝光和用户参与度。

5. 市场营销专业

市场营销专业的学生具备市场调研、品牌管理和广告推广等技能，他们可以考虑以下职位：

（1）市场营销经理。制定和执行市场营销策略，推动产品或服务的销售增长，并监测市场竞争环境。

（2）市场调研分析师。负责收集和分析市场数据，评估市场需求和竞争状况，为市场决策提供依据。

（3）品牌经理。负责品牌的策划、推广和管理，提高品牌知名度和消费者认知度。

以上仅是一些常见的职业选择，实际上，不同专业背景的大学生可以在相关领域中找到更多适合自己的职位。在选择职位时，大学生还应考虑个人兴趣、职业发展前景和自身优势等因素，以确保选定的职位与个人目标相符，并为未来的职业道路打下坚实基础。

（二）职业志向

职业志向和长期发展目标是决定求职定位的重要方面，它们反映了个人的兴趣、价值观和追求的职业方向。考虑到个人的职业志向可以帮助大学生更加准确地选择适合自己的工作，并为未来的职业发展作出规划。以下是一些具体的职业志向和相关领域的工作机会：

1. 社会公益

对社会公益有热情的学生可以考虑在非营利组织、慈善机构或社会服务机构工作。以下是一些相关的职业选择：

（1）社会工作者。提供支持和服务，帮助弱势群体解决问题，并推动社会公正和福利。

（2）慈善基金会项目经理。负责筹款活动和慈善项目的管理，确保资源的合理分配和项目的顺利进行。

（3）社会企业家。创立或参与社会企业，将商业模式与社会责任相结合，推动社会问题的解决和社会变革。

2. 环境保护

对环境保护有浓厚兴趣的学生可以寻求在环境保护机构或可持续发展领域的工作机会。他们可以考虑以下职位：

（1）环境工程师。负责设计和实施环境保护措施，解决环境污染和可持续发展方面的问题。

（2）环境政策分析师。评估环境政策的影响，并提出建议，以促进可持续发展和环境保护。

（3）可持续发展顾问。为组织提供可持续发展战略和实施计划，推动经

济、社会和环境的协调发展。

3. 教育与培训

对教育和培训有热情的学生可以考虑在教育机构、培训机构或教育科技公司工作。以下是一些相关的职业选择：

（1）教师或讲师。在学校或培训机构中传授知识和技能，培养学生的学术和职业发展。

（2）教育顾问。为学生或教育机构提供咨询和指导，制定教育规划和发展战略。

（3）教育科技专家。利用技术和创新手段改善教育过程和学习体验，开发教育应用和在线学习平台。

4. 创新与创业

对创新和创业有浓厚兴趣的学生可以考虑加入初创企业或创业团队。以下是一些相关的职业选择：

（1）创业者。创办自己的公司或组织，发展新产品、服务或解决方案，追求商业成功和社会影响。

（2）创新经理。在大公司或创新实验室中负责推动创新项目的开发和实施，推动组织的创新能力。

（3）创业生态系统支持者。在孵化器、加速器或风投机构中提供支持和指导，帮助创业者实现创业目标。

5. 文化艺术

对文化艺术有热情的学生可以考虑在博物馆、艺术机构或文化产业中工作。以下是一些相关的职业选择：

（1）策展人。负责策划和组织展览，研究和传播艺术和文化的价值和意义。

（2）文化项目经理。管理和执行文化项目，推动文化产业的发展和艺术活动的举办。

（3）文化遗产保护专家。负责保护和传承文化遗产，研究和推广文化遗产的价值和重要性。

（三）市场需求

市场需求是确定求职定位的重要参考因素，了解当前就业市场的需求可以帮助大学生选择具有潜力和发展前景的职位。随着科技的不断发展，许多行业正在迎来新的机遇和挑战。以下是一些具有潜力和发展前景的职位和相关领域，供大学生参考：

1. 大数据分析领域

随着数据规模的快速增长，对于大数据分析的需求也在不断增加。以下是一些与大数据分析相关的职位：

(1) 数据科学家。利用统计学和机器学习技术分析大规模数据，提取有价值的洞察和模式，为决策制定和业务优化提供支持。

(2) 数据工程师。设计和维护大数据系统和基础架构，确保数据的采集、存储和处理高效可靠。

(3) 数据分析师。收集、清洗和分析数据，为企业提供业务洞察和决策支持，帮助提升业绩和竞争力。

2. 物联网 (IoT) 领域

物联网技术的普及和应用推动了物联网领域的发展。以下是一些与物联网相关的职位：

(1) 物联网解决方案架构师。设计和实施物联网系统架构，包括传感器、通信和数据处理等组件，实现设备互联和数据流的管理。

(2) 物联网安全专家。负责物联网系统的安全设计和防护措施，保护设备和数据免受网络攻击和数据泄露的风险。

(3) 物联网项目经理。协调和管理物联网项目的规划、执行和交付，确保项目按时、按质完成。

3. 人工智能 (AI) 领域

随着人工智能技术的不断发展和应用，人工智能领域的工作机会不断增多。以下是一些与人工智能相关的职位：

(1) 机器学习工程师。负责开发和优化机器学习算法，用于数据分析、自动化和预测模型等领域。

(2) 自然语言处理 (NLP) 工程师。研究和开发能够理解和处理人类语言的计算机系统，应用于语音识别、翻译和智能助理等方面。

(3) 人工智能伦理顾问。负责研究和解决人工智能在伦理和社会影响方面的问题，确保人工智能技术的合理和负责任应用。

4. 清洁能源与可持续发展领域

随着对可再生能源和环境可持续性的关注增加，清洁能源和可持续发展领域的工作机会也在增长。以下是一些与清洁能源和可持续发展相关的职位：

(1) 可再生能源工程师。设计和开发利用太阳能、风能、水能等可再生

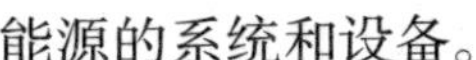

能源的系统和设备。

（2）环境工程师。设计和实施环境保护措施，解决环境污染和可持续发展方面的问题。

此外，数字营销、电子商务、人力资源管理、生物技术、医疗保健和金融科技等领域也是当前就业市场需求较高的领域。了解行业趋势和市场需求，对大学生确定求职定位和规划职业发展非常重要。通过自主学习、参加行业活动和实习，积累相关经验和技能，将有助于大学生更好地适应市场需求，并提高就业竞争力。

二、大学生求职策略

当前，就业形势越来越严峻，各个高校应注重以学生就业为导向，指导大学生制定职业生涯规划，使大学生不再迷茫就业，清楚就业方向。同时，依据岗位和社会需求培养大学生，使大学生得具有专业知识，符合岗位需求，顺利找到理想的工作，从而提高大学生的就业效率。大学生的求职策略是关系到他们未来职业发展的重要一环。“发挥出色，可以在一定程度上弥补其他条件如学历、专业上的不足。”① 一个明确的求职策略可以帮助大学生更好地规划自己的职业道路、寻找适合自己的工作机会，并提高求职成功的机会。具体的求职策略如下：

（一）自我认知及目标设定

1. 自我认知

自我认知是指对自己的了解和认识，包括兴趣、价值观、优势和弱点等方面。大学生在求职之前应该进行自我反思，思考自己的兴趣和热情所在，以及自己的个性特点和价值观。了解自己的兴趣有助于找到与之相关的职业领域，让自己能够在工作中找到乐趣和满足感。同时，了解自己的优势和弱点可以帮助大学生更好地选择适合自己的职位，并为提升自己的能力作出相应的努力。例如，一个善于沟通和组织的学生可能更适合从事销售或项目管理等与人际交往密切相关的职业。通过自我认知，大学生能够更好地了解自己的优势和不足，从而更有针对性地制定求职策略。

2. 目标设定

目标设定是在明确自己的职业目标和追求之后，为实现这些目标而设

① 万建辉．论大学生求职策略与技巧 [J]. 职业，2015(22)：66-67.

定的具体计划。大学生应该明确自己的短期和长期求职目标。短期目标是在短时间内可以实现的目标，通常包括获得实习经验、提升特定的技能或获得某种认证。通过实习，大学生可以接触到实际工作环境，积累相关经验，增加自己在求职中的竞争力。提升特定的技能，如语言技能、计算机技能、领导力技能等，可以使大学生在求职过程中更有优势。长期目标是为了实现自己的理想职业或职业发展而设定的目标。大学生可以思考自己希望达到的职位、行业或领域，并为此制定长期计划和学习规划。长期目标有助于大学生在求职过程中保持动力和坚持，并为未来的职业发展奠定基础。

在进行自我认知和目标设定时，大学生可以采取一些具体的方法和工具来帮助自己。例如，他们可以进行SWOT分析，评估自己的优势（Strengths）、劣势（Weaknesses）、机会（Opportunities）和威胁（Threats）。这可以帮助他们全面了解自己的内外部环境，并发现自己的优势和弱点，从而更好地选择适合自己的职业发展方向。此外，与他人交流和寻求反馈也是一种有益的方式。通过与家人、朋友、老师或职业顾问的交流，大学生可以获得更多的观点和建议，进一步认识自己，并从他人的经验中获得启发。

总之，自我认知和目标设定是求职过程中不可或缺的一部分。通过了解自己的兴趣、优势和弱点，并设定明确的短期和长期目标，大学生可以更有针对性地规划自己的职业道路，并为未来的职业发展作出明智的决策。这些认知和目标将指导他们在求职过程中选择合适的机会、发展所需的技能，并提高自己的就业竞争力。

（二）了解专业规划和发展

1. 积极深入了解本专业

大学生应该积极地深入了解自己所学专业的就业前景、行业趋势和技能需求。这种了解可以通过以下途径来实现：

（1）与行业专业人士交流。大学生可以与在相关行业工作的专业人士进行交流，了解行业内的工作环境、职位需求和发展前景。可以通过校友网络、行业协会、职业展览会等途径寻找机会与专业人士进行交流。

（2）参加行业活动。参加行业研讨会、讲座、行业展览等活动，可以更深入地了解行业的最新动态、创新趋势和热门话题。这有助于大学生跟上行业发展的步伐，并为自己的专业规划作出相应的调整。

（3）研究行业报告和趋势。阅读行业报告、研究行业趋势和市场需求的

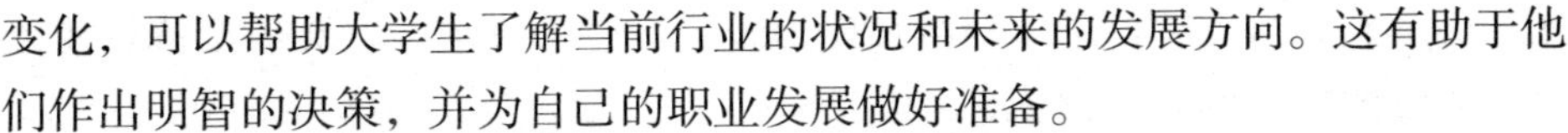

变化，可以帮助大学生了解当前行业的状况和未来的发展方向。这有助于他们作出明智的决策，并为自己的职业发展做好准备。

2. 补充相关技能和知识

大学生可以根据自己所学专业的要求和市场需求，主动补充相关的技能和知识。以下是一些方法和途径：

（1）参加培训课程。选择与自己专业相关的培训课程，可以提升自己的专业技能和知识。这些培训课程可以是学校或机构提供的，也可以是在线课程或认证课程。通过不断学习和提升自己的技能，大学生可以增加自己在就业市场上的竞争力。

（2）自学和研究。利用自学和研究的方式，大学生可以深入研究自己感兴趣的专业领域，并掌握最新的技术和知识。这可以通过阅读相关的书籍、期刊论文、技术博客等方式实现。同时，大学生也可以通过参与开源项目、自主研究和实践来提升自己的实际操作能力。

（3）参与实践项目和实习。积极参与与自己专业相关的实践项目和实习，可以帮助大学生将所学的理论知识应用于实际工作中，并获得实际工作经验。这不仅有助于提升技能和知识，还能增加自己的工作经验和专业信心。

通过深入了解专业和补充相关的技能和知识，大学生可以更好地适应就业市场的需求，并为自己的职业发展做好准备。这不仅可以提高他们在求职过程中的竞争力，还能使他们在工作中更加自信和有成就感。此外，随着行业的不断发展和变化，大学生也应保持学习的态度，及时更新自己的知识和技能，以适应行业的新要求和挑战。

（三）建立个人品牌策略

建立个人品牌，是大学生在求职过程中展示自己的重要手段，它可以帮助他们在竞争激烈的就业市场中脱颖而出。具体策略如下：

1. 优化简历

大学生的简历是与雇主沟通的重要工具，它应该准确地展示他们的教育背景、实习经验、技能和项目经历。以下是一些优化简历的关键要点：

（1）目标职位定位。针对每个求职职位，大学生应调整简历的重点，突出与目标职位相关的经历和能力。这可以通过在简历中强调与目标职位相关的项目经验、技能和成就来实现。

（2）简洁明了的结构。简历应该具有清晰、简洁的结构，使雇主能够快速地浏览和理解关键信息。使用简明扼要的标题和段落，以及项目符号和编号，可以使简历更易于阅读。

（3）强调成就和贡献。在描述项目经验和工作经历时，大学生应重点强调自己的成就和贡献。使用量化的数据和具体的结果来说明自己在过去的工作中取得的成绩，可以更有说服力地展示自己的能力和价值。

（4）校对和编辑。在提交简历之前，大学生应该仔细校对和编辑，确保没有拼写错误、语法错误或格式问题。一份精心制作、没有错误的简历可以给雇主留下良好的第一印象。

2. 个人网站

在当今数字化时代，搭建个人网站已经成为大学生建立个人品牌和展示自己的重要方式之一。通过个人网站，大学生可以展示自己的项目作品、专业观点和个人成就，从而吸引潜在雇主或合作伙伴的注意，提升自己在职场上的竞争力。

（1）个人网站为大学生提供了一个展示自我形象和专业素养的平台。在个人网站上，大学生可以详细介绍自己的教育背景、工作经验、专业技能和项目经历等信息，向外界展示自己的学术成就和实践能力。这有助于雇主或合作伙伴更全面地了解大学生的能力和潜力，为其未来的发展提供参考和支持。

（2）个人网站可以帮助大学生建立个人品牌和专业形象。通过精心设计和定期更新个人网站，大学生可以展示自己的创造力和专业素养，树立自己在特定领域的权威地位，建立起良好的个人品牌。这有助于大学生在职场上脱颖而出，吸引更多的机会和资源，实现自己的职业目标。

（3）个人网站还可以作为大学生进行个人品牌推广和营销的工具。通过在个人网站上发布优质内容和专业观点，大学生可以吸引更多的访问者和关注者，扩大自己的影响力和知名度。同时，个人网站也可以作为大学生与外界交流和合作的桥梁，为其未来的职业发展打开更广阔的空间。

3. 社交媒体展示

在当今数字化时代，社交媒体已经成为大学生展示自我、建立个人品牌的重要渠道之一。通过专业社交媒体平台，大学生可以展示自己的专业技能、项目经验和成就，与同行专业人士进行交流和连接，从而提升自己在职场上的可见度和竞争力。

（1）专业社交媒体平台为大学生提供了一个展示个人专业素养和成就的平台。通过在社交媒体上发布与专业相关的内容，如行业动态、学术观点、

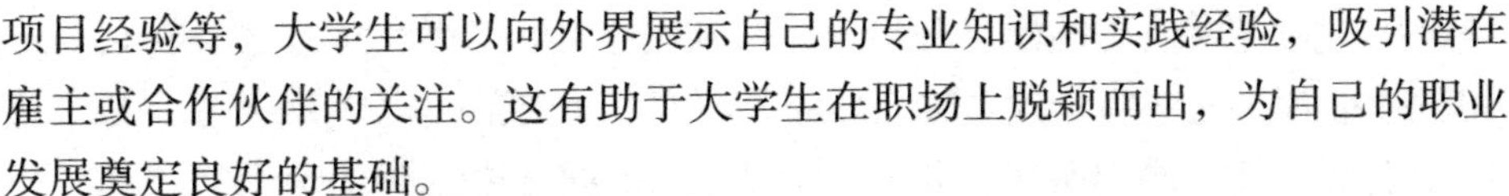

项目经验等，大学生可以向外界展示自己的专业知识和实践经验，吸引潜在雇主或合作伙伴的关注。这有助于大学生在职场上脱颖而出，为自己的职业发展奠定良好的基础。

(2) 专业社交媒体平台可以帮助大学生与同行专业人士进行交流和连接。在社交媒体上，大学生可以加入与自己专业相关的群组或社区，与同行专业人士进行讨论和互动，分享经验和见解，建立起良好的人脉关系。这不仅有助于大学生获取行业内部的最新信息和资源，还可以拓展自己的职业圈子，为未来的职业发展打下坚实的基础。

(3) 专业社交媒体平台还可以作为大学生展示个人品牌和建立专业形象的工具。通过在社交媒体上发布高质量的内容和观点，大学生可以吸引更多的关注和访问，扩大自己在专业领域内的影响力和知名度。同时，积极参与行业内的讨论和活动，展示自己的专业素养和创造力，有助于树立个人品牌，提升自己在职场上的竞争力。

(四) 寻找实习和实践机会

1. 充分利用学校提供的资源

充分利用学校提供的资源是大学生寻找实习和实践机会的重要途径之一，这些资源不仅为大学生提供了求职指导和信息渠道，还为他们提供了与雇主交流和建立人脉关系的平台。以下是一些学校资源的利用方式，可以帮助大学生更好地获取实习机会和职业发展支持：

(1) 就业指导中心是大学生寻找实习机会的重要资源之一。这些指导中心通常由专业的就业顾问和招聘专家组成，他们提供求职指导、职业咨询和实习机会信息等服务。大学生可以通过预约咨询或参加工作坊等方式，与就业指导中心的工作人员交流，获取有关实习机会的信息，并获得有关简历撰写、面试技巧和职业规划等方面的指导，从而提高自己的求职竞争力。

(2) 校园招聘会是大学生获取实习机会的重要途径之一。学校经常组织校园招聘会，邀请各类公司和组织前来招聘实习生。参加校园招聘会可以直接与雇主交流，了解实习机会和职位要求，并提交个人简历。这是一个很好的机会，可以与多家公司面对面接触，并进行初步面试，从而为未来的职业发展打下基础。

(3) 校友网络也是大学生寻找实习机会的重要资源之一。学校的校友网络是一个宝贵的资源，通过与校友建立联系，大学生可以了解他们的职业发展经历，并寻求他们的建议和指导。校友网络还可以为大学生提供实习机会和就业推荐，这些机会通常来自校友所在的公司或组织，有时甚至可以直接帮助大学生进入他们所在的企业，为他们提供实践机会和职业发展支持。

2. 参加行业协会和组织活动

参加行业协会和组织的活动是大学生寻找实习和实践机会的重要途径之一，同时也是扩展专业知识、建立人脉网络和提升就业竞争力的有效途径。以下是一些行业协会和组织活动的利用方式：

（1）参加活动和研讨会是获取实践机会的重要方式。行业协会和组织经常组织各种活动、研讨会和讲座等，涵盖行业内的最新动态、技术趋势和专业知识。参加这些活动可以与行业专业人士进行交流和互动，了解行业内的实践机会，并拓展人脉网络。通过参与研讨会和讲座，大学生可以深入了解行业的前沿知识和发展趋势，为自己未来的职业发展做好准备。

（2）实习和志愿者机会是行业协会和组织提供给大学生的重要资源之一。这些机会为大学生提供了实践经验和专业发展的机会，有助于他们将课堂学习与实际工作相结合。实习和志愿者机会通常可以通过协会或组织的官方网站、社交媒体或邮件列表获得，大学生可以根据自己的兴趣和专业方向选择参与，从而积累相关工作经验，并丰富自己的简历。

（3）寻求导师和指导也是参与行业协会和组织活动的重要目的之一。行业协会和组织中的资深会员或行业领袖可能愿意担任大学生的导师或指导者，为他们提供宝贵的职业建议、专业指导和实习推荐。通过与导师建立良好的关系，大学生可以获取更多的职业机会和发展资源，为自己的职业生涯规划提供有力支持。

第二节　大学生面试与笔试技巧分析

一、大学生面试技巧

（一）面试的基本类型

1. 结构式面试

结构式面试的目的在于去除偏见，帮助雇主作出客观的决定。结构式面试由面试主考官掌控面试的全过程，他会按照事先设定的考核标准精心设

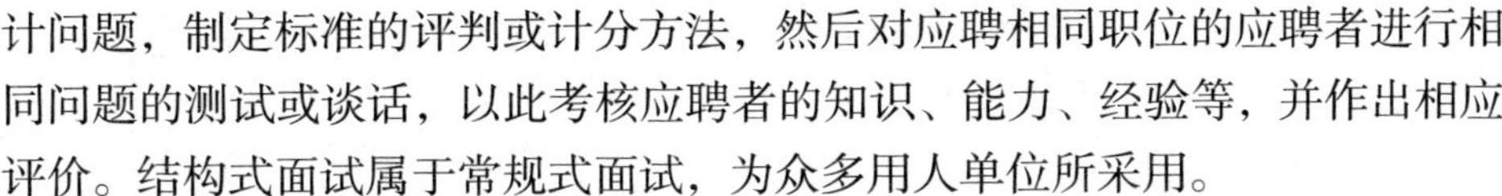

计问题，制定标准的评判或计分方法，然后对应聘相同职位的应聘者进行相同问题的测试或谈话，以此考核应聘者的知识、能力、经验等，并作出相应评价。结构式面试属于常规式面试，为众多用人单位所采用。

2. 评估中心

评估中心是一系列考核方式的综合，这是一些专业化程度较高的外资企业通常使用的方法。这种面试包括在公众面前的个人演讲、辩论、无领导的小组讨论、团队创建游戏等，其测试目的是考核应聘者的适应能力和在一个全新的、毫无准备的情境中处理问题的能力。

3. 非常规面试

非结构化面试是指面试没有应遵循的特别形式，主试者可以问随机想起的问题，谈话可以向各个方向展开。它的优点是可鼓励求职者讲出心里话，收集更为丰富的信息，方式灵活。常见的非常规面试有以下形式：

（1）自由式面试。由面试官与应聘者自由漫谈，使应聘者得到充分放松与自由发挥，从而更全面地了解应聘者。

（2）压力式面试。面试官有意识地向应聘者施加压力，或针对某一问题进行一连串发问，刨根究底，使应聘者疲于应付，十分被动，使其陷入难堪的境地，以此考察应聘者承受挫折的能力、随机应变的能力及心理素质等。

（3）即兴演讲式面试。一般采取现场抽签的方式，进行即兴命题式演讲。从应聘者抽到演讲题目开始，到准备演讲，直至完成演讲，一般不超过 15 分钟。演讲时间一般为 5 分钟左右。这种面试主要考查应聘者的语言表达能力、思维敏捷性、逻辑性、知识渊博性等。产品销售员、公关人员、教师等职业领域较多采用即兴演讲式面试。

（4）角色模仿面试。由应聘者现场模仿所应聘岗位的角色，并据此判断应聘者的学习能力、语言表达能力、公关活动能力、业务水平、随机应变能力，以及对所应聘岗位的认识程度、理解程度及是否能胜任这一工作。

（5）情景式面试。设想某种场景，由应聘者在该场景中扮演某种角色去完成某项任务，并据此判断应聘者的反应能力和随机应变能力。

4. 远程视频面试

远程视频面试是运用现代网络技术手段，通过网络视频进行远程面对面网络交流的面试方式。

5. 一对一的个别面试

一对一的个别面试经常应用于第一轮面试，其目的不是找出期望中的

人选，而是通过对应聘者所具备的知识技能和经验等进行初步的了解与核实，以剔除一些素质较差的应聘者。

6. 多对一主试团面试

多对一的主试团面试是由人力资源部经理、业务部门经理及将来有机会与应聘者共事的同事等人组成面试团，对应聘者的人格特质、业务素质、行为风格等进行考核。应聘者要对面试团成员的所有提问进行回答，并要注意与他们之间的沟通，不能忽略其中任何一个人的问题。面试结束后，面试团会综合所有成员的意见给应聘者一个评价。

7. 多对多的小组面试

多对多的小组面试中，主试方和应聘者都是多个人，主试方多人从不同角度轮流对一个应聘者提问，并要求其他应聘者对同一问题依次进行回答，从而对应聘者进行比较和权衡。通过这种面试，主考官通常想了解应聘者与团队互动的情况、每个应聘者在团队中的角色、谁会在团队中以领导身份出现等。这种面试形式中，考虑周到、表现机智很重要，但是不要独占会谈场面。

（二）面试前的准备技巧

面试是大学生通往自己心仪单位的必经之路，在面试前的准备可从硬件准备和软件准备两方面着手。

1. 硬件准备

（1）推荐材料的准备。面试之前根据用人单位的特点和要求准备几种格式的推荐材料，确保面试官想看什么就有什么，除此之外，还应准备就业协议书。

（2）个人形象的准备。面试前应该准备一套合适、得体的职业装，男性最好是深色西装，配同色系或互补色系的衬衫，还要系上领带、穿皮鞋。女性可以选择稍休闲的职业装，若是裙装，则要穿丝袜、合适的高跟鞋。保持良好的举止也能够为面试加分，如站姿、坐姿、眼神表情等都要规范。穿着打扮既能反映一个人的修养，也是对面试官和用人单位的尊重。一般情况下，衣着不整、蓬头垢面会给面试官留下不好的印象，而过于时尚的打扮又会被认为不成熟或不可信任。

（3）纸、笔、证件的准备。面试之前一定记住准备好用于面试时记录的纸和笔，并准备好用于证明自己身份和优秀素质的相关证件、证书。需要准

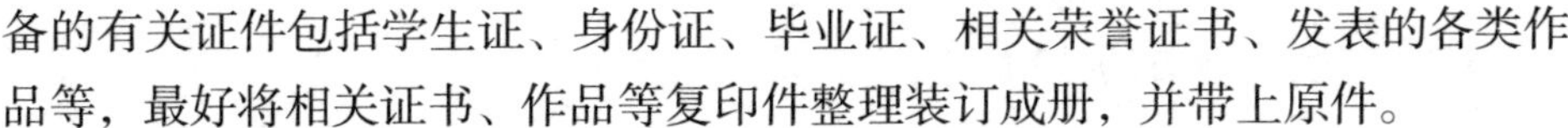

备的有关证件包括学生证、身份证、毕业证、相关荣誉证书、发表的各类作品等，最好将相关证书、作品等复印件整理装订成册，并带上原件。

2. 软件准备

（1）“知彼知己”。一方面，尽可能详细了解用人单位的情况，包括组织内部情况和组织外部情况两方面。组织内部情况又包括发展历史和最新动态、发展目标与组织文化、单位领导人的姓名、单位规模与行政结构、服务内容与类别、财政状况、绩效考核体系、培训体系、薪酬体系、正在招聘的职位及能力要求等；组织外部情况包括服务对象的类型及规模、组织的公众形象与社会评价、主要竞争对手的情况等。

另一方面，尽可能全面认识自己，包括自己的基本情况、教育背景、知识结构、专业水平、组织管理能力、兴趣爱好、社会经验、公众评价、主要优缺点等；只有知彼知己，才能在面试中胸有成竹、言之有物，增强面试的针对性和说服力。

（2）加强面试技巧培训。一般的企业面试竞争压力不会太大，面试者无须掌握过多面试技巧就能通过。但对于知名企业、国企、事业单位等的岗位或公务员面试，应聘者多，用人单位优中选优，这时对面试者技巧要求较高，往往一个环节把握不到位，或是一个问题回答有偏差，则可能导致出局。因此，参加一定的专业面试技巧培训，虚心听取他人意见，加强语言表达能力和随机应变能力的训练尤其重要。

（3）保持良好的心态，努力克服紧张心理。既要充分认识到求职竞争的激烈、残酷和困难，又要充分树立战胜自我、战胜他人的必胜信心。要敢于正视失败，要勇于丢掉思想包袱，轻装上阵，畅所欲言，不要患得患失。既不能把一次面试和工作机会看得过轻，又不能将其看得过重，从而背上沉重的心理负担和思想包袱。

（4）回顾简历并预演面试场景。求职者通常会针对不同的企业或不同的岗位而对简历进行相应调整。因此，在面试前，应聘者应该仔细回顾并重新熟悉投递的简历内容，特别是在个人介绍部分应突出与所申请岗位的匹配度，以确保面试官能够相信其确实具备相关能力和经验。完成这些准备工作后，可以邀请一位有经验的朋友、同学或老师扮演面试官，进行必要的模拟面试演练。通过这种方式，可以提前熟悉可能会被提及的问题，并在面试时更加自信和从容地应对。

(三) 面试各环节的技巧

1. 自我介绍技巧

留下良好而深刻的第一印象在面试成功中占据了重要的一半。自我介绍要求应聘者清晰地陈述自己的基本情况，通常时间控制在2至3分钟为宜。在自我介绍中，思路要清晰，重点要突出，主要强调自己的优势、专业知识技能、成就等情况，并突出表达能为应聘单位带来的价值和贡献，避免重复简历上的内容。

应聘者在自我介绍时需要注意：首先，要表现出信心和精神饱满的态度；其次，保持冷静沉着，不要显得慌张或匆忙；另外，面带微笑，彬彬有礼，展现出良好的礼貌和素质。在语言表达上，尽量使用尊敬和谦虚的措辞，例如使用尊称，如“尊敬的领导，您好”。

2. 聆听技巧

听也是一种学问，人的思维速度是说话速度的几倍，一般情况下，说者还没说完，听者也许早就理解了。善于倾听并成为一个优秀的“听众”，是面试成功的又一个重要方面。

(1) 全神贯注、用心倾听。大学生在面试时精力必须高度集中，不能分心，要做到耐心、专心。应聘者在听面试官谈话时，应当保持耐心，不能表现出不耐烦的神色，更不能东张西望。同时，应聘者应全神贯注，始终保持精神饱满的状态，专心致志地注视着面试官。

(2) 尊重他人、姿势得当。无论是站着还是坐着，应聘者都要让面试官感觉到自己在注意倾听、是最优秀的听众。具体表现为，身体要稍微向前弯曲，以缩短与面试官的距离，表示对他的话有兴趣，并用各种肢体语言来回答面试官的问题，表明自己的机敏。

(3) 用好眼睛、适时互动。在与面试官谈话的过程中，应聘者应聚精会神地注视对方，保持与面试官目光的接触，表示对面试官所谈内容有浓厚的兴趣。如果左顾右盼，目光飘移不定，就显得情绪不安。同时，与面试官进行互动，将自己的关注传达给面试官，让面试官知道自己在专心地听他讲，使面试官对继续讲话保持兴趣。

(4) 察言观色、保持敏感性。在聆听面试官谈话时，应具备足够的敏感性。

首先，应高度关注关键的字、词，善于从面试官的话语间找出他没有表达出来的意思，即理解对方的言外之意。

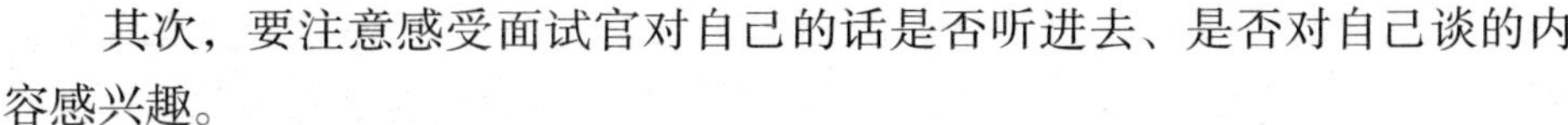

其次，要注意感受面试官对自己的话是否听进去、是否对自己谈的内容感兴趣。

最后，还要细心观察面试官在谈话时的表情及姿势的变化，从而全面准确地把握面试官谈话的含义。

3. 应答技巧

面试过程中，招聘方总会提出一系列的问题，正确应对和回答面试中的问题，应聘者需主要把握以下方面：

(1) 把握重点，简洁明了、有理有据。一般情况下回答问题时要结论在先，议论在后，先把自己的中心意思表达清楚，然后再进行叙述和论证。否则，长篇大论会让人不得要领。而且面试时间有限，多余的话太多反而容易跑题。

(2) 讲清原委，避免抽象。面试官所提问题总是想了解一些应聘者的具体情况，不要简单地仅以是或否作答。针对所提问题，有的需要解释，有的需要说明。过于抽象的回答往往不会给面试官留下具体的印象。

(3) 有个人见解与特色。面试官接触的应聘者可能数量很多，相同的问题可能要问若干遍，类似的回答也要听若干遍，只有具有独到的个人见地和个人特点的回答，才会引起对方的兴趣和注意。

二、大学生笔试技巧

大学生在应对就业笔试时，除了充分准备外，还需要掌握一些笔试技巧，以提高答题效率和表现水平。这些技巧涉及到心态调整、考前准备和科学答卷等方面。

首先，增强信心是十分重要的。在面对笔试时，保持良好的心态至关重要。缺乏自信可能导致紧张和焦虑，从而影响答题表现。因此，应聘者应该客观冷静地评估自己的能力和准备情况，克服自卑心理，增强自信心。需要意识到，笔试是一种双向选择的过程，单位在选择应聘者的同时，应聘者也在选择单位，因此不应该对笔试给自己带来太大的心理压力。

其次，做好考前准备是必不可少的。在参加笔试之前，了解考场环境、熟悉考试要求和注意事项都能够有助于消除紧张情绪。带好必要的证件和文具，确保在考试过程中不会因为这些小事而影响心情和发挥。此外，充足的睡眠也是非常重要的，只有保持良好的身体状态，才能在考试中保持高效的表现。

最后，科学答卷是提高笔试效率的关键。在拿到试卷后，应该先通览一遍，了解题目的数量和难易程度，以便合理安排时间和精力。按照先易后

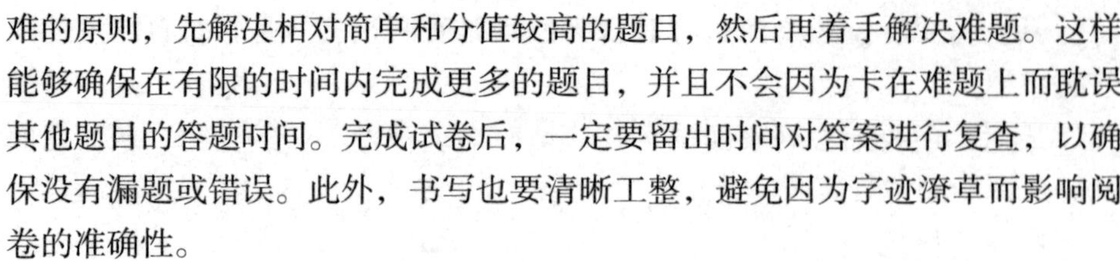

难的原则，先解决相对简单和分值较高的题目，然后再着手解决难题。这样能够确保在有限的时间内完成更多的题目，并且不会因为卡在难题上而耽误其他题目的答题时间。完成试卷后，一定要留出时间对答案进行复查，以确保没有漏题或错误。此外，书写也要清晰工整，避免因为字迹潦草而影响阅卷的准确性。

第三节　大学生就业权益的保障探析

近年来，高校毕业生的人数逐年增加，大学毕业生就业形势日益严峻，在高就业压力下，其权益受侵害的问题日益突出。因此，大学毕业生只有熟悉法律法规和就业政策，正确了解和运用就业权益知识，才能完成从“象牙塔”到社会的完美过渡，才能更好地保护自己的就业权益并履行自己的就业义务。“保障大学生就业权益的实现，加大对大学生就业权益的保护力度具有十分重要的现实意义。”①

一、大学生就业权利与义务

（一）就业权利

所谓权利是法律赋予公民作为或不作为的许可、认定及保障，与义务相对应。根据《中华人民共和国宪法》《中华人民共和国劳动法》（以下简称《劳动法》）《中华人民共和国高等教育法》《普通高校毕业生就业工作暂行规定》等的规定，大学毕业生在就业过程中享有多方面的权利。

1. 获取信息权

毕业生就业的前提和基础就是及时获取就业信息，只有充分掌握并有效利用就业信息，毕业生才能根据自身情况寻找适合自己的企业，从而成功就业。信息权包括以下三个方面的含义：

（1）信息公开，指的是所有用人信息必须向所有毕业生公开，不允许隐瞒、截留信息，亦不允许只将信息留给个别学生。

（2）信息及时，指的是学生获取的信息必须是及时、有效的，不允许将过时的、无效的、无利用价值的信息传递给学生。

① 刘志慧 . 大学生就业权益的法律保护研究 [J]. 法制博览，2022(1)：146-148.

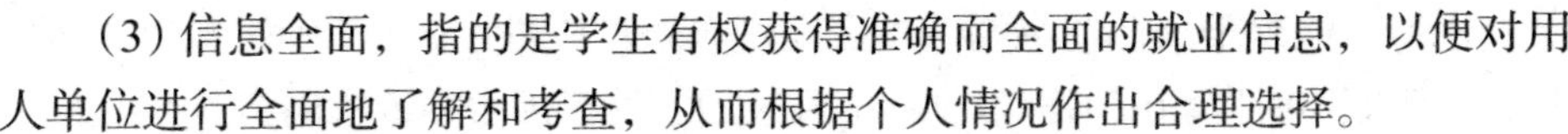

(3) 信息全面，指的是学生有权获得准确而全面的就业信息，以便对用人单位进行全面地了解和考查，从而根据个人情况作出合理选择。

2. 就业指导权

对于学生而言，学生有权从学校获得就业指导；对于学校而言，学校应该成立专门的就业指导部门，安排专业教师对学生进行就业指导。这些指导包括宣传国家关于毕业生就业方面的方针、政策；开设就业指导课程对学生进行就业技巧的指导；引导学生根据社会和个人需求，准确定位，科学合理就业。当然，随着学生就业工作规范化、市场化发展，市场上已经出现专业的就业指导机构，未来学生的就业指导可能会由学校指导转为市场化运营指导。

3. 知情权

毕业生在与用人单位签订协议前，有权了解用人单位的基本情况，包括生产经营的情况、工作环境、生活条件、工资待遇等情况，以及用人单位的规模、地点和拟安排工作的岗位等情况。

4. 被推荐权

学校在就业工作中的一个重要职责就是向用人单位推荐学生，而学生有权获得学校的如实推荐。对于用人单位来说，学校的推荐会很大程度上影响用人单位对学生的取舍，因此，学生了解被推荐权非常必要。被推荐权包括以下三个方面的内容：

(1) 如实推荐，即学校在对毕业生进行推荐时，应该实事求是，不夸大其词，不故意贬低或随意抬高，根据学生的实际情况向用人单位进行推荐。

(2) 公正推荐，即学校在对毕业生进行推荐时应该公正、公平，保证每个学生都有被推荐的机会。

(3) 择优推荐，即学校在对毕业生进行推荐时，应该根据学生在校期间的日常表现，择优推荐。学生在就业过程中取胜的关键是靠个人综合素质能力，而用人单位录用学生的标准亦是择优录用。

5. 平等待遇权

用人单位招录毕业生，应坚持公开、公平、公正的原则，在招录过程中性别歧视、样貌歧视、学历歧视、身高歧视等都是对毕业生平等待遇权的侵犯。《劳动法》规定，劳动者就业，不因民族、种族、性别、宗教信仰不同而受歧视，妇女享有与男子平等的就业权利。

目前，毕业生的平等待遇权受侵犯的情况仍然普遍存在。女大学生在就业时经常会碰到隐形侵犯平等待遇权的情况，比如很多用人单位虽然不愿意招

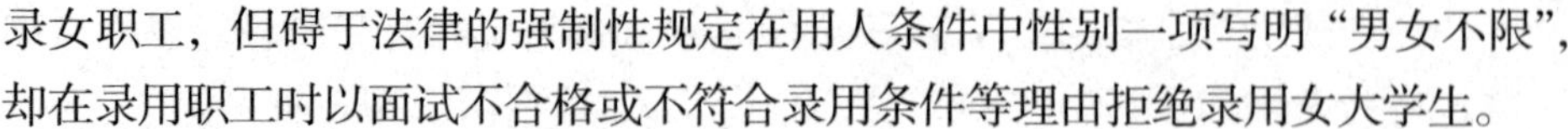

录女职工，但碍于法律的强制性规定在用人条件中性别一项写明“男女不限”，却在录用职工时以面试不合格或不符合录用条件等理由拒绝录用女大学生。

6. 选择权

根据国家有关规定，实行招生并轨改革的毕业生在符合国家就业方针、政策的条件下，享有自主选择用人单位的权利，其他任何单位和个人不得干涉。换言之，毕业生可以根据自己的兴趣爱好、个人能力去选择自己喜欢的职业。学校、家长可以对学生就业提供建议和意见，但不能将个人意志强加给学生，强迫学生到某单位工作是侵犯学生选择权的行为。

7. 劳动报酬权

劳动者按照用人单位的要求付出体力或脑力劳动后，就有权获得劳动报酬。劳动报酬既是劳动者及其家人的生活保障，又是劳动者社会价值的体现。劳动报酬包括货币工资、实物报酬、社会保险三种基本类型。

8. 休息休假权

休息休假是指劳动者在国家规定的法定工作时间外自行支配的时间，比如劳动者享有法定节假日休假、年休假、探亲假等权利。休息休假不仅可以恢复体力、缓解疲劳，还可以提高劳动者的工作积极性。假如用人单位安排劳动者在正常工作时间外加班的，用人单位应当支付劳动者加班的工资报酬。

9. 享受社会保险待遇

《劳动法》规定，用人单位和劳动者必须依法参加社会保险，缴纳社会保险费。因此，劳动者入职后，用人单位应当为劳动者缴纳法定的社会保险。但有的用人单位为了节约成本，在劳动者入职 1—2 年后才开始缴纳社会保险，有的甚至在劳动合同中加入免除缴纳社会保险的义务条款。这些行为都是违法的。

10. 违约及求偿权

毕业生就业协议是在用人单位、毕业生、学校三方合意的基础上订立的，任何一方不得擅自毁约或违约。大学生与用人单位签订协议后，如用人单位无故解除合约，毕业生有权要求对方继续履行合同，否则用人单位应对毕业生承担违约责任，支付违约金及补偿金。当然，毕业生违约也同样需要承担违约责任。

（二）就业义务

大学生在面对就业时有着一系列的义务和责任，这些义务既涉及个人的职业道德，也关乎国家和社会的发展需要。以下是大学生在就业过程中需要遵守的义务：

第一，作为国家的一份子，大学生有义务服从国家的需要。虽然大学生在毕业后拥有择业自主权，但也应当考虑到国家的发展需求。中国梦的实现需要每个国家公民的努力和奉献，作为青年大学生，应当积极响应国家号召，为国家的发展贡献自己的力量，特别是可以向西部等欠发达地区贡献自己的专业技能和知识。

第二，大学生在向用人单位介绍个人情况时有义务如实陈述。诚实守信是职业道德的基本要求，毕业生在求职过程中不应夸大其词或者弄虚作假，应当实事求是地向用人单位反映个人情况，以维护职场的诚信和正义。

第三，大学生有义务接受用人单位组织的测试或考核。用人单位为了确保招聘到符合要求的人才，通常会组织测试或考核来了解毕业生的能力和适应性。因此，毕业生应积极配合，充分展示自己的能力和潜力，以展现自己的竞争力和适应性。

第四，大学生应严格按照就业协议及其他合法约定履行相应的义务。根据《中华人民共和国合同法》，依法签订的合同对当事人具有法律约束力，双方应当按照约定履行自己的义务，不得擅自变更或解除合同。毕业生在签订就业协议或合同后应当认真履行约定的义务，不得擅自变更或解除，否则需要承担相应的法律责任。

第五，大学生有义务依照职责完成工作。一旦成功就业，大学生应当认真履行自己的职责，按照用人单位的要求和安排，完成各项工作任务，以维护用人单位的利益和形象。

第六，大学生有义务不断提高职业技能。随着社会的发展和行业的变化，职业技能的更新换代日益迅速，大学生需要不断学习和提升自己的专业知识和技能，以适应职业发展的需求，保持竞争力和持续发展的能力。

二、大学生就业权益的保障

（一）就业协议书

就业协议书，是“全国普通高等学校毕业就业协议书”的简称，通常称为“三方协议”，是普通高等学校毕业生和用人单位在正式确立劳动人事关系前，经双向选择，在规定期限内确立就业关系、明确双方权利和义务而达成的书面协议，是用人单位确认毕业生相关信息真实可靠以及接收毕业生的重要凭据，也是高校进行毕业生就业管理、编制就业方案以及毕业生办理就业落户手续等有关事项的重要依据。

就业协议书和劳动合同关系到每一个大学毕业生的切身利益，都是具有法律意义的法律文件，两者紧密相联，分别签订于毕业生就业过程的不同阶段。毕业生到达就业单位报到时，三方协议就自动终止了。就业协议一般由教育部或各省、自治区、直辖市就业主管部门统一制表。这个三方协议不是劳动合同而是一个意向合同，不受劳动法调整而受民法调整。

各高校要严格执行“四不准”规定，即不准以任何方式强迫毕业生签订就业协议和劳动合同，不准将毕业证书、学位证书发放与毕业生签约挂钩，不准以户档托管为由劝说毕业生签订虚假就业协议，不准将毕业生顶岗实习、见习证明材料作为就业证明材料。

就业协议书包括以下内容：

毕业生如实向用人单位介绍自己的情况，包括：姓名、性别、身份证号码、专业、学制、毕业时间、学历、联系方式等。了解用人单位的使用意图，表明自己的就业意见，在规定的时间内到用人单位报到，如遇特殊情况不能按时到用人单位报到，须征得用人单位同意。

第一，用人单位要如实介绍本单位的情况，包括：单位名称、组织机构代码、单位性质、联系人及联系方式、档案接收等，对毕业生的要求及使用意图，做好各项接收工作。

第二，学校如实向用人单位介绍毕业生的情况，用人单位同意录用后，经学校审核列入建议就业计划，报主管部门批准，学校负责办理毕业生的派遣手续。

第三，各方应严格履行协议，任何一方若违反协议，应承担违约责任。

第四，其他补充内容。

（二）劳动合同

劳动合同，是劳动者与用人单位确立劳动关系、明确双方权利和义务的协议。劳动合同是劳动者与用人单位建立劳动关系的凭证，是确立劳动法律关系的形式，是调整劳动关系的手段，也是处理劳动争议的重要依据。所有劳动者，无论是初次就业的应届毕业生，还是非应届毕业生，只要与用人单位建立劳动关系都应当订立劳动合同（或者聘用合同）。订立和变更劳动合同，应当遵循平等自愿、协商一致的原则，不得违反法律、行政法规的规定。劳动合同依法订立即具有法律约束力，当事人必须履行劳动合同规定的义务。

建立劳动关系应当订立劳动合同。根据规定，劳动者加入企业、个体经济组织、事业组织、国家机关、社会团体等用人单位，成为该单位的一员，承担一定的工种、岗位或职务工作，并遵守所在单位的内部劳动规则和其他规章制度；用人单位应及时安排被录用的劳动者工作，按照劳动者提供劳动的数量和质量支付劳动报酬，并且根据法律、法规规定和劳动合同的约定提供必要的劳动条件，保证劳动者享有劳动保护及社会保险、福利等权利和待遇。

劳动合同的内容可分为两方面：一方面是必备条款的内容；另一方面是协商约定的内容。必备条款的含义就是合同中必须具备的条款，若缺少其中之一，此合同都将被视为无效合同。

劳动合同的法定形式是书面形式，并具备七个条款：①劳动合同期限；②工作内容；③劳动保护和劳动条件；④劳动报酬；⑤劳动纪律；⑥劳动合同终止的条件；⑦违反劳动合同的责任。

按照法律规定，用人单位与劳动者订立的劳动合同除上述7项必须具备的条款内容外，当事人可以协商约定其他内容，一般简称为协商条款或约定条款。这类约定条款的内容，是当国家法律规定不明确，或者国家尚无相关法律规定的情况下，用人单位与劳动者根据双方的实际情况协商约定的一些随机性的条款。当然，这些约定条款有效的前提是不能违反国家法律的规定。劳动行政部门印制的劳动合同样本，一般都将必备条款写得很具体，同时留出一定的空白由双方约定一些内容。例如：可以约定试用期、培训、保守用人单位商业秘密、补充保险和福利待遇以及其他经双方当事人协商一致的事项等。随着社会的发展，法律制度的完善，人们的法律意识、合同观念会越来越强，劳动合同中的约定条款的内容也越来越多。这是提高劳动合同质量的一个重要体现。

（三）劳动争议及其处理

劳动争议是社会生活中经常发生的一类纠纷。争议处理程序是专门处理劳动争议的程序。根据劳动争议所具有的特点，处理劳动争议不采用处理一般民事纠纷的程序，而是采用行政程序和诉讼程序相结合的特别程序。用人单位与劳动者发生劳动争议，当事人可以依法申请调解、仲裁、提起诉

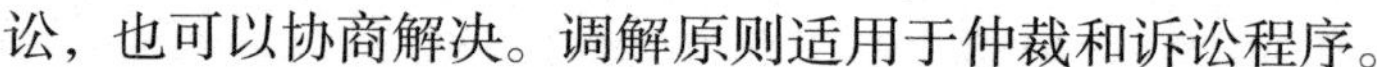

讼，也可以协商解决。调解原则适用于仲裁和诉讼程序。

劳动者与用人单位可以选择这些程序解决劳动争议：发生劳动争议后，当事人可以向行政部门投诉；向相关调解组织申请调解；自劳动争议调解组织收到调解申请之日起 15 日内未达成调解协议的，当事人可以向劳动仲裁机构申请仲裁。达成调解协议后，一方在协议约定期限内不履行调解协议的，另一方当事人也可以依法申请仲裁。此外，当事人也可以直接向劳动仲裁机构申请仲裁。

1. 协商

协商是指劳动者与用人单位就争议的问题直接进行协商，寻找纠纷解决的具体方案。与其他纠纷不同的是，劳动争议的当事人一方为单位，一方为单位职工，因双方已经发生一定的劳动关系而使彼此之间相互有所了解。双方发生纠纷后最好先协商，通过自愿达成协议来消除隔阂。但是，协商程序不是处理劳动争议的必经程序。双方可以协商，也可以不协商，完全出于自愿，任何人都不能强迫。

2. 调解

调解程序是指劳动纠纷的一方当事人就已经发生的劳动纠纷向劳动争议调解委员会申请调解的程序。在用人单位内，可以设立劳动争议调解委员会。劳动争议调解委员会由职工代表、用人单位代表和工会代表组成。他们具有法律知识、政策水平和实际工作能力，又了解本单位具体情况，有利于解决纠纷。除因签订、履行集体劳动合同发生的争议外均可由本企业劳动争议调解委员会调解。但是，与协商程序一样，调解程序也由当事人自愿选择，且调解协议也不具有强制执行力，如果一方反悔，同样可以向仲裁机构申请仲裁。

3. 仲裁

仲裁程序，是劳动纠纷的一方当事人将纠纷提交劳动争议仲裁委员会进行处理的程序。该程序既具有劳动争议调解灵活、快捷的特点，又具有强制执行的效力，是解决劳动纠纷的一个重要手段。劳动争议仲裁委员会是国家授权、依法独立处理劳动争议案件的专门机构。申请劳动仲裁是解决劳动争议的选择之一，也是提起诉讼的前置程序，即如果想提起诉讼打劳动官司，必须要经过仲裁，不能直接向人民法院起诉。

4. 诉讼

劳动争议当事人对仲裁裁决不服的，可以自收到仲裁裁决书之日起十五日内向人民法院提起诉讼。一方当事人在法定期限内不起诉又不履行仲裁裁决的，另一方当事人可以申请人民法院强制执行。诉讼程序即我们平常所说的打官司，诉讼程序的启动是由不服劳动争议仲裁委员会裁决的一方当事人向人民法院提起诉讼后启动的程序。诉讼程序具有较强的法律性、程序性，作出的判决也具有强制执行力。

为解决有些证据属于用人单位掌管，而劳动者无法提供的问题，《中华人民共和国劳动争议调节仲裁法》规定，劳动者无法提供由用人单位掌握管理的与仲裁请求有关的证据，仲裁庭可以要求用人单位在指定期限内提供。用人单位在指定期限内不提供的，应当承担不利后果。

劳动争议申请仲裁的时效期间为一年。仲裁时效期间从当事人知道或者应当知道其权利被侵害之日起计算。劳动关系存续期间因拖欠劳动报酬发生争议的，劳动者申请仲裁不受仲裁时效期间的限制；但是，劳动关系终止的，应当自劳动关系终止之日起一年内提出。

用人单位自用工之日起即与劳动者建立劳动关系。建立劳动关系，应当订立书面劳动合同。已建立劳动关系，未同时订立劳动合同的，应当自用工之日起一个月内订立书面劳动合同。因此，只要企业用工开始，即认为劳动者与企业已经确定了劳动关系，不管双方是否签订书面劳动合同，劳动者都应享受正式员工的待遇。

实习期是大学生学习工作能力和适应社会环境的关键时期。但是在这个关键时期内，很多大学生都受到不同程度的“侵权”，而很多大学生法律意识不强，法律知识不够扎实，往往不能主动维护自己的权利。所以要维护大学生的就业权利就要认定大学生劳动者的主体资格，这不仅是对大学生劳动者合法权益的保护，而且对推动我国法制的进步也具有十分重要的意义。

结束语

大学生活是一个培养综合素养的时期，而职业生涯规划则是一张绚丽多彩的蓝图。通过这个过程，每个大学生都有机会探索自己的兴趣、发现潜在的天赋，并为未来的职业发展打下坚实基础。在经历了课堂的智慧洗礼、实践的历练，他们蜕变为更加成熟、有追求的个体。就业，是大学生最为期待的一站。在这个阶段，他们将在社会的舞台上展现自己的能力与潜力。无论是选择创业，还是步入职场，都需要在竞争激烈的环境中找到适应之道，展现出自身的价值。在这个过程中，应保持对未知的勇敢探索，不断充实自己，持续磨练技能，为自己的职业生涯添砖加瓦。

参考文献

一、著作类

[1] 陈玮瑜，祁禄 . 职业生涯教育：大学生践行社会主义核心价值观的新路径 [J]. 教育教学论坛，2019(7)：44.

[2] 郭成良，范一媚，刘宝坤 . 大学生职业生涯规划 [M]. 郑州：河南人民出版社，2019.

[3] 李晓波 . 大学生职业生涯规划 [M]. 镇江：江苏大学出版社，2019.

[4] 刘宏，钱永胜，张勇 . 大学生职业生涯规划 [M]. 北京：中国传媒大学出版社，2018.

[5] 许勤，周焕月 . 大学生职业生涯规划与发展 [M]. 西安：西安交通大学出版社，2016.

二、期刊类

[1] 曹鹏 . 高校理想信念教育对当代大学生就业观念的影响探讨 [J]. 新教育时代电子杂志 (学生版)，2022(50)：139—141.

[2] 常兰，刘嘉，薛会来 . 高校大学生就业心理问题及策略研究 [J]. 情感读本，2022(29)：16—18.

[3] 冯莉 . 活动教学法在大学生职业生涯规划课中的应用 [J]. 教育与职业，2013(8)：144—145.

[4] 高建波，张迎 . 浅谈“中国梦”背景下的大学生职业生涯规划教育 [J]. 职教论坛，2015(32)：33—35.

[5] 顾航 . 大学生基层就业观念培养存在的问题及对策研究 [J]. 百科论坛电子杂志，2023(8)：109—111.

[6] 郭海侠 . 大学生职业生涯规划课程教学模式探索 [J]. 教育与职业，2013(24)：132—133，134.

[7] 刘义 . 理性辨析大学生就业观念问题 [J]. 思想理论教育，2014,(02)：87—90.

[8] 李会勤 . 当代大学生职业生涯规划探析 [J]. 江西金融职工大学学报，2010，23(4)：152—154.

[9] 李向明 . 对大学生职业生涯规划现存问题的探析 [J]. 中国成人教育，2010(12)：32—33.

[10] 刘辉亚，戴树根 . "迪士尼策略" 在大学生职业生涯规划中个体指导的应用 [J]. 社会科学家，2020(10)：144—148.

[11] 刘婧莉 . 浅谈大学生职业生涯规划与就业指导 [J]. 科教文汇，2008(32)：38.

[12] 刘静 . 大学生职业生涯规划与有效就业 [J]. 山东农业工程学院学报，2017，34(12)：126—127.

[13] 刘琳 . 大学生就业权益及其法律保护进路分析 [J]. 法制博览，2023(31)：142—144.

[14] 刘相明，王心刚 . 社会工作理念下的大学生职业生涯规划研究 [J]. 教育与职业，2014(24)：94—95.

[15] 刘欣欣 . 大学生职业生涯规划教育体系的实践研究 [J]. 教育与职业，2014(15)：102—103.

[16] 刘志慧 . 大学生就业权益的法律保护研究 [J]. 法制博览，2022 (1)：146—148.

[17] 齐永芹 . 大学生职业价值观的形成过程与发生机制 [J]. 高校辅导员学刊，2023，15(03)：75.

[18] 邱峰 . 新媒体环境下的大学生职业生涯规划教育 [J]. 教育与职业，2014(26)：90—91，92.

[19] 任雪莲 . 完善高校大学生职业生涯规划教育的对策思考 [J]. 当代教育论坛，2010(23)：100—101.

[20] 万建辉 . 论大学生求职策略与技巧 [J]. 职业，2015(22)：66—67.

[21] 汪恭敬 . 认知信息加工理论视阈下大学生职业决策困难成因及对策 [J]. 巢湖学院学报，2021，23(05)：157.

[22] 王桂荣 . 基于大学生职业生涯规划的高校教学改革 [J]. 教育与职业，2012(2)：80—81.

[23] 王张宇泽 . 大学生就业准备评估量表的编制及信效度检验 [J]. 牡丹江师范学院学报 (哲学社会科学版)，2022(6)：82—90.

[24] 袭开国，顾雪英 . 大学生职业生涯规划能力问卷的编制 [J]. 心理学

探新，2010，30(1)：78—84.

[25] 肖述剑 . 对大学生职业生涯规划的思考 [J]. 湖北经济学院学报（人文社会科学版)，2010，7(10)：161—162.

[26] 徐丽 . 经济新常态下大学生职业能力教育与社会主义核心价值观的融合初探 [J]. 今日财富，2020(01)：218.

[27] 徐明宇 . 论科学发展观指导下的大学生职业生涯规划辅导 [J]. 教育与职业，2011(3)：80—81.

[28] 徐原，李莹 . 基于可持续发展的大学生职业生涯规划 [J]. 中国成人教育，2017(8)：80—82.

[29] 杨勐 . 大学生职业生涯规划新论 [J]. 教育评论，2012(3)：54—56.

[30] 野苏民 . 解决大学生时间管理方面问题的意义与价值 [J]. 农家参谋，2019(21)：295.

[31] 袁南宁 . 对大学生职业生涯规划课程建设的思考 [J]. 教育学术月刊，2010(7)：38—39，45.

[32] 张海娟，刘晓军 . 大学生职业生涯规划教育的困境与对策 [J]. 教育与职业，2017(11)：79—84.

[33] 张清芳 . 服务视角下大学生职业生涯规划发展的路径研究 [J]. 江苏高教，2014(2)：123—124.

[34] 张涛，梁婧 . 大学生职业生涯规划现状调查及其应对策略 [J]. 黑龙江科学，2023，14(11)：134—136.

[35] 赵辉 . 大学生职业生涯规划及影响因素分析 [J]. 教育与职业，2011(9)：102—104.

[36] 赵亚齐 . 大学生职业生涯规划与就业指导课程实践教学浅析 [J]. 知识经济，2017(8)：176—177.

[37] 郑文忠，林培玲，方舒婷，等 . 霍兰德职业兴趣理论及其应用研究 [J]. 兰州教育学院学报，2019，35(12)：165.

[38] 钟媛，廖迎春 . 大学生职业生涯规划教育探索与实践 [J]. 当代教育论坛，2010(16)：69—70.

[39] 卓然 . 大学生职业生涯规划中的心理问题及对策分析 [J]. 职业技术教育，2016，37(29)：69—72.